मैरी कॉम
की जीवनगाथा

मैरी कॉम
की जीवनगाथा

अनीता गौड़

प्रभात
प्रकाशन

प्रकाशक

प्रभात प्रकाशन प्रा. लि.

4/19 आसफ अली रोड, नई दिल्ली-110002

फोन : 011-23289777 • हेल्पलाइन नं. : 7827007777

इ-मेल : prabhatbooks@gmail.com ❖ वेब ठिकाना : www.prabhatbooks.com

संस्करण

2025

पेपरबैक मूल्य

तीन सौ पचास रुपए

मुद्रक

आर-टेक ऑफसेट प्रिंटर्स, दिल्ली

MARY KOM KI JEEVANGATHA
by Smt. Anita Gaur

Published by **PRABHAT PRAKASHAN PVT. LTD.**
4/19 Asaf Ali Road, New Delhi-110002

ISBN 978-93-5186-434-9

₹ 350.00 (PB)

अनुक्रम

1. मुक्केबाज मैरी कॉम 7
2. मैरी कॉम और मणिपुर 10
3. मैरी का बचपन 21
4. जीवन की नई राहें 43
5. खेती से रिंग की ओर 63
6. सपनों का संसार 85
7. बैक टू पैवेलियन 101
8. मणिपुर और आतंकवाद 106
9. रोशनी की किरण 111
10. रिंग में वापिसी 116
11. आस और संकल्प 125
12. ये दिल माँगे मोर 133
13. मणिपुर वापिसी 152
14. मैरी के जीवन पर फिल्म 156
15. इचियोन में मैरी 168
16. बॉक्सिंग में युवा प्रतिभाओं का आगमन 174

मुक्केबाज मैरी कॉम

1 अक्तूबर, 2014 को भारतीय महिला बॉक्सिंग में एक इतिहास रचा गया। यह इतिहास रचा है एक गरीब परिवार में जन्मी लड़की ने, जो भारत के सुदूर पूर्वोत्तर के एक गाँव की निवासी है, और जिसे शौक है मुक्केबाजी का। पूर्वोत्तर भारत की वह सूची जोडैनी, भूपेन हजारिका, बाइचुंग भूटिया जैसे दो-तीन नामों के आगे नहीं बढ़ पाती, उसमें किसी लड़की का शुमार होना कई तरह से गैर-मामूली है। वह लड़की कोई और नहीं, मैरी कॉम है। पाँच बार विश्वविजेता का खिताब हासिल करनेवाली मैरी कॉम का पूरा नाम मैंगते

चंगनेइजैंग मैरी कॉम है। उनका यह नाम उनकी दादी ने रखा, जिसका मतलब है 'समृद्धि'।

एक आम लड़की के जीवन की सारी परिस्थितियाँ, जितनी मुश्किल हो सकती हैं, वह कभी उनके लिए भी थीं। मुक्केबाजी के क्षेत्र में सुविधाओं से अछूते मणिपुर की मैरी कॉम का कद इतना बड़ा कैसे बना, यह एक कहानी है। उनका कद भले ही छोटा है, लेकिन उसी कद के आगे आसमान को झुककर सलाम करना पड़ा। वे कभी 400 मीटर दौड़ में भी शानदार प्रदर्शन करती थीं, उनका भालाफेंक प्रतिस्पर्धा में भी जवाब नहीं था, मगर उनका भविष्य ऐसे खेल में था, जहाँ उन्हें दौड़ना नहीं पड़ा, केवल अपने पैरों पर उछलना और जहाँ तक हाथ जाता, वहाँ तक घूँसा जमाना था। हाँ, यह मुक्केबाजी ही थी, जहाँ उन्होंने नाम कमाया। उनका यह सफर मणिपुर के एक गाँव से शुरू हुआ और अब वे खेल के क्षेत्र में एक अंतरराष्ट्रीय स्टार है।

इस सुपर मॉम, मैरी कॉम ने इतिहास रचते हुए इंचियोन एशियाड में महिला बॉक्सिंग का स्वर्ण पदक भारत को दिलाया और इस जीत के साथ ही मैरी कॉम एशियन गेम्स में भारत के लिए स्वर्ण पदक जीतनेवाली पहली महिला बॉक्सर बन गईं। सन् 2010 में ग्वाँगझू में महिला मुक्केबाजी को पहली बार एशियाई खेलों में शामिल किया गया। इंचियोन महिला मुक्केबाजों के लिए दूसरा मौका था और यहाँ स्वर्ण पदक जीतना मैरी कॉम के लिए निश्चित ही बड़ी उपलब्धि है। पाँच बार की विश्व चैंपियन और लंदन ओलंपिक में कांस्य पदक जीतनेवाली एम.सी. मैरी कॉम ने एशियन गेम्स बॉक्सिंग में महिलाओं के 51 किलो वर्ग में उन सवा सौ करोड़ हिंदुस्तानियों

की उम्मीद को कायम रखते हुए पाँचवीं बार गोल्डन पंच लगा ही दिया, जिसकी सबको आशा थी। कजाकिस्तान की मुक्केबाज शीकेरबीकोवा जैना से मैरी कॉम ने यह मुकाबला 39-37, 38-38, 39-37 (2-0) से हराकर वह कर दिखाया, जो आज तक भारत में किसी महिला मुक्केबाज ने नहीं किया था। ताजा जानकारी के अनुसार मैरी कॉम दक्षिण कोरिया के जेजू में 13 से 25 नवंबर तक होनेवाली महिला विश्व मुक्केबाजी प्रतियोगिता से चोटिल होने के कारण हट गई हैं और पिंकी रानी ने टीम में उनकी जगह ली है। विश्व चैंपियनशिप के लिए घोषित भारतीय दल में पिंकी जांखड ने चोटिल मैरी कॉम की जगह ली है।

सन् 1998 में मैरी कॉम के आइडल रहे डिंगो सिंह ने बॉक्सिंग में भारत के लिए स्वर्ण पदक जीता था। उसके 16 साल बाद मैरी ने उनके कारनामे को दोहराकर तिरंगे की शान बढ़ा दी। महिला बॉक्सिंग में स्वर्ण पदक जीतनेवाली वे भारत की पहली एथलीट हैं।

आज भारत में महिला बॉक्सिंग का दूसरा नाम है मैरी कॉम। बॉक्सिंग उनकी जिंदगी बन चुकी है, जिसे वे एक जुनून की तरह जी रही हैं। वे सुपर मॉम के अपने पारिवारिक किरदार के साथ भारतीय बॉक्सिंग में भी देश का नाम रोशन कर रही हैं।

□

मैरी कॉम और मणिपुर

आज मैरी कॉम जिस मुकाम पर हैं, उस तक एक नजर डालने के लिए हमें उन परिस्थितियों को जानना भी बहुत जरूरी है, जिन्होंने उन्हें वहाँ तक पहुँचने के लिए प्रेरित किया। एक व्यक्ति के जीवन में उसे आगे बढ़ाने में उसकी जन्मभूमि, उसका परिवार और उसका समाज उत्प्रेरक का काम करते हैं। मैरी कॉम पूर्वोत्तर के मणिपुर राज्य की निवासी हैं। मणिपुर का शाब्दिक अर्थ है 'आभूषणों की भूमि'।

मणिपुर की बेहतरीन प्राकृतिक सुंदरता के कारण इसे 'भारत का स्विट्जरलैंड' तक कहा गया है। इस प्रदेश को मिटराबक, कांग्लीपक या मितीलिपक के अलावा बीस और नामों से भी जाना जाता है। उत्तर-पूर्व भारत के सात राज्यों में से सबसे खूबसूरत राज्य है मणिपुर। आकर्षक भू-दृश्य, चारों तरफ घाटियाँ, नीली झीलें, घने जंगल और घाटी पर छाए बादल ऐसे लगते हैं मानो हम स्वर्ग में हों। उत्तर में नागालैंड, दक्षिण में मिजोरम, पश्चिम में असम और पूर्व के साथ-साथ दक्षिण में म्यांमार बॉर्डर से घिरा मणिपुर प्राकृतिक सौंदर्य से लबरेज है। यह राज्य नीले पहाड़ों से घिरा है। ये पहाड़ इस राज्य को उत्तर की तरफ से आनेवाली ठंडी हवाओं और बंगाल की तरफ से आनेवाली भयंकर आँधी से बचाते हैं।

इस सुंदर प्रदेश का निर्माण भूगर्भशास्त्रियों के अनुसार मणिपुर, कछाड़, गारो पहाड़ और बंगाल का कुछ हिस्सा पहले पानी के अंदर था। इन डूबे हुए स्थानों के उत्तर-पूर्व में असम की पर्वतश्रेणियाँ खड़ी हैं। कुछ भूतत्त्वीय परिवर्तन के कारण धरती की सतह पर प्रशांत महादेश पानी के नीचे चला गया और मणिपुर, कछाड़, त्रिपुरा और गारो पहाड़ की डूबी हुई धरती समुद्री तल से ऊपर उठ गईं। भूतत्त्वीय गणना के अनुसार यह घटना करोड़ों वर्ष

पहले हुई थी, जिसका जिक्र पुराणों में भी किया गया है। उसके अनुसार यह कहा गया है कि शुरू में सभी कुछ पानी के अंदर था। नौ देवताओं (लाई पुष्प थी) और सात देवियों (लाईनुरा) ने साथ-साथ काम करके 64 पहाड़ बनाए। तब धरती की सृष्टि हुई। उसके बाद एक दिन भगवान् शिव माता पार्वती के साथ नोडमाई गिंग के ऊपर मणिपुरी घाटी में रास-नृत्य करने के लिए उतरे। यह घाटी तब भी पानी के अंदर थी। शिवजी ने अपने त्रिशूल से पहाड़ में एक छेद करके फालतू पानी को बहने दिया। और धीरे-धीरे मणिपुर की सुंदर घाटी पानी से बाहर निकल आई।

मणिपुर की चार मुख्य नदियाँ कुंड और घाटी की तरह हैं। पश्चिम की तरफ बराक नदी, जिसे 'बरॉक घाटी' कहते हैं, मध्य मणिपुर में मणिपुर नदी, पूर्व में यू नदी और उत्तर में लैन्ये नदी कहलाती है। बराक नदी मणिपुर की सबसे लंबी नदी है, जिसकी शुरुआत मणिपुर की पहाड़ी से होती है। फिर कई सहायक नदियों, जैसे इरांग, माकु और तुवई से मिलती है। यही नदी असम राज्य की सीमा भी बनाती है।

मणिपुर का लंबा और शानदार इतिहास ईसवी युग के प्रारंभ होने से पहले से ही है। भौगोलिक दृष्टि से यह राज्य दो भागों में बँटा हुआ है, पर्वतीय भाग में पाँच तथा मैदानी भाग में चार जिले हैं। मणिपुर पूर्व में म्यांमार, उत्तर में नागालैंड, पश्चिम में असम और मिजोरम तथा दक्षिण में म्यांमार तथा मिजोरम से घिरा हुआ है। यह राज्य चारों तरफ से घिरी पहाड़ियों के बीच घाटी में है। पहाड़ियाँ उत्तर में ऊँची हैं और दक्षिण में कम होते-होते समाप्त हो जाती हैं। घाटी भी दक्षिण की ओर ढल जाती है। आज मणिपुर की दक्षिणी सीमा मिजोरम को छूती है, तो उत्तरी सीमा नागालैंड को। कुछ पूर्व में है—म्यांमार। म्यांमार का भी मणिपुर पर काफी असर है। अठारहवीं शताब्दी में यहाँ वैष्णव धर्म बड़ा मजबूत था। लेकिन आज मणिपुरवासियों को लगता है कि भारतीय सांस्कृतिक परंपरा के साथ उनका संबंध सहज स्वाभाविक नहीं है। अगर अंग्रेजों ने मणिपुर को जीता न होता तो उसे भारत के एक भाग के रूप में स्वीकार करने में देर लगती।

मणिपुर का लिखित इतिहास 33 ई. में राजा पखंगबा के राज्याभिषेक के साथ यहाँ के राजवंशों ने शुरू किया था। उसके बाद अनेक राजाओं ने मणिपुर पर शासन किया। 19वीं सदी के आरंभ तक मणिपुर की स्वतंत्रता और संप्रभुता बनी रही। उसके बाद सात वर्षों (1819 से 1825) तक बर्मी

लोगों ने यहाँ पर कब्जा करके शासन किया। सन् 1891 में मणिपुर ब्रिटिश शासन के अधीन आ गया और सन् 1947 में शेष देश के साथ स्वतंत्र हुआ। 26 जनवरी, 1950 को भारतीय संविधान लागू होने पर यह एक मुख्य आयुक्त के अधीन भारतीय संघ में भाग 'सी' के राज्य के रूप में शामिल हुआ। बाद में इसके स्थान पर एक प्रादेशिक परिषद् गठित की गई, जिसमें 30 चयनित तथा दो मनोनीत सदस्य थे। इसके बाद सन् 1962 में केंद्रशासित प्रदेश अधिनियम के अंतर्गत 30 चयनित तथा तीन मनोनीत सदस्यों की एक विधानसभा स्थापित की गई। 19 दिसंबर, 1969 से प्रशासक का दरजा मुख्य आयुक्त से बढ़ाकर उपराज्यपाल कर दिया गया। 21 जनवरी, 1972 को मणिपुर को पूर्ण राज्य का दरजा मिला और 60 निर्वाचित सदस्योंवाली विधानसभा गठित की गई। इसमें 19 सीट अनुसूचित जनजाति और 1 सीट अनुसूचित जाति के लिए आरक्षित है। राज्य में लोकसभा में दो और राज्यसभा में एक प्रतिनिधि है।

राज्य में वैसे 11 भाषाएँ बोली जाती हैं, लेकिन राजभाषा अंग्रेजी है और राजकार्यों में अंग्रेजी तथा मणिपुरी भाषा का प्रयोग किया जाता है। मणिपुरी भाषा तिब्बती-बर्मी समूह की कुकी-चिन शाखा की भाषा है। यह बर्मी भाषा के बहुत करीब है। इस आधार पर नामा और बोड़ो भाषाओं से भिन्न है। एक समय इसकी अपनी लिपि भी थी। लेकिन अब यह अप्रचलित है। मणिपुर में 65 प्रतिशत मेइती जनजाति के हैं, जो यहाँ तराई क्षेत्र में रहते हैं। इनकी भाषा मेइतिलोन है, जिसे मणिपुरी भाषा भी कहते हैं। वे सभी अधिकतर हिंदू हैं। जबकि यहाँ के पर्वतीय क्षेत्रों में नागा व कुकी जनजातियाँ रहती हैं। उन्होंने ईसाई धर्म को अपना लिया है। मैईती में म्यांमार को 'कते' कहते हैं। इसका अर्थ होता है–नृत्य में प्रवीण। ऐसा माना जाता है कि मैंतई लोग नृत्य में प्रवीण होते हैं, इसलिए उनकी भाषा का एक नाम कते भी है। पूर्वी मणिपुर, विशेष तौर से उखरूल शहर के आस-पास तोगखुल नागाओं की आबादी है। इनकी भाषा तांगखुल है। तांगखुल नागाओं में गोत्र का प्रधान अत्यंत मुख्य भूमिका निभाता है। वह गाँव परिषद् (हंगवाना) के माध्यम से क्षेत्रीय-व्यवस्था सँभालता है। इनके ग्रामप्रधान को आवुंगा या खुलकपा भी कहते हैं।

मराम कुलैन के लोग अपने को तांगखुल में शामिल नहीं करते हैं। वे नागा हैं। उनकी भाषा और संस्कृति अलग हैं। इनकी भाषा मराम है। बावजूद इसके तांगखुल और मराम–ये दोनों भाषाएँ नागाकुकी उपवर्ग के अंतर्गत आती हैं। मराम कुलैन के पड़ोसी माओ नागा हैं। कभी उन्हें 'सोप्वोमा' भी कहते थे। ये लोग इस राज्य के उत्तरी जिले में रहते हैं। उनकी भाषा नागाकुकी उपवर्ग के अंतर्गत आती है। मरिगभाषी नागाओं की आबादी मणिपुर के पूर्वी पहाड़ी क्षेत्र में है।

मणिपुर के दक्षिण जिले में पाइते बसते हैं। इनका नाम पैथे भी है। पाइते बोलनेवाले मिजोरम में भी हैं। दरअसल मिजो समुदाय लुशाई, पाहते, पई और राल्ते मार या लाखेर इत्यादि उपशाखाओं में बँटे हुए हैं। मिजो जनजाति के लोग मिजोरम के बाहर मणिपुर के चुराचाँदपुर, असम के कछार, हैलरकोदी, उत्तर कछार और त्रिपुरा में भी रहते हैं। मणिपुर के चुराचाँदपुर जिले में कुकी और पाइते आदिवासियों के बीच संघर्ष होते रहते हैं।

मैरी कॉम का जन्म भी 24 नवंबर, 1982 को मणिपुर के इसी चुराचाँदपुर जिले के सागान्ग गाँव में हुआ था (हालाँकि प्रमाण-पत्रों में उनकी जन्म तिथि 1 मार्च, 1983 दरशाई गई है)। सौ से ज्यादा परिवारोंवाला सागान्ग गाँव कॉम

जाति के गाँवों में से एक बड़ा गाँव माना जाता है, लेकिन पाँच महीने की मैरी को लेकर उनके माता-पिता ने वह गाँव छोड़ दिया था, इसलिए उस गाँव से जुड़ी यादें मैरी को याद नहीं हैं। उनके परिवारजनों को अपने पैतृक गाँव को क्यों छोड़ना पड़ा, इसके पीछे भी एक ऐसी सच्चाई है, जिसे सुनने के बाद पता चलता है कि एक जमाने में सागान्ग के संभ्रांत परिवारों में गिने जानेवाले उनके परिवारजनों को क्यों भूमिहीन किसान बनना पड़ा?

वह एक तारीख थी सन् 1947 की, महज एक तारीख, जिसे आजादी दिवस के रूप में घोषित किया गया और यहीं से शुरू होनी थी देश के लोकतंत्रीकरण की प्रक्रिया। अपने शुरुआती वर्षों से ही यह प्रक्रिया टूटने लगी, जब उत्तर-पूर्व में राष्ट्रीयता की आवाज मुखर होनी शुरू हुई। सन् 1958 में ही मणिपुर में आफ्सपा लगा दिया गया और समय के साथ इसके क्षेत्र का विस्तार होता गया, यानी लोकतंत्रीकरण की बजाय कानूनी व संरचना के स्तर पर अलोकतंत्रीकरण की यह पहली प्रक्रिया थी, जहाँ देश के भीतर एक ऐसे अलोकतांत्रिक कानून की जरूरत पड़ गई कि संदेह के आधार पर सरकार ने अपनी ही जनता पर गोली चलाने का अधिकार सेना को दे दिया, जो बाद के वर्षों में और भी कठोर हुआ तथा आज इनकी स्थितियाँ हमारे सामने हैं। राष्ट्रीयता की वह आवाज और भी बृहद व मुखर हुई। संगठनों ने अपने दायरे व संख्या दोनों में वृद्धि कर ली और वे एक से बढ़कर तीस से ऊपर हो चुके हैं।

मणिपुर में नागा तथा कूकी जाति की लगभग 60 जनजातियाँ हैं। यहाँ घाटी में मणिपुर की राजधानी इंफाल बसी हुई है। घाटीवासियों और पर्वतवासियों में यहाँ निरंतर संघर्ष होते रहे हैं, जिसके कारण हर जनजातियों के उग्रवादी संगठन बन चुके हैं। जिन्हें युवा बोलते हैं। इन्हें भी परिस्थितियों ने पैदा किया। इनके लिए रोजगार का कोई साधन नहीं है, कोई उद्योग नहीं है, सिंचाई की समुचित व्यवस्था नहीं है। अतः वहाँ के युवक 'युवा' दस्ते में शामिल हो जाते हैं। आज से नहीं, 14 साल से, इन संगठनों में सबसे सशक्त संगठन है–रिवोल्यूशनरी पीपुल्स फ्रट (आर.पी.एफ.)। यह पीपुल्स लिबरेशन आर्मी (पी.एल.ए.) का राजनीतिक विंग है, जिसे सन् 1989 में बनाया गया था। सन् 1978 में ही इस संगठन को एन. विशेश्वर ने बनाया था, जिसके सदस्यों को चीन की सेना पीपुल्स लिबरेशन आर्मी ने प्रशिक्षित किया था। बाद में इसे एन.एस.सी.एन. से भी प्रशिक्षण मिला। आज मणिपुर में चरमपंथी हिंसा एक समस्या बन चुकी है, जिसके कारण विकास कम ही हो पाया है। यही कारण

है कि मणिपुर भारत के मानचित्र पर कभी महत्त्वपूर्ण तौर पर उभरकर सामने नहीं आ पाया है। मणिपुर एक ऐसा राज्य है, जहाँ आज हर ओर पुलिस और सेना के जवान नजर आते हैं। जिनके हाथों में बड़ी-बड़ी बंदूकें दिखाई देती हैं। यह राज्य 60 सालों से आतंकवाद और विशेष सशस्त्र बल अधिनियम से जूझ रहा है। यहीं की इरोम शर्मिला पिछले 13 सालों से इस अधिनियम को हटाए जाने के विरोध में भूख हड़ताल कर रही है। मणिपुर की जिंदगी आजाद माहौल में बसर नहीं कर रही है। वहाँ के हर आमों खास को शक की निगाह से देखा जाता है। वहाँ आदमी, औरत, और बच्चे कोई भी महफूज नहीं है। खौफ का साया हमेशा मँडराता रहता है। इसीलिए सन् 2012 में ओलंपिक की तैयारी करते समय मैरी ने कहा था कि मणिपुर से जितने भी टॉप एथलीट हैं, उनमें से अधिकतर गरीब परिवारों से हैं। हमें शीर्ष पर पहुँचने के लिए बड़ी कड़ी मेहनत करनी पड़ती है, ताकि हमें अच्छा जीवन मिल सके, लेकिन हर दिन की ये तकलीफें मणिपुर के एथलीटों को और मजबूत बनाती हैं।

मैरी कॉम का बचपन मणिपुर की राजधानी इंफाल से करीब 60 किलोमीटर दूर कांगाथेई गाँव में बीता है। कांगाथाई कबायली कॉम जाति के 32 परिवारों का एक छोटा सा गाँव है, जहाँ मैरी पली-बढ़ी हैं। लेकिन मैरी कॉम खुद यह गाँव आज छोड़ चुकी हैं और इंफाल के लेगोल गेम्स विलेज के एक सरकारी क्वार्टर में अपने पति और बच्चों के साथ रहती हैं। आज जब वे पीछे मुड़कर देखती हैं तो पाती हैं कि कांगाथेई गाँव जैसे छोटे से गाँव से इंफाल के लेंगोल गैम्स विलेज तक उन्होने एक लंबा सफर तय किया है। उनके पिता और भाई हाल तक कांगाथेई में ही रहते थे, लेकिन वे भी कुछ महीनों पहले इंफाल चले गए।

मैरी के भाई फांग्ते खुंप्रे कॉम शहर में नौकरी करना चाहते हैं और वहाँ रहकर अपने बेटे के लिए बेहतर जिंदगी बनाना चाहते हैं। हालाँकि खुंप्रे का घर गाँव के बाकी घरों से अधिक समृद्ध है और कई सुविधाओं से युक्त है, लेकिन उन्नति की चाहत उन्हें इंफाल खींच ले गई। खुंप्रे के अनुसार उनके परिवार में भी समृद्धि मैरी की वजह से आई है, वरना पहले उनका जीवन बहुत अलग था। उन तीनों भाई-बहनों का बचपन बहुत मुश्किलों में बीता था। उस वक्त गाँव के और लोगों के पास जो सुविधाएँ थीं, वह भी उनके पास नहीं थीं।

उस समय मैरी और उनके गाँव के लोगों का संघर्ष कुछ अलग नहीं

था। लेकिन आज फर्क इतना है कि मैरी ने आज बुलंदियाँ छू लीं और बाकी गाँव अपनी छोटी-छोटी हसरतें पूरी करने के लिए जूझ रहा है। मैरी कॉम ने अपनी मेहनत, लगन से यह साबित कर दिया कि प्रतिभा का अमीरी और गरीबी से कोई संबंध नहीं होता। कुछ करने का जज्बा होना चाहिए, सफलता मिल ही जाती है। दिलचस्प बात यह है कि असली जिंदगी में मैरी कॉम के लिए सबसे बड़ी चुनौती तो बॉक्सिंग रिंग के बाहर थी। चेहरे पर बरसनेवाले मुक्के नहीं, बल्कि पसंद के कॅरियर के लिए माता-पिता को राजी करना, शादी, गर्भावस्था और मातृत्व, ये बातें मैरी कॉम के लिए ज्यादा कठिन थीं। सामान्य जीवन की ये वे चुनौतियाँ हैं, जो किसी भी महिला के लिए अपने सपने को साकार करना बहुत कठिन बना देती हैं। उन्होंने इन सब चुनौतियों को मात दी और जीत हासिल की, यही बात उन्हें आदर्श बनाती है।

मैरी के प्रपितामह (दादाजी के पिताजी) खुम्नटोंग मैंगते सागान्ग खोप्यई गाँव के मुखिया थे। अपने समय के वे एक बड़े जाने-माने व्यक्ति थे। उनको उस क्षेत्र के महाराज चूराचाँद ने 'रेडशॉल' का सम्मान दिया था। यह सम्मान उन्हीं मुखियाओं को दिया जाता था, जो राजा के विश्वासपात्र माने जाते थे। उस अवसर पर खुम्नटोंग मैंगते ने अपने पोते, यानी कि मैरी के पिता का नामकरण भी किया और उनका नाम रखा–पॉन्टीखोप (कॉम भाषा में पॉन का अर्थ होता है कपड़ा)। खुम्नटोंग मैंगते के बेटे लेरपू और उनकी पत्नी टोन्पी ने अपने बेटे के इस नाम के साथ एक और नाम रखा–मैंगते टॉम्पा कॉम। लेरपू एक बलिष्ठ कदकाठी वाले व्यक्ति थे। वे बहुत बढ़िया शिकारी थे। लेरपू ने अपने बेटे टॉम्पा को भी अपनी यह कला सिखाई थी। एक आम मणिपुरी की भाँति संघर्षों के दौरान टॉम्पा ने इसी कला के सहारे अपने परिवारजनों को भोजन उपलब्ध करवाया था। लेरपू ज्यादा पढ़े-लिखे नहीं थे, इसलिए जब गाँववासियों को खुम्नटोंग मैंगते के बाद मुखिया चुनने का अवसर मिला तो लेरपू ने अपने उस बड़े गाँव के लिए किसी पढ़े-लिखे व्यक्ति को मुखिया बनाने की राय दी। उन्होंने गाँववासियों से कहा कि समय बदल रहा है, इसलिए गाँव की समृद्धि और विकास के लिए किसी ऐसे व्यक्ति को मुखिया बनाया जाए, जो ऐसा कर सके। लेरपू की इस पहल से खुम्नटोंग मैंगते की विरासत उनके हाथ से निकलकर सिंगखेप्यूलेन सेरटो के हाथों में पहुँच गई। और लेरपू एक आम किसान की भाँति गाँव में गुजर-बसर करने लगे। उन्होंने अपने बेटे टॉम्पा को स्थानीय मणिपुरी मीडियम स्कूल में भेजना शुरू किया।

लेकिन जल्दी ही टॉम्पा ने महसूस किया कि उनकी शिक्षा उनको रोटी नहीं दिलवा सकती, इसलिए उन्होंने स्कूल जाना बंद करके अपने परिवारजनों का घर और खेतों में मदद करना शुरू किया।

तीन भाइयों और दो बहनोंवाले टॉम्पा ने अपनी इस पारिवारिक भूमिका को बखूबी निभाया। सन् 1971 में ही टॉम्पा को लेरपू ने कांगाथेई के मुखिया मोइरंग एखुप के खेतों में काम करने के लिए भेजा था। मोइरंग एखुप उस इलाके के सबसे अमीर व्यक्ति के रूप में जाने जाते थे और उनकी बहुत जमीन थी, इसलिए उन्हें काम करने के लिए अतिरिक्त सहायता की आवश्यकता होती ही थी। मोइरंग एखुप के मित्रों ने भी टॉम्पा के काम की बड़ी प्रशंसा की थी कि वे ईमानदार होने के साथ कठोर मेहनत से नहीं झिझकते।

मोइरंग एखुप ने टॉम्पा को कांगाथेई में बुला लिया, और इस प्रकार टॉम्पा की जिंदगी का एक अलग दौर यहाँ शुरू हुआ। अपने घर से दूर दस साल तक टॉम्पा कांगाथेई के खेतों में ही काम करते रहे। उनके सागान्ग से चले आने के बाद परिवार में खानेवाला एक व्यक्ति कम तो हुआ था, लेकिन उसके बदले परिवार को मुखिया मोइरंग एखुप की ओर से लगातार पैसे और चावल के रूप में मदद मिलनी आरंभ हो गई थी।

हर दो वर्षों के अंतराल में टॉम्पा अपने घर आते जरूर थे, लेकिन वापिसी में मोइरंग एखुप के घर में ही रहते और उनकी मेहनत से खुश मोइरंग एखुप उनके कार्यकाल को फिर से आगे बढ़ा देते। बहुत कम उम्र में टॉम्पा ने सीख लिया था कि इस दुनिया में खुद को बचाए रखने के लिए क्या करना चाहिए। इसलिए उन्होंने विवाह करने का विचार ही त्याग दिया था, क्योंकि वे नहीं चाहते थे कि उनकी पत्नी और बच्चे इस दुनिया में दयनीय जीवन व्यतीत करें।

लेकिन भगवान् को कुछ और ही मंजूर था। एक बार टॉम्पा जब सागान्ग पहुँचे तो उनके पिता लेरपू की तबीयत बहुत खराब थी। अपने पिता की तबीयत खराब होने के कारण चिंतित टॉम्पा उनके बिस्तर के एक ओर बैठे थे। लेरपू ने अपनी क्षीण आवाज में उनसे कहा–

"टॉम्पा बेटे, मैं अपने पोते-पोतियों का मुँह कब देखूँगा?" उनके इस प्रश्न से टॉम्पा ने हैरानी से कहा, "पोते-पोतियों का मुँह तो आप देख ही रहे हैं अपा। मेरे भाइयों के बच्चे क्या आपके पोते-पोती नहीं हैं?"

"हैं बेटे, लेकिन वे तुम्हारी ओर से नहीं हैं, मुझे तो तुम्हारा घर बसता देखने की इच्छा है, क्या तुम मेरी यह इच्छा पूरी नहीं करोगे?"

"मगर मैं अभी शादी नहीं करना चाहता।" टॉम्पा से ऐसा जवाब मिलने पर लेरपू के मुँह पर उदासी छा गई।

उनको उदास देखकर टॉम्पा को शादी के लिए हामी भरनी ही पड़ी। कांगाथेई में अपने निवास के दौरान टॉम्पा का संपर्क एखम से हुआ था। जब उनके विवाह की बात घर में उठी तो उस समय उनके मन में एखम का खयाल ही आया, क्योंकि वे ऐसा महसूस करते थे कि उनके जोड़ के लिए एखम अच्छी जीवनसाथी साबित हो सकती हैं। एखम को उनके घर में अनु के नाम से भी पुकारा जाता था। उनके पिता का नाम थंगपू लीवॉन और माँ का नाम चुंगथेम था। अनु उनके सात बच्चों में से एक थीं। थंगपू का परिवार लेरपू के परिवार से थोड़ा अधिक समृद्ध था।

जल्दी ही सन् 1981 में दोनों का विवाह हो गया। उसके बाद टॉम्पा कांगाथेई छोड़कर एखम के साथ वापिस सागान्ग आ गए।

टॉम्पा ज्यादा पढ़े-लिखे नहीं थे, ऊपर से भूमिहीन मजदूर थे। जिनके जीवन में कभी न खत्म होनेवाली कठिनाइयाँ पहाड़ की तरह खड़ी थीं। टॉम्पा और एखम के जीवन की शुरुआत एक टूटी-फूटी झोंपड़ी से हो चुकी थी और जल्दी ही उनकी छोटी सी दुनिया में मैरी ने कदम रख दिया। टॉम्पा अपनी नन्ही सी बेटी को देखकर बहुत खुश थे, क्योंकि उसके आने से टॉम्पा अपने पिता की इच्छा को पूरा कर पाए थे। मैरी के जन्म पर उनकी माँ इतनी खुश नहीं हुई, क्योंकि एक आम भारतीय माँ की तरह उनको भी अपनी पहली संतान के रूप में बेटा चाहिए था। उनको ऐसा लगता था कि बेटी के जन्म होने के बदले बेटा पैदा होने से परिवार को सहारा मिल सकता था। बेटी अपने पिता के साथ खेतों में झूम खेती कैसे कर सकती है? और अगर कर भी ली तो कब तक करेगी? हालाँकि उनकी यह सोच कुछ ही समय तक रही, क्योंकि मातृत्व की जिम्मेदारियों में वे यह भूल गईं।

कॉम कबाइलियों में बच्चों का नाम उनके बुजुर्गों के नाम के बाद रखने की प्रथा है। टॉम्पा ने अपनी सास के नाम को सम्मान देते हुए उनके नाम से चुंग शब्द लिया। उनका नाम चुंगथेम था। इस तरह से मैरी के नाम के साथ टॉम्पा और एखम ने चंग्नेइजैंग शब्द को भी जोड़ दिया। मैरी अपने माता-पिता की सारी आशाओं का केंद्रबिंदु थीं। मैरी को टॉम्पा प्यार से 'सान्हेन' कहकर पुकारते, तो वे अपने नन्हे कदमों से डगमग चलते हुए उनकी गोद में समा जातीं। जैसे-जैसे लेरपू के बच्चों का परिवार बढ़ने लगा था, पारिवारिक

लड़ाई-झगड़े भी बढ़ने लगे। घर का वातावरण पहले की भाँति शांतिपूर्ण नहीं रह गया था। टॉम्पा ने अपनी पैतृक जमीन का बँटवारा करने का निर्णय किया। लेकिन एक छोटे धान के खेत के चार टुकड़े करना लेरपू के लिए बेहद कष्टप्रद कार्य था, फिर भी उन्होंने टॉम्पा से कहा, "टॉम्पा, तुम दुःखी मत होना। यह बुरा वक्त भी निकल जाएगा और जल्दी ही तुम्हारी प्रतीक्षा करनेवाला अच्छा वक्त तुमसे आ मिलेगा।"

टॉम्पा को बँटवारे में मिली थोड़ी सी जमीन उसके बड़े परिवार के गुजारे के लायक नहीं थी। उस पर मानसून परिवर्तन के कारण वर्षा के मौसम में कमी के कारण इस परिवार के सामने दुर्दिन स्पष्ट दिखाई देने लगे, तब टॉम्पा ने अपने गुजारे के लिए अन्य विकल्पों की ओर ध्यान देना शुरू किया तो उनके मन में इंफाल जाकर रिक्शा ड्राइवर बनने की बात आई। लेकिन ऐसा करने में मैरी और उसकी माँ को सागान्ग में ही छोड़ना उनको उचित नहीं लगा, तब उन्होंने सागान्ग को हमेशा-हमेशा के लिए छोड़ने का विचार किया और वे अपने परिवार के साथ कांगाथेई जाकर बस गए। कांगाथेई में उनके मित्र और शुभचिंतक थे तथा इस तरह से वे मैरी एवं एखम को भी अपने साथ रखने में सफल हो गए। हालाँकि इस कारण उनको भूमिहीन किसान की भाँति दूसरों के खेतों में जाकर काम करना पड़ता था।

कांगाथेई के मुखिया ने टॉम्पा को रहने के लिए भूमि का एक टुकड़ा उपलब्ध करवा दिया था, जिससे उनकी कुछ समस्या हल हुई थी। टॉम्पा और एखम ने उस भूमि के ऊपर बाँस की झोंपड़ी बनाकर उसे मिट्टी से लीपकर सुंदर रूप दे दिया। उसी झोंपड़ी में मैरी की छोटी बहन सिंगलेनई कॉम और भाई फांग्ते खुंफ्रे कॉम का जन्म हुआ। इसके बाद इस परिवार का सागान्ग कभी-कभार ही किसी पारिवारिक उत्सव में जाना होता था। समय बीतने के साथ मैरी के दादाजी का भी देहांत हो गया तो उनका सबंध लगभग सागान्ग से टूट ही गया।

मैरी के जन्म के सोलह साल बाद मैरी की सबसे छोटी बहन का जन्म हुआ था। उन दिनों मैरी अपने प्रशिक्षण के सिलसिले में घर से बाहर थीं। इसलिए उन्हें पता भी नहीं चला कि उनकी छोटी बहन ने जन्म लिया है। जब वे घर आईं तो माँ की गोद में अपनी छोटी बहन को देखकर वे हैरान हो गई। जब मैरी ने उसे अपनी गोद में लिया तो उन्होंने प्यार से अपनी बहन का नाम सिंडी रख दिया। मैरी के जीतने का सिलसिला सिंडी के जन्म के बाद ही शुरू हुआ था, इसलिए मैरी उसे अपने लिए लकी चार्म मानती थीं। मैरी सिंडी को इतना प्यार करतीं कि शादी के बाद भी केवल उसी के साथ के लिए घर में रुकतीं।

□

मैरी का बचपन

कांगाथेई से दो–ढाई किलोमीटर ही दूर मोइरांग है। मोइरांग एक बड़ा और सुंदर शहर है। इसकी खूबसूरती लोकटेक झील के कारण भी और अधिक बढ़ जाती है। मणिपुर में अलसाई नदियों के अलावा झीलों का अद्‌भुत संसार भी है और ऐसी ही एक अजीबोगरीब लोकटक झील राजधानी इंफाल से करीब 50 किलोमीटर दूर बिश्नुपुर जिले के मोइरांग कस्बे में है। इस झील का अनूठापन इस बात में छिपा है कि इस पर उगी हरियाली का संसार (बायोमास) हर दिन हवा के झोंकों के साथ तैरता रहता है और झील हर सुबह आपको एक नई तसवीर दिखाती है। लोकटक झील पर उग आई वनस्पति पर ही मछुआरों के घर भी खड़े होते हैं और वे भी हर दिन सफर करते हैं। दुनिया में अपनी तरह की यह इकलौती ऐसी झील है, जो फ्लोटिंग लेक के नाम से मशहूर है। नजदीक ही केबुल लेमजाओ नेशनल पार्क है, जो संसार में एकमात्र फ्लोटिंग अभयारण्य है। इसी नेशनल पार्क में डान्सिंग डियर, यानी संगाई हिरन की दुर्लभ प्रजाति रहती है। अलस्सुबह जब सूरज

अपनी आँखें खोलता है, तब इस नेशनल पार्क में भी पंछियों की तरह-तरह की प्रजातियों और संगाई हिरन की कुलाँचे देखने का सबसे उपयुक्त समय होता है। मणिपुर के शर्मीले, चुलबुले हिरन संगाई के नाम पर हर साल पर्यटन विभाग सांस्कृतिक उत्सव का आयोजन करता है। राज्य भर में अलग-अलग स्थानों पर नृत्य-संगीत, एडवेंचर स्पोर्ट्स, स्थानीय खेलों की प्रस्तुतियों के जरिए मणिपुर की सांस्कृतिक विरासत को सहेजने-समेटने और सामने लाने की यह पहल सैलानियों के लिए भी आकर्षण है। इसे देखने, इसमें भाग लेने के लिए देश के कोने-कोने से और यहाँ तक कि सिंगापुर, थाईलैंड से भी प्रतिभागी पहुँचते हैं। कई लोककथाओं और कहानियों का केंद्रबिंदु मोइरांग मैइती लोगों के प्रसिद्ध त्योहार लाइ हारोबा का भी केंद्र है।

मोइरांग वह स्थान है, जहाँ आजाद हिंद फौज ने नेताजी सुभाष चंद्र बोस के नेतृत्व में ब्रिटिश और अमेरिकी सेनाओं को पराजित करने के बाद 14 अप्रैल, 1944 को राष्ट्रध्वज फहराकर स्वतंत्र भारत की नींव रखी थी। ब्रिटिश सैनिकों के साथ हुए संघर्ष में यहाँ आजाद हिंद फौज के कई सैनिक शहीद हो गए थे। इस घटना की स्मृति में मोइरांग में 'आई.एन.ए. युद्ध संग्रहालय' बनाया गया है। इसमें प्रवेश करते ही बाईं ओर सैन्य वेश में नेता जी की भव्य मूर्ति स्थापित है।

पूर्वोत्तर के दूसरे राज्यों की ही तरह मणिपुर में भी औरतों की सक्रियता अधिक है। वे घर की देहरी तक सिमटी नहीं हैं और राजधानी इंफाल में तो इमा मार्केट (इमा अर्थात् माँ, यानी औरतों द्वारा चलाया जानेवाला बाजार) जैसे आर्थिक केंद्र की संचालक भी हैं। करीब 3000 इमाओं के इस बाजार में पुरुष खरीदार तो हो सकते हैं, लेकिन दुकानदार नहीं। पर्यटकों के लिए इस बाजार में आना और पारंपरिक मणिपुरी पोशाक में सिमटी औरतों को मांस-मछली, जीरा, नून-तेल से लेकर हस्तशिल्प तक की बिक्री करते हुए देखना एक अलहदा अनुभव है। कहते हैं, पिछले करीब पाँच सौ वर्षों से इमा बाजार की परंपरा मणिपुर में कायम है। किस्म-किस्म के रंगों, गंधों से सराबोर इमा मार्केट में माताओं के स्नेह की इबारत को पढ़ना बेहद आसान है। वैसे ही आस-पास के 32 गाँवों में रहनेवाली कॉम जातियों की मिलनस्थली मोइरांग है, जहाँ वे इकट्ठा होते हैं और अपनी जरूरत की सब्जियाँ तथा अन्य उत्पादों की खरीद-फरोख्त करते हैं। इस खरीद-फरोख्त की वजह से ही मोइरांग में विभिन्न जातियों के लोग इकट्ठा होकर मिलते

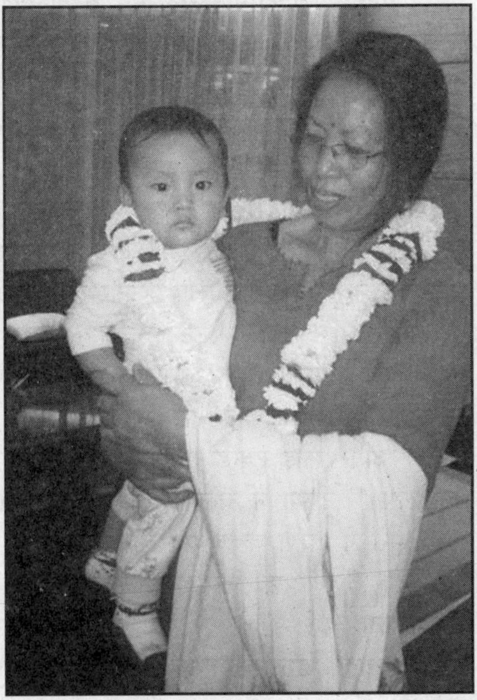

हैं। कांगाथेई घाटी में बसा एक छोटा सा गाँव है, जिसके चारों ओर चावल की बहुत बड़ी मात्रा में खेती की जाती है। सन् 2006 में डॉ. अब्दुल कलाम के बुगलॉन गाँव तक यात्रा करने पर स्थानीय लोगों ने मोइरांग-कांगाथेई-बुगलॉन को जोड़नेवाली सड़क का नाम कलाम रोड रख दिया है। हालाँकि आज भी यहाँ पहुँचाने की यह सड़क बड़ी खराब हालत में है, पर उस समय से आज तक कई लोगों के घर पक्के बन चुके हैं, तकरीबन सभी घरों में टी. वी. है और कुछ में टाटा स्काय की डिश भी लगी है, फिर भी दिन में बिजली तीन से चार घंटे के लिए ही आती है।

कांगाथेई को एक और वजह से भी याद किया जाता है। 16 अगस्त, 1991 में इसी कांगाथेई गाँव के पास कोलकाता से उड़ान भरनेवाला हवाई जहाज नजदीक के थांगजिंग चिंग पर्वतश्रेणी से टकरा गया था, जिसमें सभी यात्रियों की मृत्यु हो गई थी। तब यह छोटा सा गाँव भारतीय मानचित्र पर उभरा था। उस दुर्घटना में कांगाथेई में बचाव कैंप बनाया गया था। बहुत से स्थानीय लोगों (जिसमें टॉम्पा भी शामिल थे) ने मृतकों के शवों को ढूँढ़ने में मदद की थी। सालों बीतने के बाद आज भी वहाँ के निवासी उस भयानक दुर्घटना को याद करके सिहर उठते हैं।

मैरी तब बहुत छोटी थीं, कोई नौ साल की, लेकिन उन्हें याद है कि उस दिन कांगाथेई में अचानक बहुत से लोगों की भीड़ बढ़ गई थी। लोग बदहवास होकर यहाँ-वहाँ दौड़ रहे थे। मैरी ने अपने पिता से पूछा, "बाबा, क्या हुआ है आज...जो गाँव में इतनी अफरा-तफरी मची है?"

उनके पिता टॉम्पा उस समय घटनास्थल की ओर जाने के लिए तेजी से तैयार हो रहे थे, अपनी उसी व्यस्तता में उन्होंने तेजी से उत्तर दिया, "मेरी बच्ची, हवाई जहाज टकरा गया है, कोई नहीं बचा है। जहाज के टूटे टुकड़े चारों ओर फैल गए हैं। जानती हो, आस-पास के कई गाँवों को खाली करवा दिया है।"

"अपा, क्या मैं भी आपके साथ चल सकती हूँ?" मैरी ने कहा।

"हाँ-हाँ, क्यों नहीं? लेकिन गाँव के लोग जहाज के टूटे टुकड़ों को इकट्‌ठा करके बेचने के लिए घटनास्थल के आस-पास फैल गए हैं। तुमको मेरे साथ वहाँ जहाज के टूटे टुकड़ों की खोज करनी होगी। कर सकोगी?"

"हाँ अपा, मैं जरूर करूँगी," मैरी ने फिर पूछा, "अपा", अगर मुझे टूटे टुकड़े मिले तो उन टूटे टुकड़ों से क्या बनाया जा सकता है?"

"अगर कोई टुकड़ा मिला तो मैं उसे गलाकर एक सुंदर सा मर्तबान बना लूँगा," टॉम्पा ने चलते हुए कहा, "सुनो मैरी, आज रविवार है न?"

मैरी ने टॉम्पा के कदमों के साथ अपने कदम लगभग दौड़कर मिलाते हुए कहा, "हाँ अपा। जब हमें जहाज के गिरने की भयानक आवाज सुनाई दी तो हम चर्च में थे। मैं तो वह आवाज सुनकर डर ही गई थी।"

"ओहो, डरने की कोई बात नहीं"अभी मैं और तुम उस जगह पर चल रहे हैं न, तो तुम खुद ही देख लेना कि हवाई जहाज से डरने की कोई बात नहीं है।"

उस दिन मैरी ने पहली बार हवाई जहाज देखा था, भले ही वह टूटा हवाई जहाज था। घटनास्थल पर जाने पर वहाँ बिखरे हुए शवों को देखकर मैरी बहुत सहम गईं।

कांगाथेई में उस समय बीस-बाईस परिवार रहते थे। यह गाँव ज्यादा संपन्न लोगों का गाँव नहीं था। इसलिए यहाँ के कुछ लोगों को ही उच्च शिक्षा प्राप्त करने का मौका मिला था। इक्का-दुक्का व्यक्ति ही सरकारी विभागों में नौकरी करनेवालों में था। गाँव के ज्यादातर लोग तब भी किसान थे, आज भी हैं। जिनके पास धान के खेतों के बड़े टुकड़े थे, वे धनी-मानी लोगों में गिने जाते थे। वे धनी किसान अपने यहाँ काम करने के लिए विश्वसनीय और मेहनती लोगों को रखते थे। उनके यहाँ टॉम्पा जैसे भूमिहीन किसान दिन-रात मेहनत करते थे, जिससे वे अपने परिवार का पालन-पोषण कर सकें। फिर भी पूरे दिन कड़ी मेहनत करने के बाद भी टॉम्पा और अन्य

गरीब किसान केवल अपने परिवार द्वारा एक दिन उपयोग में लाए जानेवाले धान की मात्रा खरीद सकें, इतना ही कमा पाते थे। अपने बचपन में टॉम्पा ने शिकार करना, मछली पकड़ना, सब्जियाँ उगाना आदि सीखा था। जब किसी दिन उनके पास धान खरीदने के लिए पैसे नहीं होते थे, तब वे शिकार करते और मछली पकड़ते तथा मछली को बाजार में बेचकर धान खरीदकर लाते।

टॉम्पा एक अच्छे निशानेबाज थे। उनका निशाना इतना अचूक था कि उनकी एयरगन से निकली हर गोली से एक पक्षी जरूर गिर जाता था। टॉम्पा शिकार करने और मछली पकड़ने के लिए पूरा-पूरा दिन घर से बाहर रहते थे। देर रात वे घर पहुँचते, इसलिए उनके पूरे दिन के लिए एखम उन्हें भोजन बाँधकर देती थीं। जब वे वापिस आते तो पूरा परिवार उनको घेर लेता और सभी को यह उत्सुकता रहती कि आज दिन भर में वे क्या पकड़कर लाए। टॉम्पा ईल पकड़ने में माहिर थे। टॉम्पा और एखम पकड़ी गई ईल को रसोईघर में फैला देते थे और उनमें से बड़ी-बड़ी ईल को छाँटकर अलग कर देते, जिनको अगले दिन टॉम्पा बाजार में बेचकर धान खरीदकर ले आते। मैरी और उनके भाई-बहनों को बड़ी अखरती थी, जब वे देखते कि बड़ी ईलों को बाजार में बेचने के लिए अलग किया जा रहा है और उस समय बड़ी ईलों को लेकर किए जानेवाले उनके मासूम सवाल टॉम्पा और एखम को उदास कर जाते। टॉम्पा अपने द्वारा किए शिकार को सुखाकर उसे संरक्षित करने की कला जानते थे। बाद के वर्षों में जब मैरी बॉक्सिंग की ट्रेनिंग के लिए घर से बाहर जातीं तब उन्हें एखम वही संरक्षित मांस दिया करती थीं।

मणिपुर के लोगों के भोजन का प्रमुख हिस्सा धान है। पूरे गाँव का जीवन चक्र धान के इर्द-गिर्द ही घूमता है। धान के खेतों में धान की रोपाई मई-जून-जुलाई में होती है और फसल पकने पर अक्तूबर-नवंबर में उसकी कटाई की जाती है। उस समय पूरे साल के लिए धान का भंडारण करना हर किसान के लिए सपना ही होता है। यह भंडारण तभी हो सकता है, जबकि फसल अच्छी हो; क्योंकि अच्छी फसल होने पर किसान पूरे साल के लिए अनाज बचा भी लेता तथा कुछ हिस्सा बेच भी देता। फिर साल भर बचे हिस्से से अपने परिवार का भरण-पोषण करके या वक्त-जरूरत पर बेचकर वह अपने बच्चों की शिक्षा और ज़रूरत की घरेलू वस्तुओं को खरीद सकता है। भरपूर फसल होने पर हर गाँव त्योहार मनाता। प्राचीनकाल

से आज तक यह फसलों से जुड़े उत्सव-त्योहार मनाने की प्रथा हमारे गाँव-देहातों में चली आ रही है। लेकिन सही अर्थ में यह उत्सव भी वही भाग्यशाली मना सकता है, जिसके पास अपनी जमीन हो। अनाज भंडारण के लिए ऐसा स्थान हो, जहाँ वह साल भर के लिए अनाज इकट्ठा कर रख सकता हो। टॉम्पा का परिवार इतना भाग्यशाली नहीं था कि वे पूरे साल के लिए धान और जलाऊ लकड़ियाँ इकट्ठा करके रखते। क्योंकि उनके पास न तो खेती के योग्य जमीन ही थी और न ही घर में इतनी जगह कि वहाँ लकड़ियाँ इकट्ठी रखी जा सकें। उनका दुर्भाग्य यहीं खत्म नहीं होता था। एक तो पैतृक रूप से कुछ पास न होने के कारण गरीबी थी, उस पर पति-पत्नी दोनों ही कम पढ़े-लिखे थे और जितनी भी पढ़ाई-लिखाई उन्होंने की थी, वह भी स्थानीय भाषा में की थी, इसलिए कहीं नौकरी करने की वे सोच भी नहीं सकते थे। उनके हिस्से में तो जीवन भर मेहनत-मजदूरी ही लिखी थी। अपने कम पढ़े-लिखे होने की कमी को जानते हुए ही टॉम्पा ने सोच लिया था कि वे कुछ भी करके अपने बच्चों को मैट्रिक तक अच्छी अंग्रेजी शिक्षा दिलवाएँगे। हालाँकि उनका ऐसा सोचना एक सपने के जैसा ही था, फिर भी बच्चों के स्कूल के खर्च आदि को सोचते हुए वे अपने बच्चों को अच्छी शिक्षा के लिए कृतबद्ध थे।

गाँव में आम तौर पर बच्चों को स्कूल तभी भेजा जाता है, जब वे स्वयं की देखभाल के लायक हो जाते हैं। ऐसा छह-सात साल की आयु तक ही हो पाता है। अगर उसका कोई छोटा भाई-बहन होता है तो उसकी देखभाल भी घर के बड़े बच्चे को ही करनी पड़ती है, ऐसे में अपनी सुविधा के लिए वे अपने छोटे भाई-बहनों को पीठ पर बाँधकर दिन भर गाँव की गलियों और खेतों की पगडंडियों पर खेलते-घूमते हुए निकाल देते हैं, क्योंकि उनके माता-पिता घर के अन्य कार्यों में व्यस्त होते हैं। बचपन एक ऐसी उम्र होती है, जब बगैर किसी तनाव के मस्ती से जिंदगी का आनंद लिया जाता है। नन्हे होंठों पर फूलों सी खिलती हँसी, वह मुसकराहट, वह शरारत, रूठना, मनाना, जिद पर अड़ जाना, ये सब बचपन की पहचान होती है। सच कहें तो बचपन ही वह वक्त होता है, जब बच्चे दुनियादारी के झमेलों से दूर अपनी ही मस्ती में मस्त रहते हैं। मैरी का बचपन भी कुछ इसी तरह का था, एखम घर के कामों में व्यस्त होतीं तो वे पूरी आजादी से खेतों के खुले उन्मुक्त वातावरण में डोलते हुए बिताती थीं। लेकिन उन्हें

स्कूल में भेजने की चिंता तो टॉम्पा को थी, क्योंकि उन दिनों कॉम जाति के युवक शादी करने के लिए पढ़ी-लिखी युवतियों को प्राथमिकता देते थे। मैरी को इस स्कूल में भेजने के पीछे टॉम्पा का मानना था कि अंग्रेजी स्कूल में पढ़ी मैरी की शादी में उन्हें कोई दिक्कत नहीं आएगी। वे यही चाहते थे कि उनके परिवार की बड़ी संतान मैरी कम-से-कम अंग्रेजी स्कूल में दसवीं तक तो अवश्य ही पढ़ ले, तो वे उसकी जल्दी से शादी कर दें। शादी के अलावा अपनी बच्ची के भविष्य के लिए उनके मन में कोई और योजना थी ही नहीं। हालाँकि अपने परिवारजनों से उनकी विचारधारा थोड़ी भिन्न थी, जिसके कारण बाद में मैरी को वह प्लेटफॉर्म मिल गया था, जिसके सहारे उन्होंने अपने जीवन के आगे के रास्ते तय किए। टॉम्पा ने मैरी को अच्छे स्कूल में दाखिला दिलाने के लिए कई चीजों में रोजाना बचत करके पैसे बचाने शुरू कर दिए थे।

थोड़ी बड़ी होने पर टॉम्पा ने मैरी का एडमिशन शहर के सबसे बढ़िया स्कूलों में से एक लोकटक के क्रिश्चियन मॉडल स्कूल में करवा दिया था। मैरी का एडमिशन उस स्कूल में करवाने पर टॉम्पा को बेहद गर्व का अनुभव हो रहा था। मैरी के स्कूल का पहला दिन उसके माता-पिता के लिए बहुत बड़ी खुशी का दिन था। मैरी को स्कूल से लाने-ले जाने की जिम्मेदारी एखम ने सँभाली। उसके लिए एखम अपने ज्यादा जरूरी काम रविवार तक के लिए टाल देतीं। छोटी सी मैरी के लिए गाँव के उन्मुक्त वातावरण से निकलकर एकदम अनुशासित स्कूल में पहुँचना थोड़ा असहज तो था ही, क्योंकि एखम उसे कक्षा तक पहुँचाकर चली जातीं तो स्कूल के अनुशासन के कारण वह यहाँ-वहाँ तो घूम सकती नहीं थी। उसकी उन्मुक्तता पर बंधन लग चुका था। उसके ऊपर उसे यूनीफॉर्म पहनकर बहुत सारे बच्चों के साथ बैठना बड़ा कठिन लगता था। कक्षा में ज्यादातर बच्चे मैरी से छोटे थे और वे अपनी माँ के जाने के बाद घर को याद करके मचलते हुए रोते भी थे। लेकिन मैरी कभी भी माँ के साथ वापिस जाने के लिए नहीं मचली। थोड़े दिन वह स्कूल के नए वातावरण में खुद को अलग महसूस करके चुपचाप तो बैठती, लेकिन अन्य बच्चों की तरह रोती नहीं थी। जल्दी ही मैरी के मन से वह असहजता खत्म हो गई और उसके बहुत से दोस्त बन गए। जिनमें रंजिता और सोफिया के साथ मैरी की गहरी छनने लगी थी। उसके बाद मैरी स्कूल और पढ़ाई में रमने लगी।

शहरों की तुलना में देखा जाए तो गाँवों-देहातों में स्कूल जाना भी एक कठिन परिश्रम ही है। गाँव के बच्चों के लिए कोई वाहन आदि की तो कोई सोच भी नहीं सकता, लिहाजा वहाँ तो नन्हे-नन्हे बच्चे भी मीलों पैदल चलकर स्कूल पहुँचते हैं। मैरी को भी स्कूल तक पैदल ही जाना होता था, वह भी पूरे एक घंटे पैदल चलकर और वापिसी भी उसी रास्ते से होते हुए एक घंटे में वह घर पहुँचती थी। लेकिन कांगाथेई जैसे गाँव में रहनेवाले बच्चों के लिए उतना चलना तो जैसे बाएँ हाथ का खेल था। उनके लिए एक-दो घंटे चलना कोई बड़ी बात नहीं थी। लेकिन एखम के लिए यह दो घंटे बड़े कीमती थे, फिर भी उन्होंने कुछ महीनों तक मैरी को लाने-ले जाने की व्यवस्था को सँभाला था, उसके बाद गाँव के अन्य बच्चों के साथ मैरी हँसी-खुशी अकेले ही जाने लगी। गाँवों में अकसर माता-पिता अपने दैनिक जीवन में इतने व्यस्त होते हैं कि उनके लिए बच्चों को स्कूल लाना-ले जाना एक टेढ़ी खीर होती है। एखम अब मैरी की स्कूल फीस भरने ही महीने में एक बार उसके साथ स्कूल जाती थीं। जब मैरी के भाई-बहन ने स्कूल जाना शुरू किया तो उन्हें लाने-ले जाने की जिम्मेदारी मैरी ने खुद-ब-खुद उठा ली। यही नहीं, उसकी कोशिश यही रहती थी कि वह यह जिम्मेदारी गंभीरता से निभाए।

शुरू से ही टॉम्पा ने अपने बच्चों के अंदर कड़ी मेहनत करने की आदत डालनी चाही थी, ताकि वे जीवन के किसी भी मोड़ पर मेहनत के नाम पर पीछे न रहें। हालाँकि ऐसा नहीं था कि गाँव में मैरी के हमउम्र सभी बच्चे इतना कठिन परिश्रम नहीं करते थे। लेकिन मैरी ऐसे कई काम बखूबी करती थी, जो कोई उसकी हमउम्र लड़के भी नहीं कर पाते थे। टॉम्पा का उस पर भरोसा जताने के कारण ही उसे इस हौसले की प्रेरणा मिली थी। जब भी मैरी ऐसा कोई साहसिक काम करती, सभी बच्चे शोर मचाकर उसका हौसला बढ़ाते थे। मैरी छोटी सी उम्र से ही खेत को जोतना भी बड़ी कुशलतापूर्वक करती थी। बैलों को हल में जोतकर उनसे खेत में जुताई करवाना जरा कठिन काम है, लेकिन मैरी जल्दी ही उस काम में निपुण हो गई थी। वह बड़े आराम से बैलों को अनुशासित करके खेत की जुताई करवाती। उसके इस काम को गाँववाले हैरानी से देखते थे।

थोड़ी बड़ी होने पर मैरी खेत जोतने के अलावा खेती में काम आनेवाले भारी औजारों को उठाने का काम भी बड़े मजे से करती थी। धान

के बंडलों को उठाकर इधर-से-उधर करना उसके बाएँ हाथ का काम था। धान की कटाई के बाद बचे डंठलों को घर लाकर पशुओं को खिलाने का काम हो या दूर-दूर से पीने का पानी अपने सिर पर ढोने का काम हो, पहाड़ी के जंगलों से जलावन लाने का काम हो, हर काम में मैरी अपने माता-पिता का हाथ बँटाने में पीछे नहीं रहती थी। वह अपने पिता की मदद के लिए उनका दायाँ हाथ बन चुकी थी, लेकिन उसकी माँ को भी उसकी बहुत जरूरत रहती थी। खाना पकाना, कपड़े धोना, घर की सफाई, और भी अन्य कामों में मैरी को अपनी माँ की मदद करनी होती थी, जो उसकी दिनचर्या का प्रमुख हिस्सा बन चुका था। इस कड़ी शारीरिक मेहनत से वह शरीर से मजबूत होती गई, जो उसके भविष्य में बॉक्सिंग रिंग में वरदान साबित हुआ।

बरसात में जब खेतों में धान की बुवाई की जाती थी तो मैरी भी अपने माता-पिता के साथ घुटनों तक पानी से भरे धान के खेतों में बुवाई करवाती। अकसर पानी भरे धान के खेतों में जोंक की भरमार होती है। यहाँ तक कि बरसाती पानी के साँप भी खेतों में घूमते हैं। लेकिन मैरी बड़े मजे से उन जोंकों को अपने हाथ में उठाकर पत्थर की तरह उन बरसाती साँपों पर निशाना साधती थी। कहना चाहिए कि डर तो जैसे मैरी के मन में उसी समय हवा हो गया था। उसकी यह निडरता सालों बाद बॉक्सिंग कैंप में ट्रेनिंग ले रहे उसके साथियों को देखने के लिए मिली, जब उसके कमरे में एक साँप दिखा, जिसे देखकर उसकी साथिनें चीखती हुईं कमरे से बाहर दौड़ीं, लेकिन मैरी ने जब साँप को देखा तो अपने पैर से एक झटके में साँप को कमरे के बाहर झटक दिया। तब तक डंडे लेकर साँप को मारनेवाले आ पहुँचे और उन्होंने साँप का काम तमाम कर दिया।

वह अपने माता-पिता की आज्ञाकारी बच्ची थी। ऐसा इसलिए भी था, क्योंकि उसके आगे किसी भी काम को मना करने या शिकायत करने का विकल्प था ही नहीं, वह देख और समझ रही थी कि उसका पूरा परिवार कड़ी मेहनत कर रहा था और उसके माता-पिता को जीवन में कई समझौते करने पड़ रहे थे। अपनी जवानी में टॉम्पा अपने गाँव के रेसलिंग चैंपियन थे, लेकिन अपनी पत्नी और बच्चों के पालन-पोषण के लिए उन्होंने अपना वह शौक पीछे रख दिया था। एखम भी अपनी घर की मदद के लिए अपनी व्यस्त दिनचर्या में से बचे वक्त में बुनाई, कताई, बागवानी करने के अलावा

दूसरे के खेतों में काम करती थीं। घरेलू पूर्ति के लिए वे सब्जियाँ अपनी मेहनत से ही घर के पास थोड़ी सी जमीन पर उगाती थीं। मैरी और उसके भाई-बहनों की स्कूल की फीस भरने के लिए वे शॉल बुना करती थीं। फिर भी बच्चों की फीस समय पर कभी भी नहीं दी जाती थी, जिसके कारण उन्हें कई बार उस अनचाही परिस्थिति का सामना करना पड़ता था। ऐसे समय में उन्हें कक्षा में नहीं बैठने दिया जाता था या कई बार परीक्षा में भी नहीं बैठने दिया जाता था। हालाँकि एखम अपनी ओर से हरसंभव कोशिश करती थीं कि ऐसा न हो पाए, लेकिन जीवन की परिस्थितियों के सामने किसका वश चलता है? अपने माता-पिता की दिक्कतों को समझनेवाली मैरी कभी भी उनसे कोई ऐसी फरमाइश नहीं करती थी, जो कि वे पूरा न कर पाएँ। लेकिन वह क्रिसमस का पूरे साल भर इंतजार करती थी, क्योंकि उसके परिवार में एक वही त्योहार खूब धूमधाम से मनाया जाता था। उस समय घर भर के लिए नए कपड़े खरीदे जाते थे। लेकिन तब भी मैरी किफायत करते हुए उन कपड़ों को ही खरीदती थी, जो ज्यादा महँगे न हों, लेकिन यह जरूर था कि वह फ्रॉक की बजाय जींस और टीशर्ट को ज्यादा पसंद करती थी।

टॉम्पा द्वारा मछली पकड़ने, शिकार करने और खेती करने तथा एखम के द्वारा बुनाई और बागवानी करने के बाद भी वे अपने बच्चों की शिक्षा के लिए उतना धन नहीं जुटा पाते थे, जितने की जरूरत रहती थी। इसलिए टॉम्पा अब काम की तलाश में घर से तीन-चार महीनों के लिए निकल जाते थे। ज्यादातर वे उखरूल और ताबेन्गलॉन्ग के जंगलों में लकड़ी काटने का काम किया करते। यह दोनों ही स्थान उनके घर से 100 किलोमीटर से ज्यादा दूरी पर थे। वहाँ वे कॉन्ट्रेक्ट मजदूर की भाँति कार्य किया करते थे। काम पूरा होने पर ही उनको महाजन पैसा दिया करता। घने जंगल के बहुत अंदर ये मजदूर पेड़ों की कटाई करते और फिर अपने कंधों पर उस लकड़ी को ढोकर जंगल के बाहर लाते, जहाँ उनका भंडारण किया जाता था, क्योंकि घने जंगल के ऊँचे-नीचे रास्ते पर ट्रक चलाना बेहद खतरनाक था, जिसमें उन्होंने अपने कई साथियों की मौत को करीब से अपनी आँखों से देखा था। एक बार वे स्वयं भी लकड़ी काटते हुए वृक्ष की ऊँची डाल से गिरे तो कँटीली झाड़ियों में जा गिरे, जिससे उनकी त्वचा जगह-जगह से कट गई। उस घने जंगल में उपचार और दवाई मिलना असंभव था,

इसलिए किसी तरह उन्होंने स्वयं को उन कँटीली झाड़ियों से निकालने के बाद घावों के अपने आप भरने का इंतजार किया। कई बार ऐसा हुआ कि वे घने जंगल में अकेले रहे, इसलिए उस दौरान वे बैठी हुई स्थिति में झपकी लेते थे, ताकि अगर कोई जंगली जानवर उन पर हमला भी करे तो वे उसके चंगुल से भाग सकें। वह बड़ा कठिन परिश्रम था, लेकिन अपने बच्चों के बेहतर भविष्य के लिए टॉम्पा को वह मेहनत कुछ भी नहीं लगती थी। आज वह सब उनको एक बुरे सपने की भाँति सबकुछ याद आता है।

पूर्वोत्तर में दिन जल्दी छिप जाता है और भोर भी उतनी ही जल्दी होती है। काली स्याह रातों में जब कोई काम नहीं होता था तो टॉम्पा और एखम अपनी कठोर जिंदगी के कुछ पलों में सुस्ता लिया करते थे। मनोरंजन के नाम पर उनके पास कोई और साधन नहीं था। थकान से चूर होने के बाद भी टॉम्पा मैरी को पढ़ने के लिए उठाया करते थे और उसका गृहकार्य केरोसिन लैंप में करवाया करते थे, क्योंकि मोमबत्ती महँगी होती थी। बोतल में भरा केरोसिन रूई की बत्ती को जलाने पर बहुत धुआँ देता था, लेकिन रोशनी बड़ी कम देता था। लेकिन मैरी उसी मध्यम रोशनी में अपना कार्य पूरा करती थी।

बाँस की खप्पचियों को गोबर और मिट्टी मिलाकर लिपाई करके बनी झोंपड़ी में रोशनी के लिए केवल एक केरोसिन की ढिबरी काफी होती थी। उस झोंपड़ी में दो कमरे थे। एक मैरी और उसकी बहन का और दूसरा उसके माता-पिता और भाई का। बिस्तर के नाम पर एक कपड़े के खोल के अंदर पुआल और स्थानीय कपास के टुकड़ों से भरा हुआ गद्दा हुआ करता था। रजाई की जगह कपड़ों के टुकड़ों को सिलकर बनाई गई कथरी थी। इससे अधिक गरमाहट तो नहीं मिलती थी, जिससे सर्दियाँ बहुत कठिनाई से बीतती थीं। टॉम्पा ने अपनी जवानी के दिनों में कुछ बचत करके बेहतरीन कपास से बने गद्दे को खरीदा था। लेकिन दुर्भाग्यवश वह गद्दा उनसे खो गया, लेकिन अब उन्होंने जीवन में आराम को पीछे रख दिया था।

मैरी अपने गृहकार्य को जल्दी-से-जल्दी खत्म करके सोने की कोशिश करती थी। वह इतनी थकी हुई रहती थी कि जैसे ही उसका सिर तकिए से टकराता था, उसे गहरी नींद आ जाती थी। और सुबह जब उसके पिता पुकारते कि उठो सान्हेन, स्कूल जाने से पहले मेरी मदद के लिए उठो, पर ही उसकी नींद खुलती थी। फिर तो चाहे वह देर से सोई हो, तब

भी तुरंत उठकर पिता के साथ काम में लग जाती थी। चाहे बाहर कितना भी अँधेरा होता हो, वह शीघ्रता से लकड़ियाँ इकट्ठा करके आग जलाती और उस पर पानी गरम करने के लिए पतीला चढ़ा देती। टॉम्पा और मैरी एक साथ एक-एक कप चाय पीकर अपनी दिनचर्या के लिए तैयार हो जाते। मैरी भाग-दौड़ कर स्कूल की ओर निकलती और टॉम्पा अपनी जीविका की खोज में।

घर और स्कूल की जिंदगी के बीच तालमेल बिठाने के लिए मैरी जितनी भाग-दौड़ अपने पैरों से करती, उतनी तेजी से अपने हाथों से भी काम निपटाने की कोशिश करती। स्कूल का समय होते ही वह भागती हुई अपने साथियों के साथ मिल जाती और फिर वे सभी पैदल ही स्कूल की ओर हँसते-खिलखिलाते बढ़ जाते। मैरी की भाग-दौड़ को देखकर उसके हमजोली कहते, "चंग्नेइजैंग तो हवा की तरह उड़ती है।" उनकी बातें सुनकर अपने माता-पिता द्वारा खरीदे गए एकमात्र रबड़ के जूतों को ही पहनकर मैरी स्कूल की ओर बड़े डग भरती हुई बढ़ी चली जाती। अगर जोड़ों से वे जूते कहीं खुल भी जाते तो एखम उसे चिमटा गरम करके चिपका देतीं। रबड़ के वे जूते टुकड़े-टुकड़े होने तक काम में लाए जाते थे। लेकिन मैरी कभी भी अपने फटे, पैबंद लगे जूतों को लेकर परेशान नहीं होती थी। उसका तो अपनी सिलवटों से भरी यूनीफॉर्म की ओर भी ध्यान कम ही रहता था। वह केवल स्कूल में जाकर कितनी जल्दी अपने संगी-साथियों के साथ खेले,

इसंका ही ध्यान रखती थी। वह एक औसत छात्रा थी। हर दिन एखम मैरी को जेब खर्च के लिए 50 पैसे देती थीं, जिससे मैरी कभी सूखे मेवे, चना या मोरेह अचार खरीदती थी। स्कूल से लौटने के बाद कई बार ऐसा होता था कि खाने के लिए कुछ भी नहीं मिलता था, तो मैरी ने इसका भी एक रास्ता निकाल लिया। स्कूल से लौटते समय रास्ते में पड़नेवाले चर्च के अहाते में लगे अमरूद के पेड़ से वह पके अमरूदों को तोड़कर अपनी भूख शांत कर लेती, एक-दो बार वह उन्हें अपने घर भी साथ ले आई। उसके बाद तो उसके परिवार में सभी मौसमी फल खाकर अपनी भूख शांत करने लगे।

मैरी की तरह ऐसे कई परिवार थे, जिनकी सहायता चर्च करता था। यद्यपि टॉम्पा और एखम मेहनत-मजदूरी में सप्ताह के सारे दिन काटते थे, लेकिन रविवार का दिन वे चर्च और प्रार्थना करने के लिए जरूर निकालते थे। वे बैपटिस्ट चर्च जाते, जहाँ भगवान् के प्रति पूरी आस्था रखने के लिए दी जानेवाली शिक्षा पर पूरा परिवार अमल करता था। टॉम्पा और एखम का ईश्वर पर अटूट विश्वास देखकर मैरी की भी आस्था भगवान् में धीरे-धीरे दृढ़ होती गई थी। उसकी यही आस्था जीवन में कड़ा संघर्ष और मेहनत करने पर लगातार बनी रही। बाइबल की कहानी के मुख्य पात्र गोलिएथ और डेविड उसे हमेशा प्रेरणा देते रहे। हर रविवार चर्च जाकर बाइबिल पढ़ना, पादरी से उसे सुनना और फिर गीत गाना मैरी के बचपन की सुनहरी यादों का एक हिस्सा बन चुका था। यही वजह है कि बाद में जब भी मैरी किसी बड़ी चैंपियनशिप के लिए तैयारी करती तो वह रविवार को प्रार्थना करना और उपवास रखना नहीं भूलती।

कांगाथेई ज्यादा समृद्ध गाँव तो था नहीं, इसलिए वहाँ मनोरंजन का कोई साधन भी न था। केवल इक्का-दुक्का घरों में टेलीविजन था। मैरी ने भी जब सन् 2002 में पहला नकद इनाम जीता था, तब अपने घर के लिए टेलीविजन खरीदा था, लेकिन तब तक वे सभी अपने अंकल के यहाँ फिल्में देखा करते थे। उसे हिंदी फिल्में बोरिंग लगती थीं, क्योंकि उसे भाषा भी समझ नहीं आती थी। सन् 2000 से तो मणिपुर के चरमपंथियों ने मणिपुर में हिंदी फिल्मों पर बैन लगा दिया था, जिससे वे कहीं भी नहीं दिखाई जातीं। मैरी को उस जमाने से ही मार्शल आर्ट की फिल्में, जिनमें मुख्य नायक ब्रूस ली, जेट ली और जैकी चांग होते थे, वे पसंद आती थीं। मजे की बात तो तब होती, जब कोई नया वीडियो कैसेट गाँव में लेकर आता

तो वह खबर जंगल की आग की तरह चारों ओर फैल जाती। सभी लोग एक कमरे में उस वीडियो कैसेट को देखने के लिए इकट्ठा हो जाते। फिल्म देखने के बाद सभी बच्चे फिल्म के नायकों की जगह खुद की कल्पना करके मार्शल आर्ट एक-दूसरे पर आजमाते। मैरी खुद एक मार्शल आर्ट हीरो की तरह फाइटर बनना चाहती थी। और उसकी ब्रूस ली किक का शिकार अकसर उसका चचेरा भाई चुंगजालेन ही बनता था। मैरी और चुंगजालेन अपने-अपने परिवार के बड़े बच्चे थे, हमउम्र होने के कारण दोनों एक-दूसरे को अपनी सब अच्छी और बुरी चीजों को साझा किया करते। चाहे चारागाह में मवेशियों को चराना हो या खेतों में काम करना हो, मैरी और चुंगजालेन लगभग सारा काम एक साथ ही किया करते। दोनों की आँखों में एक ही सपना पल रहा था—मेहनत करके धनी बनकर अपने माता-पिता की मदद करने का सपना, जिसके बारे में वे एक-दूसरे से अकसर बातचीत किया करते, बड़े होकर क्या करना होगा, इस विषय पर गहराई से सोच-विचार किया जाता।

स्कूल की छुट्टियाँ मैरी के लिए आराम या मस्ती लेकर नहीं आती थीं, बल्कि छुट्टियों से पहले ही टॉम्पा तीनों भाई-बहनों के द्वारा किए जानेवाले काम बाँट देते थे। जिसमें जलावन इकट्ठी करना सबसे बड़ा काम था। जिसके लिए उन तीनों भाई-बहनों को अपने गाँव से आठ किलोमीटर दूर निनगाथी चिंग पहाड़ी पर टॉम्पा के साथ जाना पड़ता था। उनका घर इतना बड़ा नहीं था कि जहाँ वे साल भर के लिए जलावन इकट्ठी करके रख सकते। इसलिए उन्हें लकड़ी के छोटे-छोटे टुकड़ों की तलाश में जंगल जाना पड़ता। टॉम्पा पहाड़ी की चोटी पर पहुँचकर वहाँ से लकड़ियाँ इकट्ठी करके उनके गट्ठर को लुढ़का देते, नीचे इंतजार करते बच्चे उन लकड़ियों के गट्ठरों को रोक लेते। शाम होने तक वे उन गट्ठरों को अपने सिर पर रखकर उस लंबी दूरी को पैदल पार करके घर पहुँचते। एक बार टॉम्पा और मैरी दोनों ही लकड़ियाँ इकट्ठा करने गए। हमेशा की तरह टॉम्पा पहाड़ी की चोटी पर पहुँचकर लकड़ियों के गट्ठर बनाने में व्यस्त हो गए। तब तक नीचे इंतजार में खड़ी मैरी नीचे फिसलने से बचने के लिए एक पेड़ को पकड़कर खड़ी थी। तभी पेड़ उसके भार के कारण जमीन की ओर झुकने लगा और अचानक वह डाल टूटने लगी, जिसे पकड़कर मैरी खड़ी थी। एकाएक मैरी का संतुलन बिगड़ा और वह लड़खड़ाकर एक गड्ढे में

जा गिरी। चोट लगने से वह अचेत हो गई। चेतना आई तो उसका मुँह मिट्टी में गड़ा हुआ था और हाथ-पैर खरोचों से भरे हुए थे। उसकी चोट से बेखबर टॉम्पा लकड़ियाँ इकट्ठी करके जब उसके पास आए, तब मैरी को जख्मी देखकर चिंतित हो गए और सबसे पहले यह जाँचा कि कहीं मैरी की हड्डियों को तो कोई क्षति नहीं पहुँची है, लेकिन ईश्वर की कृपा से मामूली चोटों के अलावा मैरी को कोई क्षति नहीं पहुँची थी, यह जानकर उन्होंने चैन की साँस ली। कुछ देर आराम करके वे वापिस घर की ओर चल पड़े।

मैरी के बचपन की कहानी सुनते या पढ़ते हुए हालाँकि ऐसा लगता है कि बचपन से ही वह केवल कठोर परिश्रम ही करती रही, जिसमें कि वह एक आम बच्चे की भाँति खेलकूद में समय न गँवाकर अपने माता-पिता की मदद ही करती रहती थी, लेकिन इसमें राज की बात तो यह थी कि इस मेहनत के बाद भी वह अपनी व्यस्त दिनचर्या के बीच में खेलने-कूदने का समय निकाल ही लेती थी। समय मिलने पर वह अपने हमजोलियों के साथ छुपन-छुपाई का खेल खेलती थी। वह कंचे खेलने में उस्ताद थी, क्योंकि उसका निशाना बड़ा ही सटीक था, जिसमें जीतने के लिए वह कुछ भी करने के लिए तैयार रहती। उसके लिए उस समय भी प्रतियोगिता का मतलब जीत हासिल करना ही होता था।

खेल के अंत में वह अपने सारे साथियों के कंचे जीत लेती थी। उसके बाद कभी-कभी वह उनके ही कंचे उनको बेच देती या कभी-कभी उनको उधार पर खेलने के लिए दे देती। यह भी सच है कि मैरी के मित्रों में लड़कियों की संख्या कम ही होती थी। लेकिन लड़कों के बीच वह मजबूती और कठोरता से लगातार चुनौतियों को झेलने के लिए तैयार रहती थी।

एक दिन वह अपने घर के बाहर कंचे खेल रही थी कि उसका भाई खुंफ्रे वहाँ आया। उसने कहा, ''चंग्नेइजैंग''इमा तुम्हें जल्दी से घर बुला रहा है।''

मैरी ने उसकी ओर देखे बिना कंचे से अपना निशाना साधते हुए उसकी बात को सुनकर भी अनसुना कर दिया।

खुंफ्रे ने उसे फिर कहा, ''चंग्नेइजैंग''जल्दी चलो, इमा बुला रहा है।''

मैरी उस समय अपना खेल हार रही थी, इसलिए उसका मूड खराब था। उसने बिगड़कर कहा, ''खुंफ्रे, चुप हो जाओ''मैं हार रहा हूँ और अगर तुम्हारे बार-बार बोलने से मैं ये बाजी भी हार गया तो बहुत बुरा होगा।''

भाई ने उसके खराब मूड को भाँप लिया था, इसलिए वह भी उससे कुछ दूरी बनाकर खड़ा हो गया। तभी माँ ने मैरी को दो-तीन बार पुकारा। मैरी का मूड तो खराब था ही, उस पर बार-बार माँ के पुकारने से उसका ध्यान बँट रहा था, जिसके कारण वह अपना खेल पूरी तरह हार गई। जिस बच्चे ने मैरी को हराया था, वह खुशी से उछलने लगा और उसकी झोली में पड़े सारे कंचे माँगने लगा। मैरी का मूड पूरी तरह खराब हो गया, तभी उसे खुंफ्रे की आवाज फिर सुनाई दी, ''चंग्नेइजैंग''इमाँ, तुम्हें कब से आवाज दे रहा है। घर चलो।'' अपनी हार से बौखलाई मैरी ने पलटकर भाई को एक जोरदार किक मार दी। वह किक इतनी जोरदार थी कि खुंफ्रे को अस्पताल ले जाना पड़ा। सौभाग्य से उसे ज्यादा गंभीर चोट नहीं लगी थी, लेकिन मैरी उस दिन अपने उस कृत्य से बहुत शरमिंदा हुई थी। सिंगलेनई और खुंफ्रे के लिए मैरी बड़ी बहन कम, बड़ा भाई ज्यादा थी। उनको कोई चिढ़ाता तो वह उन्हें सबक सिखाने के लिए मैरी को बुला लाते। एक बार खुंफ्रे को किसी लड़के ने सताया, जिसके कारण वह रोता हुआ घर पहुँचा। मैरी ने उसके रोने का कारण पूछा, ''खुंफ्रे''क्यों रो रहे हो? किसी ने तुम्हें मारा?''

खुंफ्रे ने सिर हिलाकर जताया कि उसे किसी ने मारा है और फिर वह जोर-जोर से रोने लगा।

''किसने मारा तुम्हें?'' मैरी ने गुस्से में पूछा तो उसने घर के बाहर ले जाकर एक लड़के की ओर इशारा करके कहा, ''उसने''उस लड़के ने मेरे कान उमेठे और मुझे धक्का भी दिया।'' यह सुनकर मैरी तुरंत उस लड़के के पास पहुँची और उसके कान इतनी जोर से उमेठे कि उसने भविष्य में खुंफ्रे को न चिढ़ाने की कसम तो खाई-ही-खाई, साथ ही उससे माफी भी माँगी।

लेकिन जल्दी ही खुंफ्रे ने भी ऐसा काम किया कि मैरी को भी अस्पताल की सैर करनी पड़ी। हुआ यूँ कि सब बच्चे छुपन-छुपाई खेल रहे थे। उस दौरान खुंफ्रे एक दरवाजे के पीछे छुप गया। मैरी यह बात नहीं जानती थी, इसलिए उसने दरवाजे के पीछे देखने के लिए दरवाजे में बने चाबी के छेद से अंदर देखने की कोशिश की। उसी समय खुंफ्रे ने अपने हाथ में पकड़ी लकड़ी की पतली डंडी को उस सूराख में घुसा दिया। जिसका नतीजा बड़ा बुरा निकला। मैरी की आँख के सफेद हिस्से में वह

डंडी जा लगी। मैरी को तुरंत अस्पताल ले जाया गया। जब डॉक्टर ने बताया कि खतरे की कोई बात नहीं है, तब सबने चैन की साँस ली। फिर भी कुछ दिनों के लिए मैरी की आँख पर पट्टी बाँधी गई थी। मजे की बात यह थी कि उसकी आँख पर पट्टी बँधी होने के बाद भी मैरी कंचों पर एकदम सटीक निशाना लगा देती थी।

खेलकूद से याद आया कि मैरी स्कूल के दिनों से ही हर खेल प्रतियोगिता में सबसे आगे रहती थी। 100 मी., 400 मी. या लंबी दूरी की दौड़ प्रतियोगिता होती तो मैरी सबसे पहले अपना नाम लिखवानेवालों में से होती। सभी तरह के खेलों में भी वह प्रथम पुरस्कार जीत ही लेती। अकसर इनाम में उन दिनों बच्चों को घरेलू उपयोग में आनेवाली वस्तुएँ ही दी जाती थीं। इसलिए जब मैरी इनाम में जीती प्लेट, टिफिन बॉक्स, कप, प्लेट्स आदि घर ले जाती तो सब बड़े खुश होते। मैरी द्वारा जीते टिफिन बॉक्स के लिए खुंफ्रे बहुत उत्सुक रहता था, क्योंकि वह उसमें अपने मित्रों की तरह स्कूल में चावल ले जा सकता था। जैसे-जैसे मैरी का ध्यान खेलों की ओर होता गया, उसका ध्यान पढ़ाई की ओर कम होने लगा। टॉम्पा के लिए यह बेहद असहनीय था, क्योंकि वे नहीं चाहते थे कि उनके बच्चे शिक्षा की कमी के कारण कहीं भी पीछे रहें या उनको कम पढ़ा-लिखा बोला जाए। वे नहीं चाहते थे कि मैरी अपना समय खेलकूद में व्यर्थ करे, लेकिन मैरी के खेलप्रेम में जरा भी कमी नहीं आ रही थी, बल्कि जेब खर्च के लिए उसने और उसके दोस्तों ने एक नया काम शुरू कर दिया। वह काम था–खाली टिन, कंटेनर और बोतलों को इकट्ठा करके कबाड़ी को बेचना। इसके अलावा वे सब मिलकर उन धनी किसानों के खलिहान में पहुँच जाया करते थे, जहाँ अनाज को बेचने के लिए इकट्ठा किया जाता था। खलिहान में अनाज के गिरे दानों को बीनकर मैरी और उसके दोस्त बाजार में बेच आते, जिससे उनके जेबखर्च के लायक पैसे निकल आते। कभी-कभी जंगली सब्जियों और फलों को इकट्ठा करके वे लोग बेच देते। इस पैसे से मैरी अपनी पाठ्य-पुस्तकें, पेंसिल, रबड़ और जरूरत की चीजें खरीद लेती थी। यहाँ तक कि कभी-कभी एखम भी जरूरत पड़ने पर मैरी से पैसे उधार के तौर पर लेतीं। पैसे वापिस पाने के लिए मैरी कठोर महाजन की भाँति माँ के पीछे तब तक पड़ी रहती थी, जब तक कि उसे उसके पैसे नहीं मिल जाते थे।

कक्षा सात में मैरी को मोईरांग के सेंट जेवियर कैथेलिक स्कूल में

दाखिला दिलवा दिया गया। इसके पीछे कारण यही था कि खुंफ्रे सेंट जेवियर का छात्र था, लिहाजा दोनों भाई-बहन एक ही स्कूल में पढ़ें, ऐसा सोचकर टॉम्पा ने मैरी का दाखिला वहाँ करवा दिया। सेंट जेवियर के खेल के मैदान को देखकर तो मैरी बड़ी खुश हुई। वह मैदान काफी बड़ा था। नए स्कूल में आने पर मैरी की खेलों में रुचि और अधिक हो गई। उसकी रुचि को देखकर उसके स्कूल की प्रिंसिपल और अध्यापकों ने टॉम्पा को सलाह दी कि उन्हें मैरी को खेलों में कॅरियर बनाने के लिए सहायता देनी चाहिए। स्कूल के प्रिंसिपल के कहने पर ही टॉम्पा मैरी को इंफाल की स्पोर्ट्स एथॉरिटी ऑफ इंडिया लेकर गए। हालाँकि वहाँ जाने के वे बहुत इच्छुक नहीं थे, लेकिन मैरी के बहुत कहने पर बुझे मन से मैरी को लेकर गए। उन्होंने इस ओर ज्यादा उत्साह से आगे की योजना नहीं बनाई। हालाँकि वे जानते थे कि स्पोर्ट्स अथॉरिटी ऑफ इंडिया में मिलनेवाली सुविधाओं से बेहतर कोई सुविधा नहीं दे सकता।

लेकिन मैरी का मन तो स्पोर्ट्स अथॉरिटी ऑफ इंडिया में जाकर खिल गया। सन् 1998 में थइयांग गाँव में कॉम-रेम स्टूडेंट यूनियन के वार्षिक सम्मेलन में मैरी ने भाग लिया। मणिपुर के सारे कॉम जातियों के युवा इस सम्मेलन में सम्मिलित हुए थे। हालाँकि मैरी के घर में उसके वहाँ जाने को लेकर कोई भी खुश नहीं था। वहाँ जाने के खर्च को लेकर टॉम्पा और एखम चिंतित थे, लेकिन मैरी और उसके दोस्तों ने उनकी यह चिंता दूर

कर दी। उस यात्रा की शुरुआत से ही मैरी बहुत उत्साहित थी। अपने सिर पर चमकीले रंग का स्कार्फ बाँधे जब वह बस में बैठने के लिए अंदर घुसी तो वहाँ उसके लिए जगह ही नहीं थी। वह तुरंत बाहर आ गई, तब तक उसके साथ के सभी लड़के बस की छत पर बैठकर अपनी जगह बना चुके थे। मैरी ने उनको देखकर खुद भी बस की छत पर ही सफर करने का फैसला किया। वह आठ किलोमीटर का सफर मैरी ने लड़कों के साथ बस के ऊपर बैठकर ही पूरा किया था। वह सफर उसका सबसे अनोखा और रोमांच भरा सफर था। हालाँकि काफी बाद में उसे ट्रेन में, हवाई जहाज में और यहाँ तक कि देश से बाहर जाने को भी मिला, लेकिन जितना मजा उसे उस आठ किलोमीटर के सफर में आया था, वैसा मजा फिर कहीं नहीं आया। रास्ते भर वह प्राकृतिक सौंदर्य को निहारते हुए यात्रा का मजा लेती रही। शाम को गंतव्य पर पहुँचने पर मैरी को याद आया कि किसी ने कहा था कि थइयांग ताजे अनन्नास के रस के लिए प्रसिद्ध है। अपनी प्रतियोगिता संपन्न होने के बाद मैरी ने ताजे रस का आनंद उठाने की बात मन-ही-मन सोच ली। और जैसा कि हमेशा होता आया था, मैरी ने वहाँ आयोजित तकरीबन सभी एथलेटिक प्रतियोगिताओं में भाग लेकर अपनी जीत हासिल की थी। सम्मेलन खत्म हो गया था, लेकिन मैरी के लिए वह सम्मेलन एक अद्‌भुत यादगार बन चुका था।

कांगाथेई में वापिसी के बाद जीवन फिर उसी ढर्रे पर चलने लगा। टॉम्पा ने–अपनी छोटी-छोटी बचत से मैरी के लिए कैप्टन साइकिल खरीद दी थी। मैरी की बहन सिंगनलेई तो साइकिल के पिछले कैरियर पर मैरी के साइकिल चलाने से पहले ही जमकर बैठ जाती थी। एक दिन मैरी बड़ी तेजी से पैडल मारते हुए साइकिल चला रही थी कि पहाड़ी ढलान भरे ऊबड़-खाबड़ रास्तों में झटकों के कारण सिंगनलेई का हाथ कैरियर से छूट गया और वह गिर गई। इस बात से बेखबर मैरी अपनी साइकिल पूरी रफ्तार से भगाती हुई उड़ी चली जा रही थी कि तभी पीछे आ रहे उसके साथियों की पुकार उसके कानों में पड़ी। उसने मुड़कर देखा तो उसे नीचे गिरी रोती हुई सिंगनलेई दिखाई दी। उसके बाद से मैरी बहन को बड़ी सावधानी से अपने साथ लाती-ले जाती थी। जब से उसे साइकिल मिली थी, तब से वह स्कूल आना-जाना उसी पर करती थी। अकसर मित्रों के साथ साइकिल रेस की जाती, जिसमें मैरी अपने से उम्र में बड़े और कद-काठी में अधिक

लड़कों से रेस जीत जाती थी। जब मैरी साइकिल चलाती तो उसे ऐसा लगता था जैसे कि वह मोटर साइकिल चला रही हो, ऐसा वह हकीकत में भी अभिनय करके दिखाती थी, जब उस रेस में वह किसी बच्चे को अपने से पीछे छोड़ती थी। मैरी के ज्यादातर दोस्त लड़के ही थे। ऐसा इसलिए भी था, क्योंकि गाँव में मैरी की हमउम्र लड़कियों की संख्या ही कम थी। मैरी अन्य लड़कियों की भाँति शर्मीली नहीं थी, बल्कि हर समय ऊर्जा से भरी हुई और चंचल दिखाई देती थी। वैसे मैरी यह भी जानती थी कि वह उतनी सुंदर नहीं है, जितना कि लड़कियों को होना चाहिए। लेकिन अपने ब्वॉयज लुक के लिए मैरी बहुत ज्यादा सचेत रहती थी, क्योंकि उस पर लड़कियों जैसे कपड़े फबते भी नहीं थे। इसलिए देखा जाए तो ऐसी स्थितियों में मैरी का व्यक्तित्व खेलों में ढलने के लिए बिलकुल सटीक था, जिसमें रफ-टफ इमेजवाली लड़कियों की माँग होती है।

टॉम्पा हालाँकि ज्यादा पढ़े-लिखे नहीं थे, लेकिन वे जीवन को व्यावहारिक नजरिए से देखते थे, जिसे कभी-कभी वे अपने बच्चों के साथ साझा भी करते थे। वे मैरी को समझाते हुए कहते थे, "सान्हेन, एक लड़की को महिला की तरह अपना व्यक्तित्व बनाना बहुत जरूरी है, यह मत भूलो कि तुम उस रूप में भी सबकुछ करने की शक्ति रख सकती हो। मेरी एक बात और याद रखना कि जीवन में कभी भी झूठ मत बोलना। हमेशा दूसरों पर दया करना और अपने बड़ों को प्यार, आदर और सम्मान देते हुए उनकी देखभाल करना।" उनकी इस बात में मैरी के आगामी जीवन में अपना घर चलाने की सीख छिपी रहती थी। अपने पिता से मैरी ने कठोर परिश्रम और ईमानदारी की इज्जत करना सीखा था।

जैसे-जैसे दिन बीत रहे थे, मैरी का खेलों के प्रति रुझान बढ़ता जा रहा था और टॉम्पा ने भी उसके इस रुझान को स्वीकार कर लिया था। अन्य माता-पिता की तरह उन्होंने भी अपने बच्चे की इच्छा को देखते हुए खेलों में ही सबसे अच्छे विकल्प की तलाश शुरू कर दी थी, क्योंकि वे मैरी की पढ़ाई और खेल के बीच सामंजस्य बनाकर रखना चाहते थे। वे चाहते थे कि मैरी जिस भी खेल को खेले, उसमें उचित ट्रेनिंग ले। इसी दौरान उनको किसी ने मोइरांग के नेशनल इंस्टीट्यूट स्पोर्ट्स ट्रेंड कोच निपामाचा कुनम के बारे में बताया। ओजा निपामाचा एक एथलीट कोच थे और बहुत से बच्चों को ट्रेनिंग देते थे। टॉम्पा के लिए यह राहत की बात

थी कि उस ट्रेनिंग के लिए निपामाचा न ही कोई फीस लेते थे और न ही वहाँ के उपकरणों को उपयोग में लाने का कोई पैसा लिया जाता था। जब निपामाचा ने मैरी को अपनी छात्रा के रूप में ट्रेंनिग देने की हामी भरी, तो मैरी को बहुत खुशी हुई। उत्साहित मैरी से निपामाचा ने पूछा, ''क्या तुम एक्सरसाइज और ट्रेनिंग के लिए कांगाथेई से मोइरांग सुबह जल्दी आ सकती हो?''

मैरी ने तपाक से जवाब दिया, ''हाँ, क्यों नहीं, मैं कभी भी आपको शिकायत का मौका नहीं दूँगी। मैं आपको अपना सबसे अच्छा प्रदर्शन करके दिखाऊँगी।''

मैरी की ट्रेनिंग तो शुरू हो गई थी, लेकिन ट्रेंनिग के दौरान ली जानेवाली डाइट उसे अभी भी नहीं मिल पा रही थी। हाँ, इस दौरान साइकिल से हर दिन चार-चार बार कांगाथेई से मोइरांग जाने-आने में मैरी पर बहुत ज्यादा परिश्रम का बोझ पड़ने लगा। इसी के साथ मैरी के मन में एथलीटिक्स में अपना कॅरियर बनाने की बात भी नहीं थी। 20 दिनों में ही उसने इस बढ़े हुए बोझ के आगे हार मान ली। हालाँकि उस छोटे से समय में उसने एक्सरसाइज की सही टेक्नीक के बारे में काफी कुछ सीखा भी था। शरीर की स्ट्रेंथ, स्टेमिना और स्पीड बढ़ाने के लिए जरूरी एक्सरसाइज को सीखकर उसने उसी पर घर में रोज अभ्यास जारी रखा। मैरी को एक सही कोच की जरूरत थी, जो उसे सही दिशा दे सकता। कभी-कभी उसे दुःख भी होता कि उसने इतने अच्छे मौके को हाथ से जाने दिया, लेकिन फिर वह मन में आए उस नकारात्मक खयाल को झटककर दुगने उत्साह से अपने अभ्यास में लग जाती थी।

मैरी की लगन और मेहनत को देखकर उसके दोस्त और अध्यापक भी कहने लगे थे कि उसे अपनी इस लगन को बनाए रखना चाहिए, क्योंकि आनेवाले दिनों में हो सकता है कि वह अपने गाँव का नाम रोशन कर सके। टॉम्पा अब मैरी के मन में खेल को लेकर गहराई से छुपे मनोभावों को महसूस करने लगे थे। वे अब मान चुके थे कि उनकी बेटी का भविष्य अगर बन सकता है तो केवल खेलों से ही बन सकता है। पढ़ाई के क्षेत्र में उससे कुछ करने की उम्मीद रखना सही नहीं है। ऐसा विचार आने पर उन्होंने इंफाल में रहनेवाले कुछ रिश्तेदारों से संपर्क किया। वे चाहते थे कि शायद मैरी इंफाल में रहकर अपने टैलेंट को उभारने का मौका पा सके।

यह सच भी था, क्योंकि इंफाल मणिपुर की राजधानी है, जहाँ आगे बढ़ने के लिए बहुत से अवसर मिल सकते हैं। उस समय तक मैरी के दिल में बॉक्सिंग में कॅरियर बनाने का कोई भी खयाल नहीं आया था।

मैरी का वह सोलहवाँ जन्मदिन था, जिस दिन टॉम्पा ने उसे खेलों में पूरा ध्यान लगाने के लिए अपनी खुली अनुमति दे दी, लेकिन वे जानते थे कि गरीबी के कारण मैरी को खेलते समय जरूरत पड़नेवाले भोजन, उपकरण, कपड़े वे नहीं दे सकते थे। उन्हें यह सुनकर धक्का भी लगता था कि मैरी के दोस्त उसकी पारिवारिक स्थिति को जानकर उस पर दया का भाव रखते हैं।

वह नब्बे के दशक का आखिरी दौर था, जब स्कूल से एस्कर्शन टूर पर मैरी इंफाल गई थी, तब आनेवाले नेशनल गेम्स के लिए इंफाल में खुमान लंपक स्पोर्ट्स कॉम्प्लेक्स को बनाया जा रहा था। स्पोर्ट्स कॉम्प्लेक्स को देखकर मैरी अपने भविष्य में स्पोर्ट्स कोटे से नौकरी पाकर अपने माता-पिता की सहायता करने का सपना सँजोने लगी थी, जिससे उसके घर की गरीबी दूर हो सके। हालाँकि मणिपुर में सरकारी नौकरी पाना एक सपना ही है और केवल राजनीतिक पहुँचवाला या पैसे वाला व्यक्ति ही सरकारी नौकरी पा सकता है। मैरी जानती थी कि वह न तो पैसे वाले माता-पिता की संतान है और न ही उसकी कोई राजनीतिक पहुँच है। अगर उसे नौकरी मिल सकती है तो केवल स्पोर्ट्स कोटे के माध्यम से ही मिल सकती है। एक दिन अपने इस सपने को उसने टॉम्पा के साथ भी साझा किया। भविष्य के लिए उसकी योजना सुनकर टॉम्पा को भी लगा कि उन्हें अपनी बेटी की इच्छा पूरी करने के लिए उसे पूरा सहयोग देना चाहिए। इसलिए उनसे जितना भी बन पड़ता, वे मैरी के कई कामों को स्वयं कर देते, जिससे उसे खेलने के लिए अधिक समय मिल सके।

□

जीवन की नई राहें

सन् 1999, यह वह साल था, जब मैरी ने इंफाल के स्पोर्ट्स अथॉरिटी ऑफ इंडिया में दाखिला लेने के लिए कांगाथेई से विदा ली थी। इंफाल जाते समय उसे यह भी पता नहीं था कि उसे स्पोर्ट्स अथॉरिटी ऑफ इंडिया में दाखिला मिल भी पाएगा या नहीं। वह तो उस समय केवल वहाँ सीट पाने की कोशिश करने गई थी। जिस समय मैरी अपनी माँ के साथ कांगाथेई छोड़ रही थी, उस समय उसके मन में बहुत सारे खयाल घुमड़ रहे थे। रह-रहकर अपने छोटे भाई-बहन की शक्लें याद कर उसकी आँखें भर जा रही थीं। बस जब हिचकोले खाती हुई आगे बढ़ने लगी तो मैरी पीछे रह गए गाँव की सड़क को खिड़की से दूर तक निहारती रही। उसे इसी के साथ अपने अकेले रह गए माता-पिता की चिंता भी हो रही थी कि वे कैसे उसके बिना घर का इतना काम-काज सँभालेंगे? एखम ने जैसे बिना कहे ही उसके मन के भावों को जान लिया था, इसलिए उन्होंने मैरी के हाथ को अपने हाथ में लेकर मृदुलता से सहलाया। मैरी ने बिना कुछ कहे उनके कंधे पर अपना सिर रख दिया, तो एखम ने धीरे से कहा, "चंग्नेइजैंग...अब तू हमारी चिंता मत कर। तुझे अपना भविष्य सँवारना है, यह सोचकर तू मेहनत करना।"

"इमाँ, क्या मैं जो कुछ कर रहा हूँ, वह सही है? क्या ऐसा करने से मैं स्वार्थी तो नहीं कहलाऊँगी?"

"नहीं रे...ऐसा कुछ नहीं है, किसी भी माता-पिता की संतान जब अपना भविष्य बनाने के लिए घर से बाहर निकलती है तो उसके साथ उसके माता-पिता के सपने और आशाएँ जुड़ी होती हैं...जिन्हें पूरा करना संतान का फर्ज है, ऐसे में वह स्वार्थी कैसे कहला सकता है।" एखम ने उसे सांत्वना देते हुए प्यार से सिर पर हाथ फेर कर कहा, "अब तो तुम यह सोचो कि

इंफाल में तुम क्या-क्या करोगी?''

एखम की बात सुनकर मैरी उत्साहित होकर बोली, ''इमाँ··इंफाल में आपने चुंगथांग को हमारे आने की खबर तो दे दी थी न?''

''हाँ-हाँ··दे दी थी।'' एखम ने हँसकर कहा। एखम के भतीजे चुंगथांग, जो लाइफ इंश्योरेंस में काम करते थे, उनके के.आर. लेन में स्थित घर में मैरी और उसकी माँ का खूब गर्मजोशी से स्वागत किया गया। शुरुआत में उन्हीं के घर में मैरी के रुकने की व्यवस्था की गई थी। एखम ने उनको बता दिया था कि मैरी खेलों में ही अपना कॅरियर बनाना चाहती है, जिसके लिए उसे शहर आना-जाना पड़ेगा। उनके इंफाल पहुँचने पर चुंगथांग नें अपने एक सहयोगी को फोन किया। किस्मत से वे इंफाल की स्पोर्ट्स अथॉरिटी ऑफ इंडिया में एक कोच को जानते थे। मैरी को लगा जैसे उसकी एक परेशानी कम हो गई, इस तरह से वह इधर-उधर भटकने से बच गई और उसका कीमती समय भी बच गया। एक अनजाने शहर में अपनी किस्मत के भरोसे अपने भविष्य को तलाशने की मुहिम को मैरी शुरू कर चुकी थी। चुंगथांग के मित्र की सहायता से मैरी स्पोर्ट्स अथॉरिटी ऑफ इंडिया के कोच गुसाना से मिली और यह उसका सौभाग्य था कि कोच उसके सर्मपण के भाव को देखकर बड़े प्रभावित हुए और औपचारिक तौर पर स्पोर्ट्स अथॉरिटी ऑफ इंडिया में दाखिला होने तक वे उसे ट्रेनिंग देने के लिए राजी हो गए। मैरी के लिए यही काफी था कि इंफाल पहुँचते ही उसे अपने पैरों के नीचे वह जमीन मिल गई, जिस पर खड़े होकर वह अपने भविष्य के सपनों की नींव रख सकती थी।

उसका उत्साह देखकर चुंगथांग ने मैरी को सलाह दी कि वह व्यक्तिगत खेल में ही अपना कॅरियर बनाने की सोचे। उनके अनुसार आगे चलकर उसमें आगे बढ़ने का अधिक मौका मिल सकता था।

जिस दिन मैरी ने स्पोर्ट्स अथॉरिटी इंडिया के कॉम्प्लेक्स में कदम रखा था उसी दिन उसे सुनने को मिला था, "क्या नाम बताया तुमने···चंगेई?"

"चंगेई नहीं···चंग्नेइजैंग···मेरा नाम चंग्नेइजैंग है।" मैरी ने अपनी नई साथी को अपना नाम बताया।

उसने कहा, "ओह चंग्नेइजैंग, तुम्हारा नाम लेने में बहुत दिक्कत है···तुम अपना दूसरा नाम क्यों नहीं रख लेती?"

तभी गुसाना सर ने उनकी बातचीत में दखल देते हुए कहा, "अरे, इतना सुंदर नाम है उसका···तुमको चंग्नेइजैंग कहने में क्या दिक्कत है? देखो तो मैं कितनी आसानी से उसका नाम लेता हूँ···चंग्नेइजैंग···चंग्नेइजैंग···!"

सब उनके मुँह से चंग्नेइजैंग का नाम सुनकर हँस पड़े। मैरी भी यह सुनकर मुसकराने लगी, तभी एक लड़की ने कहा, "सर, आप तो बड़े हैं न, इसलिए आसानी से कह लेंगे···लेकिन हम लोग तो चाहेंगे कि चंग्नेइजैंग अपना दूसरा छोटा नाम रख ले। कोई अच्छा सा नाम···

गुसाना सर ने मुसकराकर कहा, "हाँ, ताकि कल को जब वह फेमस हो तो लोगों की जुबान पर उसका छोटा सा नाम आसानी से चढ़ जाए?"

मैरी के मन में गुसाना सर की बात घर कर गई। और अगले चार-पाँच दिनों तक वह काफी सोच-विचार के बाद इस निर्णय पर पहुँची कि उसे अपना नया नाम मैरी रख लेना चाहिए। वह एक क्रिश्चियन परिवार से सबंध रखती थी, इसलिए उसने अपने धर्म पर आस्था रखते हुए उस नाम को अपनाने की सोची।

अगले ही दिन वह गुसाना सर के पास गई और उसने उनसे कहा, "सर, आप आज से मुझे मैरी के नाम से पुकार सकते हैं। "

"क्यों चंग्नेइजैंग? क्या सचमुच तुमने अपना नाम बदलने की सोच ली है?" सर ने हँसकर उससे पूछा।

गंभीरता से उसने उत्तर दिया, "जी सर···नाम ऐसा होना चाहिए जो बोलने में आसान हो और याद रखा जा सके। आप मेरा नाम बदल दीजिए।"

गुसाना सर ने कहा, "ठीक है, मैं एकेडमी के रजिस्टर में तुम्हारा नाम चंग्नेइजैंग की जगह मैरी लिख दूँगा।"

उस दिन के बाद सब चंग्नेइजैंग को मैरी कहकर पुकारने लगे। कुछ दिनों बाद एक दिन चुंगथांग एकेडमी में चंग्नेइजैंग से मिलने आए तो उन्होंने उसका नाम लेकर उससे मिलने की इच्छा जाहिर की। लेकिन उन्हें हैरानी हुई कि एकेडमी के हॉस्टल में उस नाम की कोई लड़की नहीं रहती थी। तब हारकर उन्होंने मैरी के हुलिए का बखान करते हुए बताया कि वे कॉम जाति की लड़की से मिलना चाहते हैं। जिस पर उन्हें जवाब मिला, "ओह! तो आप मैरी से मिलना चाहते हैं?"

चुंगथांग यह सुनकर हैरान हो गए। इसलिए मैरी के मिलने पर उन्होंने छूटते ही उससे कहा, "चंग्नेइजैंग, क्या तुमने अपना नाम बदल लिया है?"

"जी''' यहाँ सबको चंग्नेइजैंग बोलने में दिक्कत होती थी, इसलिए मैंने अपना नाम बदल लिया।" मैरी ने धीरे से कहा।

"लेकिन तुम जानती हो न कि तुम्हारा यह नाम तुम्हारे पिताजी ने तुम्हारी नानी के नाम पर रखा है। उनको यह पता चलेगा कि तुमने उनके नाम की जगह अपना नया नाम रख लिया है तो उन्हें बहुत दुःख होगा।"

"मैं उन्हें दुःख नहीं दूँगी।" मैरी ने कहा। आगे चलकर मैरी ने अपने नाम मैंग्ते चंग्नेइजैंग कॉम के साथ मैरी लगा दिया। आधिकारिक तौर पर उसका नाम मैंग्ते चंग्नेइजैंग मैरी कॉम पुकारा जाने लगा। लोग उसे एम.सी. मैरी कॉम भी कहने लगे। लेकिन मैरी नाम अपने साथ उसका भाग्योदय लेकर आया था।

उन्होंने मैरी की इंफाल के आदिम जाति हाई स्कूल में दाखिला लेने में भी मदद की। वह कक्षा नौ और दस की पढ़ाई के लिए वहाँ दाखिल हुई थी। मैरी का आदिम जाति हाई स्कूल स्पोर्ट्स अथॉरिटी ऑफ इंडिया सेंटर से कुछ दूर था। इसलिए मैरी सुबह चार बजे जाग जाया करती थी और साइकिल पर एकेडमी पहुँचती, जहाँ से वह आठ बजे वापिस लौटती और उसके बाद स्कूल की ओर चल पड़ती। मणिपुर के सर्द और कोहरे भरे दिनों में ऐसी दिनचर्या को कायम रखना सचमुच कठिन काम है, लेकिन मैरी जानती थी कि ऐसा करनेवाली केवल वही अकेली नहीं थी। स्पोर्ट्स कॉम्प्लेक्स में उसे अपनी ही तरह के कई युवा साथी दिखाई दे जाते थे, जो साइकलिंग, जॉगिंग करने में व्यस्त होते थे।

के.आर. लेन में रहते हुए मैरी एक युवती को सुबह-सुबह घर के आगे से नेशनल गेम्स का ट्रैक सूट पहने जाते हुए देखती थी। उसे देखकर मैरी ने अनुमान लगाया कि हो-न-हो उस युवती का संबंध खेलों से ही होगा। वह

युवती कोई और नहीं, बल्कि मणिपुर की एक महिला बॉक्सर रैबेका चीरू थी। सुबह में मैरी की मुलाकत जब अकसर जॉगिंग करती रैबेका से होने लगी तो उनमें परिचय भी बढ़ गया। मैरी रैबेका के व्यक्तित्व से प्रभावित हुई, इसलिए उसने अपनी सहेलियों के बीच भी रैबेका की बात करनी आरंभ की। उसके बाद तो उसकी सहेलियों ने भी रैबेका से दोस्ती कर ली। रैबेका से मिलने के बाद ज़ल्दी ही उसे महसूस हो गया कि चुंगथांग की बात सही है और उसे अपना कॅरियर व्यक्तिगत खेलों में ही बनाना चाहिए।

अगले दो साल तक मैरी इंफाल में ही अपने कई रिश्तेदारों के यहाँ बारी-बारी से रहते हुए अपनी पढ़ाई और खेल में सामंजस्य बिठाने की चेष्टा करती रही, लेकिन दसवीं कक्षा की परीक्षा वह उत्तीर्ण नहीं कर पाई, क्योंकि उसका मन पूरी तरह से खेलों की ओर मुड़ गया था। वह फिर से परीक्षा नहीं देना चाहती थी, इसलिए उसने स्कूल छोड़ दिया। इसके बाद उन्होंने इंफाल के ओपन स्कूल से परीक्षा देकर चूराचाँदपुर के ओपन कॉलेज से ग्रेजुएशन किया। मैरी ने अब खुद को नए परिवेश में ढाल लिया था। टॉम्पा और एखम एक-दो बार इंफाल आकर देख गए थे कि मैरी को वहाँ कोई कठिनाई तो नहीं है। लेकिन सच तो यह था कि उसकी सुबह का वक्त सचमुच जितना व्यस्त होता था, उतना ही शाम को गृहकार्य करते हुए वह व्यस्त रहती थी,

इसलिए उसे किसी परेशानी का आभास होता भी नहीं था। उसके सभी रिश्तेदार उसके स्वभाव की बड़ी प्रशंसा करते थे, बल्कि मैरी को लगता था कि उसकी बहुत व्यस्तता और दिनचर्या के घटते-बढ़ते समय से उसके रिश्तेदारों को परेशानी उठानी पड़ती थी। मैरी का हँसमुख स्वभाव सबका मन मोह लेता था। इंफाल में रहनेवाले टॉम्पा के मित्र एल. लेन्पू और उनकी पत्नी किपनू के घर भी मैरी कुछ समय के लिए रहने के लिए गई। उसके जाने से उनका मन ऐसा खुश हुआ कि उन्होंने मैरी को गोद तक लेने की बात टॉम्पा से कर ली। जिसे टॉम्पा ने हँसकर टाल दिया। अंकल लेन्पू को मैरी की प्रतिभा पर पूरा विश्वास था कि एक-न-एक दिन मैरी जरूर कुछ ऐसा करेगी, जिससे कॉम जाति का नाम तो रोशन होगा-ही-होगा, मणिपुर और भारत का नाम भी विश्व के कोने-कोने तक मैरी के नाम से जाना जाएगा। मैरी उनके विश्वास को देखकर अचंभित हो जाती थी और उनके भरोसे के कारण उसमें खुद में दुगना उत्साह भर जाता था।

इंफाल आने के दो साल के बाद मैरी ने अपनी कुछ सहेलियों के साथ मिल कर एक घर किराए पर ले लिया। वह घर ट्रेनिंग सेंटर से ज्यादा दूरी पर नहीं था। उसके साथ सरिता देवी भी वहाँ रहकर ट्रेनिंग ले रही थी। सरिता देवी मणिपुर के गाँव में थोउबल खुनोओ की सबसे प्रसिद्ध बेटी थी। उसके गाँव में सिर्फ 180 घर थे और सरिता का परिवार वहाँ खेती के जरिए अपना पेट पालता था। आठ भाई-बहनों वाले परिवार के लिए खेलों में सरिता की जीत का मतलब सिर्फ खेल में नाम कमाना नहीं, घर को गरीबी से उबारना भी था। बचपन में वह खाना पकाने के लिए लकड़ियाँ बीनने माँ के साथ जंगल में जाती थी। उसके बचपन की इसी आदत ने उसे वह ताकत दी थी जिसका इस्तेमाल करने वह इंफाल आई थी। जब वह 15 साल की थी, तब उसने कुंग-फू से खेलों की शुरुआत की। 18 साल की थी जब पिता की मौत हो गई। उसके बाद सिर्फ 1000 रुपए पिता की पेंशन और इतना बड़ा परिवार। खाने को भी बमुश्किल मिल पाता था। जिस तरह के खाने की जरूरत उसकी प्रेक्टिस में होती थी, वह चावल का माड़ पीकर पूरा करती थी। उसके लिए भी जीवन उतना ही संघर्षमय था, जितना मैरी के लिए था। वह भी प्रेक्टिस पर जाने के लिए हर सुबह 4 बजे उठती थी, फिर तीन कि.मी., पैदल चलकर बस स्टैंड तक पहुँचती, और बस से इंफाल आती। तब उसकी माँ हर रोज किराए के लिए 10 रुपए देती थीं। कई बार बस कंडक्टर उससे आधा ही टिकट लेता। कई बार

मुफ्त भी ले जाता, तो वह पैसे अगले दिन के लिए बचा लाती। बाद में उसने इंफाल में ही रहकर ट्रेनिंग लेने की सोची, तब उसकी मुलाकात मैरी से हुई। दोनों ने मिलकर एक कमरा किराए पर ले लिया।

वहाँ रहनेवाली सभी लड़कियाँ सामान्यत: अपने जीवन में व्यस्त थीं, इसलिए एक-दूसरे से मेलजोल का समय किसी के पास भी नहीं रहता था। मैरी ने अब अपना भोजन खुद बनाना शुरू कर दिया था, जिससे उसका बजट भी उसके नियंत्रण में रहता था। और कुछ समय के बाद सरिता ने उस कमरे को छोड़ दिया, लेकिन मैरी वहीं रहती रही, क्योंकि वहाँ का किराया कम था और उसे चुकाना मैरी के वश में था।

एक दिन की बात है, सुबह ट्रेनिंग से आने के बाद मैरी ने भूख लगने पर चावल बनाने के लिए डिब्बा खोला तो देखा कि चावल खत्म थे। अगले ही दिन पूरा इंफाल बंद करने की घोषणा चरमपंथी पहले ही कर चुके थे, इसलिए सवाल ही नहीं उठता था कि मैरी अगले दिन तक पैसों का इंतजाम करके चावल खरीद सकती। अपने साथियों से चावल माँगने की इच्छा मैरी को नहीं हुई, क्योंकि ऐसा करना उसे अच्छा नहीं लगता था। इसी सोच-विचार में उसने अपनी साइकिल उठाई और पैडल-पर-पैडल मारते हुए वह कांगाथेई की ओर चल पड़ी। पूरे चार घंटे साइकिल चलाकर वह कांगाथेई पहुँच गई। टॉम्पा और एखम उसे इस तरह से आया देखकर हैरान हो गए, लेकिन वे दोनों मैरी की जिद की आदत जानते थे, जिसके कारण मैरी बड़ी-से-बड़ी चुनौती लेने से पीछे नहीं हटती थी। मैरी ने एक थैले में जरूरत भर का चावल भरा और उलटे पैर साइकिल से इंफाल की ओर चल पड़ी तथा शाम तक अपने किराए के घर में पहुँचकर चैन की साँस ली। एक किराए के घर में अकेले रहना आसान काम नहीं था, लेकिन मैरी ने तो अपने जीवन की शुरुआत से ही चुनौतियों का सामना करना सीखा था।

स्पोर्ट्स अथॉरिटी ऑफ इंडिया सेंटर में पोल वाल्ट, जेवलिन थ्रो और अन्य कई तरह के खेलों को खेलने की तकनीक का ज्ञान मैरी ने लिया। एकेडमी के कोच जानना चाहते थे कि किस खेल में मैरी अपना सर्वोत्तम प्रदर्शन कर सकेगी। उनका कहना था कि मैरी जिमनास्टिक में अच्छा प्रदर्शन कर सकती है, लेकिन मैरी का सोचना था कि जिमनास्टिक सीखने के लिए देर हो चुकी है। बचपन की कच्ची उम्र में जब शरीर लचीला होता है, तब से जिमनाास्टिक सीखने से बात बनती है, जबकि मैरी की वह उम्र उस समय

काफी पीछे छूट चुकी थी। एक सच्चाई यह भी थी कि जिमनास्टिक जैसे खेलों में मैरी की रुचि भी नहीं थी। वह तो मार्शल आर्ट जैसा खेल, जिसमें बहुत से एक्शन की गुंजाइश होती है, उसे पसंद करती थी। यह मैरी का दुर्भाग्य था कि स्पोर्ट्स अथॉरिटी ऑफ इंडिया सेंटर में ऐसे खेलों पर जोर था ही नहीं। जल्दी ही एकेडमी में एथलीट ट्रेनिंग के लिए औपचारिक चयन होनेवाला था, इसलिए मैरी ने सोचा कि इससे पहले कि एकेडमी मुझे एथलीट बनाने की स्वीकृति दे, मैं ही इस एकेडमी को छोड़ देती हूँ।

मैरी ने एकेडमी में एक आउटसाइडर की तरह दाखिला लिया था–जिसका अर्थ था कि वह वहाँ कोच और स्वयं की आपसी सहमति से वहाँ थी, इसलिए उस पर कोई कठोर नियम न लगने के कारण वह एकेडमी कभी भी छोड़ सकती थी, लेकिन मैरी अपने कोच ओजा गुसाना को बिना कुछ कहे एकेडमी छोड़ने में झिझक रही थी। दूसरी ओर वह इस विकल्प पर भी विचार कर रही थी कि यदि उसे एकेडमी छोड़नी पड़े, तो वह किस खेल में अपना कॅरियर बनाएगी।

एक दिन मैरी को रैबेका मिली। उसी ने उसको बताया था कि एकेडमी खुमान लंपक स्पोर्ट्स कॉम्प्लेक्स में महिला बॉक्सिंग को शामिल किया जा रहा है और वह महिला बॉक्सरों को प्रशिक्षित करने में सहायता देनेवालों में से एक होगी। उसकी राय जानकर मैरी ने अब अपना मन बॉक्सिंग में ही कॅरियर बनाने का बना लिया था। रैबेका का कहना था कि आनेवाले समय में महिला बॉक्सिग में आगे बढ़ने के बहुत मौके मिलनेवाले हैं, और मणिपुरी लड़कियाँ चाहें तो दुनिया भर में अपनी बॉक्सिग का जलवा दिखा सकती हैं।

एकेडमी में महिला बॉक्सिंग को शामिल करने की बात सुनकर मैरी बहुत उत्साहित हो गई। उसे तुरंत ही बॉक्सिग का आइडिया मन भा गया। यह बात सन् 1999 की थी। उसी दौरान खुमान लंपक स्पोर्ट्स कॉम्प्लेक्स में होनेवाले नेशनल गेम्स में सीनियर बॉक्सर एल. सरिता देवी और संध्या देवी ने प्रदर्शन में भाग लिया। दुर्भाग्य-वश मैरी उस समय वहाँ उपस्थित नहीं थी। सबसे धमाकेदार खबर तो उस दौरान बैंकॉक से आई, जिसने मणिपुर के खिलाड़ियों में जोश की ज्वाला भर दी। वह खबर थी मणिपुर के युवा बॉक्सर डिंगो सिंग द्वारा बैंकॉक एशियन गेम्स में भारत के लिए स्वर्ण पदक जीतने की खबर, जिसने सबको उत्साहित कर दिया। एक झटके में डिंगो सिंग बॉक्सिंग में कॅरियर बनानेवाले युवाओं के आदर्श बन गए थे। पूरे राज्य में

उनके नाम का डंका बज गया था। मैरी के इर्द-गिर्द उनको लेकर चर्चाओं का बाजार गरम था। सन् 1989 में 10 साल की उम्र में अंबाला में सब जूनियर नेशनल चैंपियनशिप विजेता बनकर सबको चौंकानेवाले डिंगो सिंग भारत के लिए स्वर्ण पदक जीतकर आतंकवाद और अशांति से खदबदाते मणिपुर के युवाओं को बॉक्सिग में आने के लिए प्रेरित कर रहे थे। क्योंकि उन युवाओं के लिए यह एक ऐसा खेल है, जो उनकी उग्रता से आत्मसात करता था, नई जिंदगी और नई राह तो दिखाता ही है, साथ ही एक बेहतर नौकरी के साथ एक आरामदायक जीवन की गारंटी भी देता है। डिंगो का जीवन भी मैरी के जीवन से लगभग मेल खाता था। मणिपुर के बेहद छोटे से गाँव से आनेवाले डिंगो को भी उस स्थिति पर आने के लिए बहुत कठोर परिश्रम करना पड़ा था। मैरी को लगा कि जब डिंगो यह सब कर सकते हैं, तो वह क्यों नहीं कर सकती? डिंगो के अलावा मुहम्मद अली और लैला अली की तरह की बॉक्सिंग में नाम कमाने का खयाल मैरी के मन में उभरने लगा। वह डिंगो से मिलकर उनको बधाई देना चाहती थी, लेकिन ऐसा नहीं हो सका।

डिंगो की सफलता से प्रेरित होकर मैरी एकेडमी में चलनेवाले बॉक्सिंग कोर्स के बारे में पूछताछ करने लगी, तो उसे पता चला कि डिंगो की सफलता ने मणिपुर में एक तरह से आंदोलन ही ला दिया, जिससे केवल वही अकेली लड़की नहीं थी, जो मुक्केबाजी को अपनाना चाहती है।

उसे पता चला कि मुख्य कोच एल. इबोमचा सिंह, जो एकेडमी के सबसे बढ़िया कोच थे, उनसे वह बॉक्सिंग की कोचिंग ले सकती है। इंफाल से कुछ 70 कि.मी. की दूरी पर सुकनू गाँव में पले-बढ़े इबोमचा को उनके गाँव में सब बुद्धू कहा करते थे, मगर इबोमचा अपने पाँच भाई-बहनों के साथ बड़े हुए तो अपनी दमदार कद-काठी की तरह ही उनका दिमाग भी बड़ा तेज था और हँसी-मजाक करने में वे शुरू से ही तेज थे। वे सन् 1978 में चूड़ाचाँदपुर में एक फुटबॉल टूर्नामेंट में जाने के बाद भारतीय सेना के असम रेजिमेंट में पंजीकरण चलाने चले गए, तब तक उन्होंने मुक्केबाजी केवल तभी की थी, जब सेना में शामिल उनके गाँव के लोग छुट्टियों पर घर वापस आए थे। वे अपने साथ मुक्केबाजी के दस्ताने लेकर आते थे और गाँव के छोटे बच्चों को मुक्केबाजी सिखाते थे। सेना में भरती होते ही इबोमचा ने खेल का भरपूर मजा उठाया। उन्होंने मुक्केबाजी, जिमनास्टिक, हॉकी, फुटबॉल, बास्केटबॉल हर खेल का मजा उठाया। इस वजह से उनको निशानेबाजी के अभ्यास के लिए काफी समय नहीं मिल पाया। धीरे-धीरे वे मुक्केबाजी पर ध्यान देने लगे और असम रेजिमेंट ने पाया कि वे ही एक ऐसे व्यक्ति हैं, जो रिंग में गोरखाओं के हौसले पस्त कर सकते हैं और आखिरकार इबोमचा सेना के मुक्केबाजी दल में काफी ऊपर तक पहुँचे।

सन् 1980 के आस-पास वे सेना छोड़कर मणिपुर लौट आए, ताकि अपने मुक्केबाजी कॅरियर पर ध्यान दे सकें और इस खेल को बढ़ावा दे सकें। हालाँकि इनमें से कोई भी काम आसान नहीं था। न कोई प्रशिक्षक था, न कोई बुनियादी ढाँचा और न ही किसी तरह की मदद। इबोमचा और मणिपुर के कुछ दूसरे उत्सुक लोग साथ आए तथा उन्होंने मणिपुर अमेचर बॉक्सिंग एसोसिएशन का गठन किया, मगर पर्याप्त मुक्केबाज नहीं होने की वजह से कोई टूर्नामेंट आयोजित नहीं किया जा सका। उस समय मणिपुर में मुक्केबाजी को लेकर कोई खास उत्साह नहीं था, खासतौर पर जो थोड़ा-बहुत उत्साह था भी, वह तब खत्म सा हो गया था, जब 50 के दशक के मध्य में बंगाल के कुछ मुक्केबाजों ने स्थानीय मुक्केबाजों को नीचा दिखाया। तभी से मणिपुर में इस खेल पर एक तरह से अनौपचारिक पाबंदी सी नजर आई, तब मणिपुर में आधुनिक मुक्केबाजी को पेश करनेवाले पहले व्यक्ति इबोमचा ही थे।

सन् 1981 से सन् 1986 के बीच इबोमचा मणिपुर के चैंपियन थे और सन् 1981 एवं सन् 1986 में सीनियर नेशनल बॉक्सिंग चैंपियनशिप (67

किलोग्राम वर्ग) के कांस्य पदक विजेता बने। साथ ही सन् 1985 के राष्ट्रीय खेलों में भी उन्हें कांस्य पदक मिला था। उनके पास वॉल्टर डीन मायर्स की पुस्तक 'दी ग्रेटेस्ट : मुहम्मद अली' की एक फटी-पुरानी प्रति हमेशा रहती थी, क्योंकि उनके साथ कोई प्रशिक्षक या कोई कोच नहीं था, अगर होता तो शायद वे काफी बेहतर कर सकते थे। इस किताब को इबोमचा बाइबल की तरह पूजते थे। मुक्केबाजी के प्रति इबोमचा का लगाव कुछ ऐसा था और अपने पहले बेटे टायसन को उन्होंने यही सिखाया। टायसन का जन्म तब हुआ था, जब माइक टायसन हेवीवेट चैंपियन हुआ करते थे। वह उनका दौर था। खेल के प्रति उनकी दीवानगी का ही नतीजा है कि वे सन् 1986 में जकार्ता में होनेवाले प्रेसिडेंट्स कप के पहले राष्ट्रीय कैंप में शामिल थे, जहाँ वे चैंपियन डी.बी. गुरुंग को दो बार हराकर टीम के लिए चुने गए। वह उनका सपना था। वे अपनी शर्ट पर भारत का झंडा पहनना चाहते थे, पर आधी रात को उड़ान के कुछ घंटे पहले उन्हें टीम से बाहर कर दिया गया, जिससे वे बड़े मायूस और निराश हो गए। उनको निकालने की वजह भी नहीं बताई गई। वजह उन्हें कभी पता भी नहीं चली, न कभी उन्होंने जानने की कोशिश की। उस रात वे बहुत रोए। अगली सुबह उन्होंने तय किया कि वे अब मुकाबला नहीं करेंगे और कोच बन जाएँगे।

सेना से पटे मणिपुर में उचित शिक्षा मुश्किल से मिलती है और यहाँ स्थिर कॅरियर पाना भी उतना ही मुश्किल है। लेकिन इबोमचा ने यहाँ एक तरह से नई क्रांति की शुरुआत की थी। युवा मणिपुरियों के लिए तमाम मुश्किलों और चुनौतियों के बावजूद उनके द्वारा मुक्केबाजी एक बेहतर जिंदगी की चाबी बनकर उभरने लगी थी। कुछ ही सालों में मणिपुर से उनके प्रशिक्षण से निखरे हुए एक से बढ़कर एक महिला और पुरुष बॉक्सर निकले। डिंगो सिंग भी उन्हीं में से एक खिलाड़ी थे। इस उपलब्धि के पीछे उनका प्रशिक्षण के लिए समय का पाबंद होना था। प्रशिक्षण के घंटों में वे न तो आगंतुकों से बातचीत करते थे, न किसी की फोन कॉल सुनते थे और न ही वे उन घंटों के दौरान आनेवाले अभिभावकों से मुलाकात करते थे। आज इबोमचा की पहचान एक दृढ़ चरित्रवाले व्यक्ति के तौर पर होती है।

मैरी भी अपने गुरु की खोज में स्पोर्ट्स अथॉरिटी ऑफ इंडिया सेंटर के उस हॉल में पहुँची, जहाँ कई युवा ट्रेनिंग ले रहे थे। मैरी ने वहाँ कई लोगों से पूछा, "आप जानते हैं इबोमचा सर कौन हैं?" लेकिन कोई उसके प्रश्न का

उत्तर न देकर अपने अभ्यास में लगा हुआ था। मैरी को सभी का रवैया बड़ा अजीब लगा, क्योंकि वह उस समय नहीं जानती थी कि इबोमचा कठोर अनुशासन द्वारा प्रशिक्षार्थियों से पूरा ध्यान अभ्यास में लगाने के लिए कहते थे।

गुरु इबोमचा को खबर मिली कि एक छोटी सी लड़की उनको ढूँढ़ रही है। वे उसके पास पहुँचे और गंभीर स्वर में बोले, "मैं हूँ सर इबोमचा, बोलो क्या काम है?" उनका भारी-भरकम व्यक्तित्व देखकर मैरी की तो जैसे बोलती ही बंद हो गई। किसी प्रकार उसके शब्द मुँह से निकले, "सर मैं, बॉक्सिंग सीखना चाहती हूँ और उसके लिए आपको गुरु बनाना चाहती हूँ।"

इबोमचा उस छोटी सी कद-काठीवाली लड़की की बात सुनकर हैरानी भरे स्वर में पूछने लगे कि वह कौन है? कहाँ से आई है? और किसने उसे उनके पास भेजा? मैरी ने उनको बताया कि स्पोर्ट्स अथॉरिटी ऑफ इंडिया सेंटर के गुसाना सर ने उसे उनके पास भेजा है, जो कि सच नहीं था, लेकिन मैरी के पास इसके अलावा और कोई चारा भी नहीं था। फिर उसने इबोमचा को यह भी बता दिया कि वह गुसाना सर को बताए बिना उनके ग्रुप को छोड़ रही है। यह सुनकर इबोमचा ने उसे थोड़ी देर इंतजार करने के लिए कहा, क्योंकि वे ट्रेनिंग के बीच में व्यवधान पसंद नहीं करते थे।

हॉल के बाहर मैरी भगवान् की प्रार्थना करते हुए उनके उत्तर का इंतजार कर रही थी। उसका वह समय बड़ी व्याकुलता में कटा, क्योंकि बॉक्सिंग में एक गुरु के रूप में जो नाम इबोमचा का था, वह अपने आप में बॉक्सिंग की दुनिया में कदम रखनेवालों के लिए गेट पास था। हॉल में प्रशिक्षण संपन्न हुआ तो व्याकुलता से प्रतीक्षा में बैठी मैरी के पास इबोमचा आए। आते ही उन्होंने बात शुरू करते हुए कहा, ''मैरी'''बॉक्सिंग की दुनिया तुम्हारे जैसी नन्ही-मुन्नी लड़कियों के लिए नहीं है, ये जो तुमने कानों में सोने के इयररिंग पहने हैं, इनसे तुम्हारा व्यक्तित्व कहीं भी एक बॉक्सर की तरह मेल नहीं खा रहा है।''

उनकी बात सुनकर मैरी का ध्यान अपने कानों में पहने इयररिंग की ओर गया। वे इयररिंग एखम ने अपनी छोटी-मोटी बचत से बनवाकर मैरी को पहनाए थे, जबकि मैरी बचत के उन पैसों से गाँव के अपने अन्य मित्रों की तरह जूते खरीदने की बेहद इच्छा रखती थी। लेकिन उस समय एखम ने उसे सोने की चीज खरीदने पर जोर दिया। उस समय उसे बड़ा अफसोस हुआ, यह सोचकर कि उसने उन इयररिंग के बदले जूते क्यों नहीं खरीदे।

मैरी इस बारे में कुछ कहती कि इबोमचा ने उससे कहा, "अच्छा, यह बताओ, तुम्हारे माता-पिता क्या करते हैं और कहाँ रहते हैं?"

"जी...वे कांगाथेई गाँव में रहते हैं, साधारण भूमिहीन किसान हैं।" मैरी ने उत्तर दिया।

"ओह! इसका मतलब वे इंफाल में नहीं रहते?" इबोमचा ने कुछ चिंतित होकर कहा, "ऐसे में तुम मेरे ट्रेनिंग शेड्यूल, जो कि सुबह 6 बजे से 9 बजे तक होता है, उसमें कैसे भाग लोगी?"

"जी, मेरे अपा-इमा कांगोथेई में रहते हैं, लेकिन मैं यहीं इंफाल में रहता हूँ।" मैरी ने इस भय से तेजी से उत्तर दिया कि कहीं इबोमचा उसे इस आधार पर ही बिलकुल मना न कर दें।

"तो तुम सुबह की ट्रेनिंग के समय आ सकोगी?"

"जी...मैं आपकी अपेक्षाओं पर खरा उतरूँगा।"

मैरी का स्वयं के लिए पुरुषवादी संबोधन सुनकर इबोमचा हँस पड़े, "ठीक है, तो मैं तुम्हें ट्रेनिंग दूँगा, लेकिन याद रखना, अगर तुम मेरे अनुशासन के अनुसार नहीं चल पाई तो तुम मेरे ग्रुप में शामिल होने की सोचना भी मत।" अगले ही पल उनके चेहरे से गायब होती मुसकराहट एक अनुशासित कोच की कठोर मुद्रा में बदल गई।

मैरी तो खुशी से उछलनेवाली थी, लेकिन उनका बदला रूख देखकर वह धीरे से हामी भरकर वहाँ से खिसक गई। लेकिन बाहर आकर वह नाचती-कूदती अपने कमरे की ओर बढ़ चली। अपने सपनों की मंजिल करीब आती देख वह बहुत खुश थी। हालाँकि वह नहीं जानती थी कि उसे हॉस्टल में रहने के लिए मिलेगा कि नहीं, क्योंकि कोच के द्वारा शारीरिक टेस्ट और प्रदर्शन के आधार पर अंकन होने पर ही हॉस्टल में रहने की स्वीकृति मिलती। सन् 1999 में मैरी कॉम महिला बॉक्सिंग के प्रथम प्रशिक्षण बैच की आठ लड़कियों में से एक महिला प्रशिक्षार्थी बनी। यह प्रशिक्षण इंडियन बॉक्सिंग फेडरेशन के निर्देश पर दिया जा रहा था। कभी-कभी प्रशिक्षण शिविर में लड़कियों को पुरुष मुक्केबाजों के साथ भी भिड़ाया जाता था।

कुछ ही दिनों में मैरी का प्रशिक्षण शुरू हो गया। इबोमचा सर सख्ती से काम लेनेवाले व्यक्ति थे। लेकिन बचपन से कठोर मेहनत करनेवाली मैरी पर उनके द्वारा दी जानेवाले कठोर अभ्यास और प्रशिक्षण उसके उत्साह को कम नहीं कर पाए, बल्कि वह और जोश-खरोश के साथ तेजी से वे सारे गुर

सीखने लगी, जो समय-समय पर इबोमचा उसे सिखाते थे। मैरी ने महज दो हफ्ते की ट्रेनिंग में बॉक्सिंग के शुरुआती गुर सीख लिये थे। बॉक्सिंग के गुर सीखते हुए मैरी को ऐसा ही लगता कि उसने बॉक्सिंग करने के लिए ही जन्म लिया है। तब मैरी को एहसास हुआ कि उसके अंदर जन्मजात बॉक्सिंग प्रतिभा मौजूद है, बस उसे निखारने की जरूरत है। एक बॉक्सर के लिए जैसा शरीर जरूरी होता है, वैसा बचपन से ही उसे अपने शरीर को इस प्रकार ढालने का जो मौका को मिला था उसे वह ईश्वर द्वारा निर्धारित घटनाक्रम ही मानती थी। लेकिन बॉक्सिंग के लिए जरूरी कौशल उसे नहीं आता था, जिसे वह गुरु इबोमचा से सीख रही थी और उन पर फोकस कर रही थी। उसके जुनून को देखकर लोग उसका मजाक बनाते थे। वे कहते थे कि बॉक्सिंग लड़कों का खेल है। यह लड़कियों के बूते की बात नहीं है। उसने तय कर लिया था कि वह उन्हें साबित करके दिखाएगी कि लड़कियाँ भी बेहतरीन बॉक्सर बन सकती हैं। इतिहास गवाह है कि उसने खुद से किया वादा पूरा करके दिखाया।

मैरी बिना जाने यह परिश्रम कर रही थी कि वह उसके स्वास्थ्य पर बुरा असर डाल सकता है। उसका यह परिश्रम उन लोगों के लिए भी सबक था, जो उसे छोटी कद-काठीवाली छोटी लड़की समझते थे। इसके लिए वह अपना कोई भी समय व्यर्थ होने से बचाती थी। यहाँ तक कि उसे एक दिन अपने गुरु इबोमचा से इस बात पर डाँट भी सुननी पड़ी। हुआ यूँ कि स्पोर्ट्स अथॉरिटी ऑफ इंडिया सेंटर के उस हॉल को इबोमचा ने अपने सभी शिष्यों को साफ करने का फरमान सुनाया। यह कार्यकलाप छात्रों में समभाव, सहयोग और मित्रभाव बढ़ाने के लिए भी किया जाता था, लेकिन मैरी उस समय यह नहीं जानती थी कि खेलों में इन सब चीजों का कितना महत्त्व है। वह तो बस अपने समय में से कोई भी समय व्यर्थ जाने नहीं देना चाहती थी, इसलिए उसने गुरु इबोमचा के उस फरमान पर ज्यादा ध्यान नहीं दिया। उसे ऐसा करते हुए जब गुरु इबोमचा ने देखा तो उसे इस बात के लिए अच्छी तरह घुड़का और साथ ही इस बात का महत्त्व भी समझाया।

उसके बाद मैरी ने अपने जीवन में गुरु की प्रेरणा से कई अन्य बदलाव भी किए। उनके निर्देशन में चलते हुए वह न सिर्फ अपने रोजमर्रा के कामों में अनुशासित हो गई, बल्कि उसने अपनी अनगढ़ प्रतिभा के विकास के लिए वह सबकुछ सीखना आरंभ किया जो जरूरी था। कहने का अर्थ है कि जिस

प्रकार एक जौहरी अनगढ़ हीरे को तराशकर उसे कीमती हीरे में बदल देता है, ठीक उसी प्रकार इबोमचा मैरी को तराश रहे थे। सन् 2010 में द्रोणाचार्य पुरस्कार पानेवाले इबोमचा ने मैरी को जो कुछ भी सिखाया, वह भविष्य में बॉक्सिंग के कॅरियर को बनाने में उसके बेहद काम आया।

हालाँकि सन् 1998 में एमेच्योर बॉक्सिंग फेडरेशन ने ऑल इंडिया बॉक्सिंग फेडरेशन के निर्देश पर महिला बॉक्सिंग को खेलों में शामिल किया था, लेकिन मणिपुर में सन् 1996 से ही महिला मुक्केबाजों को पूरे जोशोखरोश से प्रशिक्षण दिया जा रहा था। और सन् 1999 में खुमान लंपक में हुए नेशनल गेम्स में प्रदर्शन के बाद यह और भी लोकप्रिय बन गया था। संध्यारानी, सरिता देवी और गीता चानू जैसी मणिपुर की कई लड़कियों ने प्रदर्शन मैच भी खेले। यह मणिपुर बॉक्सिंग एसोसिएशन था, जहाँ खोइबे सलाम के निर्देशन में इस खेल को भारत के किसी अन्य राज्य से पहले मणिपुर की लड़कियाँ आगे लाने में कामयाब हो पाई थीं। इन लड़कियों पर घर और बाहर दोनों को ही सँभालने की जिम्मेदारी थी, लेकिन इन लड़कियों ने अवसर को हाथ में लेकर पूरे राज्य को उत्साहित करने का बीड़ा उठा लिया था।

नतीजा यह हुआ कि सन् 2000 से सन् 2006 के बीच महिला बॉक्सिंग के क्षेत्र में मणिपुर की लड़कियों ने अपना दबदबा कायम कर लिया। उसके बाद हरियाणा से कई लड़कियों ने बॉक्सिंग के क्षेत्र में नाम कमाना शुरू किया। हरियाणा मणिपुर से ज्यादा समृद्ध प्रदेश होने के कारण उन लड़कियों को सुविधा भी ज्यादा मिली।

बॉक्सिंग में अभी मैरी नौसिखिया ही थी, तभी उसे इसका भान हो गया था कि मणिपुर में उभरनेवाले कई बॉक्सिंग सर्कल हैं, जिनमें आपस में ही प्रतिस्पर्धा है। उस समय राज्य यूथ अफेयर ऐंड स्पोर्ट्स (वाई.ए.एस.) बॉक्सिंग एकेडमी चलनेवाले कोच नरजीत सिंग और मणिपुर एमेच्योर बॉक्सिंग एसोसिएशन (एम.ए.बी.ए.) के वरिष्ठ उपाध्यक्ष खोईबी सालम, जो इंफाल से संबंध रखते थे और जिसके कोच किशन सिंग थे, के बीच एक त्रिशंकु बन गया था, जिसके कारण जो भी युवा स्पोर्ट्स अथॉरिटी ऑफ इंडिया चयन से सबंध रखता था, उसे वे राज्यस्तरीय प्रतियोगिताओं से बाहर ही रखते थे।

मैरी ऐसा कोई भी मौका नहीं छोड़ना चाहती थी, जिससे कि वह प्रतियोगिताओं से दूर हो। इसलिए उसने स्पोर्ट्स अथॉरिटी ऑफ इंडिया को छोड़ने का फैसला कर लिया, जिससे वह मई 2000 में राज्य स्तर पर

होनेवाली प्रतियोगिता में भाग ले सके। गुरु इबोमचा जानते थे कि मणिपुर की बॉक्सिंग की दुनिया में किस तरह से काम होता है, इसलिए उन्होंने मैरी के इस कदम पर कोई आपत्ति नहीं उठाई। इस प्रकार केवल एक महीने इबोमचा से प्रशिक्षण लेकर मैरी ने राज्यस्तरीय कोचिंग फैसलिटी लेने के लिए स्पोर्ट्स अथॉरिटी ऑफ इंडिया को छोड़ दिया, लेकिन प्रतियोगिता के बाद वह फिर से इबोमचा के पास लौट आई। ऐसा कई बॉक्सर करते थे।

स्पोर्ट्स अथॉरिटी ऑफ इंडिया को छोड़ने के बाद मैरी ने नरजीत सिंग से संपर्क किया। उन्होंने मैरी को प्रशिक्षण देना सहर्ष स्वीकार कर लिया। वे अपने काम के प्रति पूरी तरह समर्पित थे। महिला बॉक्सिंग एक नया विभाग था, जहाँ उसे आगे बढ़ाने की कोई सुविधा नहीं थी, लेकिन नरजीत सिंग पूरी तरह से उत्साह से भरकर लड़कियों में जोश भर देते थे, इसलिए बिना किसी सुविधा के भी सब लड़कियाँ बॉक्सिंग सीखने में अपनी जान लगा देती थीं। उनमें से ज्यादातर इंफाल के बाहर से आई थीं, इसलिए उन सभी को सुरक्षित और अच्छी जगह पर रहने की सुविधा की दरकार सभी को थी। कोच नरजीत सिंग ने खुमान लंपक के कैंपस की एक ऑफिस बिल्डिंग के कमरे को उन सभी के लिए मुहैया करवा दिया था। वे कभी-कभी निजी तौर पर भी वहाँ आकर निरीक्षण कर जाते थे, यह देखने के लिए कि वहाँ रहनेवाली लड़कियों को कोई असुविधा तो नहीं है। वे उनके लिए कोच और अभिभावक दोनों ही रूप में उपलब्ध थे। इसी के साथ उनका आदर्श वाक्य था–अनुशासन, समर्पण और दृढ़ संकल्प। उनके सेवानिवृत्त होने के कुछ ही वर्ष बचे थे, फिर भी वे पूरे जोश से बच्चों को प्रशिक्षण देते थे। उनको यह आशा भी थी कि उनके कार्यकाल में ही खुमान लंपक में बॉक्सिंग के क्षेत्र में खेल मंत्रालय अवश्य ही कोई सुधार करेगा।

देखा जाए तो स्पोर्ट्स अथॉरिटी ऑफ इंडिया में ओजा इबोमचा, यूथ अफेयर्स ऑफ स्टूडेंट के नरजीत सिंग और मणिपुर एमेच्योर बॉक्सिंग एसोसिएशन के खोईबी सलाम तथा किशन सिंग सब अलग-अलग काम कर रहे थे, लेकिन सबका उद्देश्य एक ही था। सबके तरीके अलग-अलग थे, जैसे नरजीत सिंग और इबोमचा सेना को छोड़कर इस कार्य को कर रहे थे, इसलिए उनके प्रशिक्षण में सेना का कठोर अनुशासन स्पष्ट दिखता था, तो जगह की कमी को दूर करने के लिए किशन सिंग अपने घर में ही बॉक्सिंग का प्रशिक्षण देते थे, यहाँ तक कि उनके पास बॉक्सिंग रिंग भी नहीं थी।

नरजीत सिंग से प्रशिक्षण लेने के बाद मैरी ने कोच एल. किशन सिंग से कोचिंग लेने के लिए मणिपुर एमेच्योर बॉक्सिंग एसोसिएशन में दाखिला ले लिया। किशन सिंग कॉनजंग-हीजारी यूथ डेवलपमेंट कमेटी क्लब नाम का एक बॉक्सिंग क्लब चला रहे थे। । मैरी ने मई 2000 में होनेवाली प्रतियोगिता से कुछ समय पहले ही किशन सिंग के ग्रुप में दाखिला लिया था। उसे दाखिला देते हुए किशन सिंग ने कहा था कि वह जितना सोचती है उससे कहीं ज्यादा उसे सफलता मिल सकती है। उस समय महिला मुक्केबाजों की टीम किशन सिंग के घर में ही रहती थी, जब तक कि उन्होंने अपने घर के पास ही निवास की व्यवस्था नहीं करवाई। सभी कोच जानते थे कि उनके शिष्यों, शिष्याओं में से अधिकतर बहुत गरीब परिवारों से सबंध रखते हैं और दूर-दराज के गाँवों से वहाँ प्रशिक्षण लेने आए हैं। अकसर उन बच्चों को अपने प्रशिक्षण स्थल पर पहुँचने के लिए बहुत दूरी का फासला तय करना पड़ता था, जिसे वे बिना किसी शिकायत के हँसी-खुशी तय करते। कभी-कभी ऐसा भी होता था कि प्रशिक्षण स्थल पर पहुँचने के लिए उनके पास बस की टिकट के पैसे भी नहीं होते थे। उनके कोच इस बात को जानते थे, इसलिए वे इस ओर से थोड़ा कम अनुशासन बरतते थे, लेकिन स्पोर्ट्स अथॉरिटी ऑफ इंडिया में चयनित लोगों को इबोमचा इतनी भी रियायत नहीं देते थे।

मैरी ने एक महिला बॉक्सर के रूप में किशन सिंग के कॉनजंग-हीजारी यूथ डेवलपमेंट कमेटी क्लब से सार्वजनिक प्रदर्शन की शुरुआत की थी। कोच किशन सिंग मैरी को प्रशिक्षित करनेवाले सभी कोचों में कमउम्र के थे, लेकिन उनमें गजब का समर्पण और कठोर परिश्रम करने की भावना से मैरी बहुत प्रभावित हुई थी। मैरी ने देखा कि उस क्लब में पिछले दो साल से कुछ वरिष्ठ खिलाड़ी प्रशिक्षण ले रहे थे। वहाँ संध्या रानी और एल. सरिता भी प्रशिक्षण ले रही थीं। मैरी के मुकाबले वहाँ प्रशिक्षण ले रही लड़कियाँ ज्यादा वेट केटेगरी की थीं। कम कैटेगरी की सुशीला और बीवी के साथ मैरी को प्रशिक्षण दिया जाना शुरू किया गया, जो उसी की कैटेगरी में आती थीं। इसके अलावा जूनियर वर्ग में आनेवाले 40 से 45 किलोग्राम के लड़कों के साथ मैरी का मुकाबला करवाया जाता। लेकिन मैरी के मुक्कों में शुरू से वह बात थी, जो किसी भी लड़की को धराशायी कर सकता था। इसलिए उसे लड़कों के साथ ही ज्यादातर मुकाबला करना पड़ता था, जो कद-काठी में उसके जितने होते, लेकिन उससे कम उम्र के होते थे। केवल तीन महीने के

अंदर तीन कोचों से अलग-अलग प्रशिक्षण लेकर मैरी अपने खेल को चमकाने में लगी थी। उसने राज्यस्तरीय चैंपियनशिप में हंबी को हरा दिया, जो स्पोर्ट्स अथॉरिटी ऑफ इंडिया में उसे बॉक्सिंग की कोचिंग देती थी।

बॉक्सिंग सिखानेवाले ग्रुपों के बीच इस बात को भी लेकर तनातनी रहती थी कि किसने मणिपुर में बॉक्सिंग का झंडा ऊँचा करने की शुरुआत की। सभी यह श्रेय लेने के इच्छुक थे कि मणिपुर की बॉक्सिंग का खोया वैभव उनके कारण वापिस आया है। इस कारण सभी अपने-अपने समूहों में सीख रहे बॉक्सरों को सर्वश्रेष्ठ परिणाम देने के लिए मेहनत करवा रहे थे। उस समय पुरुषों में डिंगो सिंग के बाद सुरंजय सिंग, ननाव सिंग और देवेंद्र सिंग का नाम उभर रहा था, वहीं महिला बॉक्सरों में सरिता, संध्यारानी, मंदाकिनी चानू, सरजूबाला देवी और मैरी का नाम आगे चल रहा था। इन सभी ने आगे चलकर कई प्रतियोगिताओं को जीता और भारत का नाम रोशन किया। विश्व मुक्केबाजी में देश का नाम आगे बढ़ानेवाले ये सभी मुक्केबाज अपने प्रशिक्षकों की निगरानी में दिन-पर-दिन अपनी प्रतिभा निखार रहे थे।

मैरी को बॉक्सिंग में मजा आ रहा था। उसके सपनों को पंख लग चुके थे। वह सही समय पर सही जगह होने के कारण स्वयं के भाग्य को सराहती थी। लेकिन इन सबके बीच स्पोर्ट्स अथॉरिटी ऑफ इंडिया और मणिपुर एमेच्योर बॉक्सिंग एकेडमी में लगातार खींच-तान चलती ही रहती थी। स्पोर्ट्स

अथॉरिटी ऑफ इंडिया का इंफ्रास्ट्रेक्चर ज्यादा अच्छा था। उसकी हॉस्टल की सुविधा और बॉक्सिंग के उपकरण बेहतर थे, लेकिन राज्यस्तरीय प्रतिस्पर्धाओं में भाग लेने के लिए उन्हें अन्य एकेडमी का मुँह देखना ही पड़ता था, इसलिए मजबूरी में वे कुछ दिन स्पोर्ट्स अथॉरिटी ऑफ इंडिया में प्रशिक्षण लेते, उसके बाद उसे छोड़कर अन्य एकेडमी में चले जाते। इससे खिलाड़ियों को तो असुविधा होती ही थी, साथ ही प्रशिक्षणकर्ताओं के बीच भी दुश्मनी बढ़ती जा रही थी। गुटबाजी और अपनी पसंद के खिलाड़ी को आगे लाने जैसी गतिविधियों से असंतोष उभरने लगा था। मणिपुर की बॉक्सिंग कम्युनिटी दो युद्धशिविरों में बदलती जा रही थी, जहाँ कभी भी युद्ध की घोषणा हो सकती थी। मैरी के लिए यह स्थिति बड़ी दुविधावाली हो गई थी। क्योंकि वह इन सबके बीच जैसे और खिलाड़ी पिस रहे थे, उसी तरह पिस रही थी। उसे दोनों गुटों को प्रसन्न रखने का बड़ा ध्यान रखना पड़ता, जो उसे बड़ा ही असहज कार्य लगता था। वह तो बिना किसी क़ो नाराज किए केवल अपने खेल पर ध्यान देना चाहती थी। उसे प्रशिक्षित करनेवाले सभी कोच एक से बढ़कर एक थे, लेकिन सब में एक मिलती-जुलती बात थी, वे सभी खिलाड़ी की उपलब्धि का श्रेय स्वयं लेना चाहते थे, जिससे उभरते हुए खिलाड़ियों में असुरक्षा की भावना घर करने लगी थी। उदाहरण के लिए जिस खिलाड़ी ने स्पोर्ट्स अथॉरिटी ऑफ इंडिया में प्रशिक्षण लिया होता, उसे राष्ट्रीय स्तर पर मौका मिलने का अवसर कम ही होता। अगर कोई खिलाड़ी केवल राज्यस्तरीय संस्थानों से प्रशिक्षण लेता तो वह स्तरीय प्रदर्शन करने से चूक सकता था, क्योंकि स्पोर्ट्स एथॉरिटी ऑफ इंडिया में प्रशिक्षण देनेवाले कोच, उपकरण और सुविधाएँ सभी स्तरीय थीं। अगर स्पोर्ट्स एथॉरिटी ऑफ इंडिया और मणिपुर एम्यच्योर बॉक्सिंग एकेडमी हाथ मिला लेते तो निश्चित था कि वहाँ से निकलनेवाले खिलाड़ी दुनिया में धूम मचा सकते थे। लेकिन ऐसा नहीं हो सकता था। इसलिए मैरी ने बीच का रास्ता निकालकर शांतिपूर्वक इस बाधा को पार करने का फैसला किया। वहाँ उसकी तरफदारी करनेवाला कोई नहीं था, यह बात मैरी अच्छी तरह से जानती थी। उसे जो कुछ भी करना था, अपने बलबूते पर ही करना था। उसे भगवान् से मिली जो प्रतिभा थी, उसका डंका बजाने के लिए स्वयं ही आगे आना था। मुक्केबाजी के लिए चीते की तरह फुरती और लक्ष्य पर अपनी आँख टिकाने की कला मैरी में बचपन से ही जैसे भगवान् ने दे दी थी, जैसे कि ईश्वर की पहले से ही यह योजना थी

कि मैरी एक बॉक्सर बनेगी-ही-बनेगी, इसलिए उसने उसे यह जन्मजात गुण दिए थे। मैरी अपने इन गुणों का प्रयोग करना बखूबी जान गई थी। रिंग में उतरने के बाद वह कंप्यूटर की तरह तेजी से आगे-पीछे, आड़े-तिरछे घूमते हुए अपने प्रतिद्वंद्वी को उलझा देती और साथ में किए उसके वार सामनेवाले को सोचने का मौका ही नहीं देते।

□

खेती से रिंग की ओर

मैरी अपने अभ्यास में इस कदर डूब गई थी कि उसका कांगाथेई तभी जाना होता, जब उसे रुपयों या चावल लाने की जरूरत होती। वह उन चीजों को लेने भी घर जाती तो बस कुछ ही समय रुकती और उलटे पैरों से वापिस लौट जाती, लेकिन उसके लिए इस प्रकार लौटना भावनात्मक रूप से बड़ा कष्टकारक रहता, क्योंकि उसके मन में एक बात काँटे की तरह चुभती रहती कि उसके पीछे उसके माता-पिता बहुत कठोर परिश्रम कर रहे हैं और वह उनकी कोई मदद नहीं कर पा रही है। एखम और टॉम्पा के लिए इंफाल का जीवन सहज नहीं था। उनको वहाँ आना सुविधाजनक नहीं लगता था। इसलिए उनका आना बहुत ही कम हो पाता था। टॉम्पा के लिए रोजमर्रा की जीविका और एखम के लिए बागवानी तथा कपड़ों की कताई करते हुए इतना समय निकल ही नहीं पाता था कि वे मैरी के बारे में पूछताछ करने इंफाल आ पाते। उनकी बेटी क्या कर रही है? कैसा कर रही है? यह सब जानने के लिए उनके मन में इच्छा होते हुए भी वे इंफाल नहीं आ सकते थे। दूसरी ओर वे जानते थे कि उन दिनों उनकी बेटी जिस माहौल में रहकर अपने जीवन से संघर्ष कर रही है, वह माहौल बड़ा ही शुष्क और प्रेमरहित है, जिसमें उनके स्नेह की घालमेल उनकी बच्ची को अपने लक्ष्य से न भटका दे। वे मैरी को सर्वश्रेष्ठ परिणाम लाने के लिए बिलकुल मुक्त वातावरण देना चाहते थे। मैरी भी जहाँ तक संभव होता अपनी जरूरतों को बहुत सीमित करके चलती। जिससे वह कम-से-कम रुपयों में अपना काम चला सके।

उस समय 18 साल की लड़की के रूप में मैरी ने अपने जीवन के कई निर्णय अकेले ही लिये। जैसे इंफाल की एकेडमी में दाखिले का

निर्णय, अपने खेल के लिए कोच का निर्णय, मुक्केबाजी के ग्लोब्स और गार्ड्स लेने का निर्णय–सभी फैसले मैरी ने स्वयं लिये। उसने अपनी पॉकेट मनी बचाकर सबसे पहले 350 रु. के ग्लोब्स खरीदे। उस समय तक उसकी हिम्मत नहीं हुई कि वह इस बारे में घर वालों को बता सके कि उसने अपना कॅरियर मुक्केबाजी के क्षेत्र में बनाने का निर्णय ले लिया है। माता–पिता को लगता था कि बॉक्सिंग लड़कों का खेल है। मैरी को पता था कि घरवाले उसे कभी बॉक्सर नहीं बनने देंगे। इसलिए जरूरी उपकरणों के बिना माता–पिता से छिपाकर ट्रेनिंग जारी रखी। वे उपकरण महँगे भी थे। मैरी को आरामदायक जूतों की बेहद जरूरत थी, लेकिन वह उनको खरीदने में असमर्थ थी, क्योंकि उन जूतों को खरीदने के लायक उसके पास पैसे नहीं थे। उसने किसी तरह ब्रांडेड जूतों की नकल के बने जूते खरीदकर काम चलाया। यहाँ तक कि जब मैरी नेशनल चैंपियनशिप के लिए खेलने के लिए गई, तब भी वह फटे हुए जूते पहनकर गई, लेकिन उसने उस ओर ज्यादा ध्यान नहीं दिया।

मैरी को जब अपना पहला राज्यस्तरीय महिला बॉक्सिंग चैंपियनशिप का मुकाबला खेलने की खबर मिली तो वह बहुत खुश थी। वह रिंग में उतरने को लेकर बड़ी उत्साहित थी। अपने हाथों में ग्लोब्स पहनकर वह अभ्यास कर रही थी, ताकि उसे आनेवाले दिन में हार का मुँह न देखना पड़े कि तभी एक खेल अधिकारी उसके पास आया–

''मैरी! क्या तुम्हीं हो मैरी कॉम?'' उसने अभ्यास कर रही मैरी से पूछा।

अभ्यास रोककर मैरी ने कहा, ''हाँ...मैं ही हूँ कहिए?''

उसने पूछा, ''तुम्हारा चयन कितने किलोग्राम वर्ग में किया गया है, क्या तुम जानती हो?''

मैरी ने जवाब दिया, ''जी, 48 किलोग्राम के वर्ग में...''

''नहीं...तुम्हें कुछ गलतफहमी है...तुम्हें 48 किलोग्राम के वर्ग में नहीं, बल्कि इससे ज्यादा वर्ग के खिलाड़ियों से मुकाबला करना होगा...क्योंकि हमारे पास जो लिस्ट आई है, उसमें तुम्हारे नाम के आगे ज्यादा वजन वर्ग में तुम्हें रखा गया है।'' खेल अधिकारी ने जोर से कहा।

मैरी ने हैरान होकर कहा, ''लेकिन मैं तो 48 किलोग्राम के वर्ग में ही खेलता हूँ...इसलिए मैं उसी वर्ग में खेलूँगा।''

अधिकारी ने कठोर स्वर में कहा, ''तुम नहीं खेल सकती।''

''आप मेरे बदले किसी अन्य खिलाड़ी को ऐसा मौका क्यों नहीं दे देते?'' मैरी ने नाराजगी भरे स्वर में कहा।

अधिकारी ने कठोर स्वर में कहा, ''देखो लड़की, तुम्हें जो कहा जा रहा है वैसा करो...और नहीं करोगी तो तुम्हें खेलने नहीं दिया जाएगा।'' मैरी को हैरानी और असमंजस में छोड़कर वह अधिकारी वहाँ से चला गया।

मैरी मुक्केबाजी की दुनिया में अपना पहला कदम रख ही रही थी। वह नहीं चाहती थी कि उसकी शुरुआत किसी चालाकी से हो। इसलिए मैरी ने सलेक्शन कमेटी से जाकर कह दिया कि वह नहीं खेलेगी। मैरी के निर्णय को सुनकर सलेक्शन कमेटी को अपना निर्णय बदलना पड़ा। उसे 48 किलोग्राम के वर्ग में ही खिलाया गया। उसके बाद मैरी रिंग में उतरी तो उसने वहाँ स्वर्ण पदक ही नहीं जीता, बल्कि उस प्रतियोगिता के सर्वश्रेष्ठ खिलाड़ी का खिताब से भी उसे नवाजा गया। उस टूर्नामेंट में जीत के इनाम के रूप में कोई राशि नहीं थी। लेकिन मैरी की इस उपलब्धि ने उसका स्थान सुरक्षित करके उसे स्वयं को साबित करने का मौका दे दिया था, जिससे उसका राष्ट्रीय स्तर पर खेलने का रास्ता खुल गया था। वह अपनी इस उपलब्धि पर बेहद खुश भी थी और दुःखी भी, क्योंकि उसे मालूम था कि अगले दिन के अखबारों में छपी खबरों को पढ़कर टॉम्पा की क्या प्रतिक्रिया होगी। लेकिन वह ऐसा सोचते हुए कुछ भूल रही थी। वह भूल रही थी कि उसने अपना नाम बदल लिया था।

अगले दिन सुबह के समय टॉम्पा मोइरांग की सड़कों पर साइकिल

चलाते हुए जा रहे थे। सुबह का समय था कि उनके कानों में एक व्यक्ति का स्वर टकराया, ''लो भई, अब तो लड़कियाँ मुक्केबाजी भी करने लगी हैं। और यही नहीं, उसमें सोने का पदक भी जीत रही हैं।''

टॉम्पा अपनी साइकिल से उस व्यक्ति से थोड़ी दूरी पर थे। फिर भी उस बात को सुनकर उत्सुकतावश उन्होंने वहीं से जोर से चिल्लाकर पूछा, ''भई, तुम किसकी बात कर रहे हो?''

उस आदमी ने अखबार दिखाते हुए कहा, ''देखो, तुम भी पढ़ लो, मैरी कॉम नाम की कोई लड़की है, जिसने महिला स्टेट बॉक्सिंग चैंपियनशिप जीती है। भई, अब तो कॉम जाति की लड़कियाँ भी खेलों में आगे निकलने लगी हैं।'' कॉम जाति का नाम सुनकर टॉम्पा वापिस आए और उन्होंने उस आदमी से अखबार लेकर खबर पढ़ी। लेकिन वे नहीं पहचान पाए कि स्पोर्ट्स अथॉरिटी ऑफ इंडिया की कोई कॉम जाति की लड़की उनकी ही बेटी है।

दरअसल, उनको तो यह पता ही नहीं था कि सब उनकी बेटी चंग्नेइजैंग को मैरी के नाम से ही पुकारते हैं, क्योंकि टॉम्पा मैरी के नाम को लेकर हुई पूरी घटना से अनभिज्ञ थे। लेकिन अखबार में छपी खबर को लेकर वे परेशान थे। इसलिए वे मोइरांग के सबसे पढ़े-लिखे व्यक्ति थनजिनलरेन्ग सेरटो के पास उस अखबार को लेकर गए। सेरटो ने उनको बताया कि मणिपुर की महिला बॉक्सरों को बॉक्सिंग के क्षेत्र में आगे नाम

कमाने के लिए महिला बॉक्सिंग के नाम से एक अलग विभाग खोला गया है और इस अखबार में किसी मैरी कॉम द्वारा स्वर्ण पदक जीतने की खबर छपी है। इस बात को सुनकर टॉम्पा घर वापिस आए और उन्होंने एखम से कहा कि उनको कल सुबह-सुबह ही इंफाल जाकर सान्हेन को कांगोथेई लाना होगा। ऐसा ही हुआ। एखम मैरी को लेकर जब घर पहुँचीं तो मैरी का सिर टॉम्पा के आगे नहीं उठ रहा था। उसके परिवारवालों को पता चल गया था कि उनकी बेटी बॉक्सर बन गई है।

टॉम्पा ने सख्ती से मैरी की ओर देखकर पूछा, "क्यों किया तुमने ऐसा? आखिर तुमने अपने कॅरियर के लिए बॉक्सिंग को ही क्यों चुना? यहाँ तक कि तुमने हमसे भी इस बारे में कुछ कहने की जरूरत क्यों नहीं समझी? क्या मुझे अपनी बेटी के मन की बात अब अखबारों से मिलेगी?" उनका स्वर धीरे-धीरे पिघलने लगा था। लेकिन तभी स्वर में कठोरता लाते हुए उन्होंने कहा, "सान्हेन, मुझे यह सब पसंद नहीं है, बेहतर यही है कि तुम यह सब यहीं रोक दो।"

यह सुनकर मैरी के मुँह से जैसे शब्द अपने आप फिसल गए, "मुझे बॉक्सिंग से प्रेम है अपा...आप समझने की कोशिश कीजिए।"

मैरी के शब्द सुनकर टॉम्पा हैरान होकर एक पल के लिए उसका मासूम चेहरा देखते रह गए। जिस पर भाव आ रहे थे, जा रहे थे। मैरी को उन्होंने समझाते हुए कहा, "सान्हेन, तुम एक लड़की हो। एक दिन तुम्हारी शादी करनी होगी हमें। अगर इस बीच तुम्हें कुछ हो गया तो? जैसे तुम्हारे चेहरे पर चोट लग गई तो, कोई भी लड़का तुमसे शादी नहीं करेगा।"

मैरी ने तड़पकर कहा, "ऐसा कुछ नहीं होगा अपा।"

टॉम्पा ने भड़ककर कहा, "यह तुम कैसे कह सकती हो, मुक्केबाजी के खेल में कई मुक्केबाज गंभीर चोटें लगवा लेते हैं। मैंने खुद उनके चेहरे से बहते हुए खून को देखा है। अगर तुम्हें चोट लगी तो उसे ठीक करवाने में बहुत पैसे लगेंगे, जो हमारे पास देने के लिए नहीं हैं।"

मैरी ने तो जैसे ठान ही रखा था कि वह टॉम्पा के हर सवालों का एक ही जवाब देगी कि उसे मुक्केबाजी पसंद है और वह मुक्केबाज ही बनना चाहती है। टॉम्पा ने उसे याद दिलाया, "याद है, बचपन में तुम किस तरह मार्शल आर्ट की पिक्चरें देखकर मार्शल आर्टिस्ट बनना चाहती थी। उस सपने का क्या हुआ? अगर तुम सचमुच में ही लड़ना चाहती हो तो

क्यों नहीं जूडो–कराटे में अपना कॅरियर बनाती हो?''

मैरी ने उनको कहा, ''अपा, मैंने सारे खेल खेलकर देख लिये, लेकिन जो बात बॉक्सिंग में है, वह किसी में नहीं है। वह मेरा सपनों का खेल बन चुका है। और अब यह संभव नहीं कि मैं उसे छोड़ दूँ। आप जैसा सोच रहे हैं, एमैच्योर बॉक्सिंग उतनी खतरनाक नहीं है, जितनी कि आप समझ रहे हैं।''

टॉम्पा उसकी इस बात पर भड़ककर बोले, ''सान्हेन, अभी तुम इतनी बड़ी नहीं हुई हो, जो इस बात को समझ सको। जानती हो मुक्केबाजी में तुम्हारी नाक टूट सकती है। आँखों की रोशनी कम हो सकती है और दिमाग पर चोट लगने से कुछ अनर्थ भी हो सकता है।''

''लेकिन हम सब नियमों के अनुसार ही खेल खेलते हैं और जब मैं खेलता हूँ तो मैं प्रोटेक्टिव गियर भी पहनता हूँ। जिससे ऐसी चोट नहीं लगती।''

जब टॉम्पा ने देख लिया कि उनकी जिद्दी बेटी किसी भी तरह से नहीं मानेगी तो बेटी को बॉक्सिंग से दूर करने के लिए पिता ने आखिरी दाँव चला। उन्होंने मैरी से कहा, ''सान्हेन...आज मुझे या बॉक्सिंग दोनों में से किसी एक को चुन ले। बोल क्या चुनेगी, मुझे या बॉक्सिग को?''

पिता के मनोभावों को अच्छी तरह से समझ रही मैरी के आगे एक अजीब स्थिति खड़ी हो गई थी। जिसमें से उसे एक ओर अपना भविष्य चुनना था और दूसरी ओर खड़ा अपना पिता, जो उसे उसके भविष्य तक हाथ पकड़कर ले गया था। तब मैरी ने विनम्रता से कहा, ''मैं अभी भी बॉक्सिंग को ही चुनूँगा।''

टॉम्पा उसके द्वारा कहे इन शब्दों को सुनकर जान गए कि मैरी के लिए बॉक्सिग अब किस कदर जरूरी हो गया है। ऐसा सोचकर उनके अंदर का वह उफान थोड़ा शांत होने लगा। वे समझ गए थे कि उनकी सान्हेन अब पीछे नहीं हटनेवाली है। इसलिए टॉम्पा ने उससे कहा, ''सान्हेन, देखो मेरा मन तो नहीं मानता कि तुम अभी भी बॉक्सिग करो...क्योंकि मैं ऐसा मानता हूँ कि तुम्हारा शरीर बॉक्सिग के लायक मजबूत नहीं है। लेकिन तुम्हारा इतना मन है तो मेरी एक बात मानो कि इस खेल में अब गंभीरता से कैसे आगे बढ़ा जाए इसकी ओर तुम ध्यान दो।''

उनको दिलासा देते हुए मैरी ने कहा, ''अपा, मैं जानता हूँ कि आप

क्या सोच रहे हैं? मैं जानता हूँ कि आप मेरी कमजोर शरीर को लेकर चिंतित हैं, यह सोचकर कि मैं गरीबी के कारण शारीरिक रूप से उतना मजबूत नहीं हूँ, जितना कि इस खेल के लिए होना चाहिए। लेकिन आप भी इस बात को मानिए कि मैं आप पर किसी बोझ को बढ़ाए बिना खुद को मजबूत बनाने की व्यवस्था खुद कर लूँगा।''

''कहाँ से करेगी मेरी बच्ची''वहाँ इंफाल में तेरा कौन है, जो इस काम में तेरी मदद करेगा?'' टॉम्पा ने परेशान होकर कहा।

मैरी ने गंभीर स्वर में कहा, ''अपा, यह मैं जानता हूँ कि कोई नहीं है वहाँ मेरा''और मैं यह भी नहीं जानता हूँ कि मैं ऐसा कैसे करूँगा ''कहाँ से अपने जरूरी खर्चों के लिए पैसा लाऊँगा''लेकिन मुझे ईश्वर पर विश्वास है''वह अवश्य ही कुछ-न-कुछ रास्ता निकालेगा।''

''तुझे कुछ पता भी है कि तू क्या बोल रही है?'' टॉम्पा ने मैरी के कंधों को झकझोरते हुए कहा।

''अपा, मैं बस इतना जानता हूँ कि मुझे बॉक्सिंग सीखना है और उसमें मुझे मास्टर बनना है।'' मैरी ने दृढ़ स्वर में कहा।

उसके स्वर की दृढ़ता सुनकर टॉम्पा और एखम को विश्वास हो गया कि मैरी अब बॉक्सिंग नहीं छोड़नेवाली है। अब वे समझ रहे थे कि उनकी बेटी किस दौर से गुजर रही थी। उस पर शारीरिक परिश्रम के दवाब के साथ मानसिक तौर पर भी भारी दबाव था। उसे उनकी बेहद आवश्यकता थी, यह जानकर मैरी के माता-पिता ने और मेहनत करने की ठानी। एखम जहाँ अब तक दिन में ही कपड़ा बुनती थीं, वे देर रात को भी मिट्टी तेल की ढिबरी में कपड़ा बुनने लगीं। जिस करघे पर एखम काम करती थीं, वह पारंपरिक हस्तकरघा था, उस पर कपड़े की हर पंक्ति करघे की सहायता लेकर हाथ से बुनी जाती, जिसके लिए वे कम रोशनी में भी देख-देखकर कपड़ा बुनने में लगी रहतीं। आम तौर पर वे दो दिन के अंदर एक कपड़े का टुकड़ा बुनने का काम खत्म कर देती थीं। टॉम्पा भी उनकी इस काम में मदद करने के लिए कपड़े की सिलाई करते। वर्षों से कम रोशनी में काम करते रहने से एखम की आँखों पर असर तो पड़ा था, लेकिन परिवार के सभी सदस्य इस बात को समझते थे कि बिना उनकी मेहनत के परिवार के जरूरी खर्च भी पूरे नहीं हो सकते थे। घरेलू खर्चों से बचाकर वे एक-एक पैसा मैरी के खर्चों की पूर्ति के लिए इंफाल भेजने

लगीं, जिससे मैरी अपने खेल की किट और जूते खरीद पाई। अपनी बचत से मैरी के भविष्य की सोचकर सोने के इयररिंग खरीदनेवाली एखम अब सहर्ष अपनी बचत बेटी की खुशी के लिए उसके खेल से जुड़े सामान को खरीदने में खर्च करने लगी थीं।

ऐसे कठोर परिश्रम से कमाए पैसे यदि खो जाएँ तो दुःख तो स्वाभाविक है। जी हाँ...एक बार एखम ने मैरी को ट्रैकसूट खरीदने के लिए कांगाथेई से पैसे भेजे। बहुत सँभालकर खर्च करनेवाली मैरी से वे पैसे कहीं खो गए। मैरी को ट्रैकसूट खरीदना भी बेहद जरूरी था, लेकिन वह पैसे खोने की बात भी माँ को कैसे बताए, इस उलझन में थी। इस बीच उसका कांगाथेई जाना हुआ तो एखम ने उससे पूछ लिया कि उसने ट्रैकसूट खरीदा कि नहीं। तब मैरी को हिम्मत करके साफ-साफ बताना पड़ा कि उससे पैसे खो गए, इसलिए वह अब ट्रैकसूट नहीं खरीद सकी। मैरी ने देखा कि उसकी माँ ने उससे बिना कोई कड़वी बात कहे अंदर से कुछ और रुपए लाकर दिए और कहा कि वह उससे अपना ट्रैकसूट खरीद ले।

उस समय मैरी के मन में अपने खेल को और भी ज्यादा निखारने की इच्छा बलवती हो गई। वह अपनी माँ और पिता द्वारा किए जा रहे परिश्रम का प्रतिदान जल्दी-से-जल्दी चुकाना चाहती थी। उस दिन जब वह इंफाल की ओर रवाना हुई तो उसके मन में बॉक्सर के रूप में नाम कमाने की इच्छा और दृढ़ हो गई थी, जिससे वह सरकारी नौकरी पा सके तथा अपने घर की मदद कर सके। उसने तय कर लिया था कि नौकरी मिलते ही वह उनको काम नहीं करने देगी। वह अकसर एखम से कहती थी, "माँ, जब मेरी नौकरी लग जाएगी न, तो मैं आपके और अपा के लिए बहुत सारी चीजें खरीदूँगा। मैं पहली जीत में इनाम में मिलनेवाली राशि से अपा के लिए पल्सर बाइक खरीदूँगा और उनके लिए एक खेत भी खरीदूँगा तथा आपके लिए मैं एक कार खरीदूँगा। उस कार में आप एक रानी की तरह बैठकर जाना, क्योंकि मैं आपके लिए बहुत महँगे-महँगे कपड़े और ज्यूलरी खरीदूँगा।" उसकी बात सुनकर एखम जोर से हँस पड़ीं।

मैरी ने भी हँसने में उनका साथ दिया। टॉम्पा जो उनसे कुछ दूरी पर लकड़ियाँ काट रहे थे, उन्होंने पलटकर पूछा, "क्या बात है जिस पर इतना हँसा जा रहा है?"

एखम ने हँसकर कहा, "बात है ही इतनी मजेदार...सपने के चावल

पकाए जा रहे हैं।'' इतना कहकर एखम फिर हँस पड़ीं और मैरी चुपके-चुपके अपने सपने की दुनिया को उनके सामने और विस्तार से बखान करने लगी।

मैरी के सपनों को पंख लगने का वक्त आ गया था। सन् 2000 में 11 दिसंबर से 14 दिसंबर को कोलकाता में होनेवाली सातवीं ईस्ट इंडिया ओपन बॉक्सिंग चैंपियनशिप शुरू होनेवाली थी। साउथ कोलकाता फिजीकल कल्चर एसोसिएशन के द्वारा आयोजित इस चैंपियनशिप को लेकर कोम-रेम स्टूडेंट यूनियन इस कदर उत्साहित थी कि जब मैरी कोलकाता के लिए रवाना होने के लिए बस में बैठने जा रही थी, तब उस यूनियन के एक समूह ने बस स्टैंड पहुँचकर उससे संपर्क किया, उसके उज्ज्वल भविष्य की शुभकामनाएँ दीं और चलते हुए उसे 500 रु. भेंट किए। साथ ही उसे मणिपुरी महिलाओं द्वारा पहना जानेवाला वस्त्र फेनेक भी भेंट किया। मैरी के लिए यह सब अप्रत्याशित था। उसकी जीत के लिए कितने लोग कामना कर रहे थे, यह सोचकर ही उसमें जीतने का उत्साह भर गया। उसके मन में उस वक्त यही खयाल आया कि उसे अब तो जीतना-ही-जीतना है, क्योंकि अब वह जीत केवल उसकी नहीं, बल्कि उन सबकी होगी, जो उसे जीतता हुआ देखना चाहते हैं।

एक छोटे से गाँव से निकली नन्ही सी लड़की पहली बार अपने प्रदेश से बाहर की दुनिया देखने जा रही थी। उसके लिए वह दुनिया बड़ी ही अनोखी साबित हुई, जहाँ उसे भाँति-भाँति के लोग दिखाई दिए, जो केवल देखने में ही अलग-अलग नहीं थे, बल्कि उनकी भाषा, व्यवहार, पहनावा सबकुछ भिन्न-भिन्न था। इंफाल से बाहर की दुनिया देखकर मैरी हैरान थी। उसे नहीं मालूम था कि उसके देश में इतने तरह के लोग निवास करते हैं। इंफाल की हरी-भरी दुनिया से बाहर क्रंकीट की एक दुनिया है, जिसमें हर समय लोग भागमभाग में लगे होते हैं। कोलकाता में अपने चारों ओर गाड़ियों की भीड़ देखकर मैरी को अपना कांगाथेई और मोइरांग याद आ गया, जहाँ की सड़कों पर वह बेखौफ साइकिल दौड़ाती थी।

कोलकाता की उस चैंपियनशिप में मैरी ने स्वर्ण पदक अपने नाम करके मणिपुर का सिर गर्व से ऊँचा कर दिया। उन दिनों मैरी की खुराक अच्छी हो गई थी, इसलिए 48 किलोग्राम के वर्ग में खुद को बनाए रखने के लिए उसे मेहनत भी करनी पड़ रही थी। फिर 6 फरवरी से 11 फरवरी, 2001 में चेन्नई में पहली महिला राष्ट्रीय चैंपियनशिप की घोषणा हुई। मैरी

के नाम के चयन के साथ ही उसे बता दिया गया था कि उसे ट्रेन द्वारा चेन्नई जाना होगा। मैरी अपनी पहली ट्रेनयात्रा को लेकर बहुत उत्साहित थी, उसने कई फिल्मों में ट्रेनयात्रा को देखा था, जिससे उसे लगता था कि वह एक रोमांच और सुखद यात्रा होती होगी, जिसमें सब गाते-बजाते, नाचते-कूदते अपने गंतव्य पर पहुँचते होंगे। गाने की शौकीन मैरी के होंठों पर कई बार उन फिल्मों के वे गीत थिरकने लगते, जिन्हें उसने ट्रेनयात्रा से जुड़ा हुआ देखा था। मणिपुर की महिला बॉक्सिंग की टीम और कोच किशन सिंग भी उनके साथ सारी तैयारी कर चुके थे कि ऐन वक्त पर पता चला कि उनका रिजर्वेशन कन्फर्म नहीं हो पाया है। बिना रिजर्वेशन के उनको ट्रेन के टायलेट के पास बैठकर यात्रा करनी पड़ी। पैसे कम होने के कारण वे और उनके साथी कम-से-कम भाड़ेवाली टिकट पर चेन्नई जाना चाहते थे, इसलिए उन्होंने ए.सी. कूपे और फर्स्ट क्लास की ओर देखने की जुर्रत भी नहीं की। मैरी के लिए ट्रेन की यह छवि फिल्मों को देख-देखकर बनाई छवि से बिलकुल उलट थी, लेकिन सब साथियों के साथ होने पर सबने यात्रा का बड़ा आनंद लिया। चेन्नई की उस प्रतिस्पर्धा में मैरी ने 48 किलोग्राम के वर्ग में ही मुकाबला किया और उसमें भी स्वर्ण पदक जीता। मणिपुर की महिला टीम को अब जीत का स्वाद लग चुका था।

मणिपुर की महिला बॉक्सिंग की टीम और कोच किशन सिंग ने इस उपलब्धि के बाद बंगलौर का रूख किया। बंगलौर ट्रैनिंग कैंप में मैरी का पहला ट्रैनिंग कैंप था। बंगलौर के बारे में मैरी ने सुना हुआ था कि वह भारत के सबसे अच्छे शहरों में से एक शहर है। इसलिए जब किशन सिंग ने यह जानकारी सभी सदस्यों को दी तो मैरी बेहद उत्साहित हो गई। चेन्नई से बंगलौर पहुँचकर उन्होंने अभी-अभी अपने कमरे में सामान रखा ही था कि उसकी रूममेट ने आकर उसे खबर की कि सभी खिलाड़ियों को कोच सर उसी समय बुला रहे हैं। यह सुनकर अपना सामान कमरे में छोड़कर मैरी कोच किशन सिंग की बात सुनने उस कमरे में चली गई, जहाँ उन्होंने सभी खिलाड़ियों को इकट्ठा होने का निर्देश दिया था। वहाँ पहुँचकर सभी खिलाड़ियों ने कोच किशन सिंग द्वारा दिए जानेवाले निर्देशों और नियमों को ध्यानपूर्वक सुना। ट्रेनिंग कैंप में मिलनेवाली ट्रेनिंग को लेकर खिलाड़ियों में ही नहीं बल्कि कोच में भी पूरा जोश था, इसलिए वे अपनी शिष्याओं

में भी उतना ही जोश भरना चाहते थे, जितना कि वे महसूस कर रहे थे। उसमें वे कामयाब भी हुए। उसके बाद जब सभी खिलाड़ियों के साथ मैरी अपने कमरे में पहुँची तो यह देखकर उसके होश उड़ गए कि उसके सामान में से उसका पर्स गायब था। उस पर्स में वह सारी रकम थी, जो बंगलौर में रहते हुए वह अपनी जरूरतों पर खर्च करती। अनजाने शहर में ऐसा भी हो सकता है, मैरी के लिए बहुत ही अप्रत्याशित था। वह बंगलौर में किसी को नहीं जानती थी, जिससे कि वह पैसे ले सकती। हारकर उसने इंफाल में रहनेवाले अंकल सोन्बोई सेरटो को फोन किया। वे टॉम्पा के बचपन के मित्र थे और अपने इंफाल प्रवास के दौरान मैरी उनके यहाँ भी कुछ दिन रही थी। फोन पर उन्हें सारी बात बताकर मैरी ने मदद माँगी। अंकल ने उसे आश्वासन देकर तत्काल मंगलौर में रहनेवाले एक मित्र अंगम रेमाई को फोन लगाया और मैरी की मदद करने के लिए कहा। सोन्बोई सेरटो के वे मित्र चालीस किलोमीटर दूर मंगलौर से उसी समय चलकर बंगलौर आए और मैरी को जरूरत भर के रुपए देकर गए। किसी जरूरतमंद को वक्त पर मदद मिल जाए तो वह जीवन भर अपने उपकार करनेवाले को नहीं भूल सकता। ऐसा ही मैरी के साथ भी हुआ। उसे अपनी कॉम समुदाय पर भी गर्व हुआ कि किस प्रकार अपने घर से दूर एक कॉम लड़की की मदद उन्होंने कितनी जल्दी की। मैरी के आगामी जीवन में ऐसा कितनी ही बार हुआ, जब उसके परिवार और मित्रों के अलावा अजनबियों ने भी मदद की थी।

बंगलौर से ट्रेनिंग लेने के बाद मैरी ने अपने कॅरियर को शेप देने के लिए हर संभव कोशिश जारी कर दी थी। इसलिए सन् 2001 में पहली एशियन वूमेन बॉक्सिंग चैंपियनशिप मीट में चयन के लिए हिसार में सब खिलाड़ियों का अग्रिम टिकट बुक किया गया था। लेकिन तभी अचानक खिलाड़ियों को कहा गया कि मणिपुर एम्योच्योर बॉक्सिंग एसोसिएशन चूराचाँद मेमोरियल बॉक्सिंग टूर्नामेंट करवा रही है, जिसमें भाग लेना सभी राष्ट्रीय स्तर के खिलाड़ियों को आवश्यक है, इसलिए सबका हिसार जाना नहीं हो पाएगा। यह खबर सचमुच उन खिलाड़ियों को हिलानेवाली थी, जो हिसार कैंप में भाग लेनेवाले थे, क्योंकि हिसार कैंप में अंतरराष्ट्रीय स्तर पर खिलाड़ियों का चयन किया जा रहा था। यह खबर मिलने पर इंडियन एम्योच्योर बॉक्सिंग फेडरेशन के राजेश भंडारी ने यह प्रश्न उठाया

कि मणिपुर की टीम हिसार के कैंप में क्यों अनुपस्थित है? उन्होंने मणिपुर एम्योच्योर बॉक्सिंग एसोसिएशन के सेक्रेटरी को बुलाकर कहा कि कैंप में मणिपुर की टीम का उपस्थित होना बहुत जरूरी है। इसके बाद फिर से एक बार हिसार जाने की तैयारी शुरू की गई। सभी खिलाड़ियों ने किसी तरह यात्रा के लिए रिजर्वेशन करवा लिया। मैरी इस बार अपने सामान को लेकर अत्यधिक सावधान थी। उसने अपना सूटकेस एक चेन से अपनी सीट के नीचे बाँधकर अपनी नजर में सुरक्षित कर लिया था। रात में उनकी ट्रेन को बिहार के रास्ते से होकर जाना था। मैरी अपना सामान सुरक्षित जानकर बेखबर नींद में सो गई और सुबह तब जागी, जब गोरखपुर के पहले किसी ने चेन खींचकर ट्रेन रुकवा दी थी, तब उसकी नजर उस चेन पर पड़ी, जिससे उसने अपना सूटकेस बाँधा हुआ था, तो उसकी आँखों में भरी नींद की खुमारी उड़नछू हो गई। वह चेन टूटी हुई थी और उसका सूटकेस गायब था।

इस वक्त तो न सिर्फ उसके पैसे उस सूटकेस में चोरी हुए थे, बल्कि उसके कपड़े भी चोरी हो गए थे। उसी के साथ वह पासपोर्ट, जिसे उसने अपना भविष्य देखकर पहले ही बनवा लिया था, वह भी सूटकेस के साथ चोरी चला गया। मैरी के लिए यह दुःख असहनीय था। उसकी समझ में नहीं आ रहा था कि वह क्या करे। एक विचार आया कि चलती ट्रेन से कूदकर जान ही दे दे। लेकिन उसी पल उसे अपने माता-पिता का चेहरा नजरों के आगे घूम गया। दुःखी होकर मैरी बुरी तरह रोने लगी। 18 साल की मैरी के लिए इस स्थिति से उबरना बड़ा मुश्किल हो रहा था। उसकी साथी खिलाड़िनों और कोच ने उसे ढाढ़स देने की कोशिश की। उसे उन्होंने आश्वासन दिया कि वे सब मिलकर जैसे भी बन पड़ेगा, उसकी सहायता करेंगे। जब वे दिल्ली पहुँचे तो उन्होंने पुलिस स्टेशन में उस सूटकेस के खोने की रिपोर्ट दर्ज करवाई और फिर सब-के-सब हिसार की ओर चल पड़े।

हालाँकि मैरी को उसके कोच और साथिनों ने कुछ पैसे इकट्ठे करके दिए थे, जिससे उसकी जरूरत की चीजें खरीदी गईं। इसके बाद मैरी ने टॉम्पा को फोन किया। फोन पर टॉम्पा का स्वर सुनते ही एक बार फिर मैरी का धीरज चुक गया और वह जोर से रो पड़ी। टॉम्पा ने बड़ी मुश्किल से उसे चुप करवाया, तब मैरी ने कहा, ''अपा''सूटकेस चोरी जाने के बाद मैं भी अपनी जान देनेवाला था।''

टॉम्पा ने तड़पकर कहा, "मेरी बच्ची, भूलकर भी ऐसी बात नहीं करना...तू तो मेरी बहुत बहादुर बच्ची है।"

"मगर अपा, उसमें मेरा पासपोर्ट भी था।" मैरी ने सुबककर कहा।

टॉम्पा ने उसे दिलासा दिया, "तू अपने पासपोर्ट की चिंता मत कर ...मैं कैसे भी करके तेरा नया पासपोर्ट जल्द-से-जल्द बनवा दूँगा। बस तू अपनी ट्रेनिंग पर ध्यान दे।" मैरी ने हामी तो भर दी, लेकिन वह यह सोच-सोचकर परेशान थी कि फिर से पासपोर्ट बनवाने के लिए उसके माता-पिता के पास पैसे कहाँ से आएँगे? उसका ध्यान बराबर कांगाथेई की ओर ही लगा रहा, जिससे उस ट्रेनिंग में वह पूरी तरह से समर्पित होकर ट्रेनिंग नहीं ले पाई।

उधर टॉम्पा ने मैरी को पासपोर्ट की दुबारा व्यवस्था करने का आश्वासन तो दे दिया था, लेकिन उनके सामने भी पैसों की व्यवस्था का सबसे बड़ा प्रश्न मुँह बाए खड़ा था। अपने खून और पसीने की कमाई से मैरी की जरूरतों को पूरा करनेवाले उसके माता-पिता खुद्दार नागरिक थे। वे अपनी बेटी की जरूरतों को पूरा करने की हरसंभव कोशिश कर रहे थे, जिसमें उनको अपनी शक्ति से ज्यादा मेहनत करनी पड़ रही थी। तब खुंफ्रे ने अपनी प्यारी पालतू गाय को बेचने का प्रस्ताव उनके सामने रखा। हालाँकि ऐसा कहते हुए उसकी आँखों में आँसू आ गए। अंततः ऐसा ही किया गया और उन पैसों से मैरी का पासपोर्ट फिर से बनवाने की कोशिश की गई। लेकिन समय पर पासपोर्ट बन नहीं पाया। उस बीच में हिसार में चैंपियनशिप के लिए मैरी का चयन कर लिया गया था। लेकिन पासपोर्ट न होने के कारण उसके जाने पर एक बड़ा प्रश्नचिह्न लग गया था। मैरी ने यह बात भी फोन द्वारा टॉम्पा से साझा की। तब कभी किसी से कोई सहायता न लेनेवाले टॉम्पा को भी इंफाल में रहनेवाले अंकल सोन्बोई सेरटो की याद आई।

सोन्बोई कॉम समाज के कई लोगों को व्यक्तिगत तौर पर जानते थे, इसलिए उनकी पकड़ भी समाज के कई ऐसे लोगों तक थी, जो मैरी की मदद के लिए सहर्ष रुपए-पैसे दे सकते थे। अंकल सोन्बोई ने टॉम्पा द्वारा पहले मदद न माँगने के लिए मीठी झिड़की भी दी। उन्होंने मामले की गंभीरता को देखते हुए तुरंत ही एक अन्य सज्जन एल. सोन्गखूप कॉम को यह जिम्मेदारी दी कि वे ग्रेटर इंफाल के क्षेत्र में रहनेवाले कॉम समाज

के लोगों से रुपए इकट्ठा करके लाएँ। उसके बाद उन्होंने तुरंत ही पासपोर्ट ऑफिस में फोन लगाया और उसे एक दिन के अंदर पासपोर्ट बनाने के लिए कहा। उनकी बात सुनकर वहाँ बैठा अधिकारी चौंककर बोला, "एक दिन में पासपोर्ट बना दूँ? ऐसा कैसे किया जा सकता है?"

अंकल सोन्बोई ने फोन पर उसे जवाब दिया, "आपको हम केवल एक जादू करने के लिए ही तो कह रहे हैं। अब आप यह जादू कैसे करेंगे यह आपके ऊपर है।"

"लेकिन ऐसा नहीं किया जा सकता।" अधिकारी ने बेबसी दिखाई।

अंकल सोन्बोई ने उसे समझाते हुए कहा, "देखिए, यह पासपोर्ट एक 18 साल की लड़की के लिए जीवन और मृत्यु का प्रश्न बन चुका है। अगर यह पासपोर्ट कल तक बनकर उसके पास नहीं पहुँचा तो समझ लीजिए बहुत ही बुरा होनेवाला है।"

इसके बाद अंकल सोन्बोई ने मैरी के सूटकेस खोने से लेकर चैंपियनशिप में चयन होने तक की बात उस अधिकारी को समझाई, जो उसको समझ में आ गई। तब उसने आश्वासन दिया कि काम हो सकता है। उसी दिन अंकल के एक भाई अहमंग जरूरी कागजों के साथ उसी दिन हवाई जहाज से गुवाहाटी की ओर रवाना हो गए। पूर्वी इंफाल में पुलिस सुपरिंटेंडेंट अंकल एल. काइलुन दूसरे व्यक्ति थे, जिन्होंने पासपोर्ट बनने के लिए कागजी कार्यों को तेजी से आगे बढ़ाया। और जल्दी-से-जल्दी पासपोर्ट बनकर जब तैयार हुआ तो उसे दिल्ली की ओर भेजा गया, जहाँ ऑनलेर कॉम नामक नौजवान को उसे मैरी तक हिसार पहुँचाने का काम सौंपा गया था। मैरी तब तक ऑनलेर को ठीक तरह से नहीं जानती थी। छह घंटे का सफर करके ऑनलेर ने जब मैरी के हाथ में पासपोर्ट पकड़ाया, तब जाकर मैरी ने चैन की साँस ली। उसने उसी वक्त ईश्वर को धन्यवाद करते हुए अपने शुभचिंतकों, रिश्तेदारों और अपने माता-पिता के प्रयासों का दिल से शुक्रिया किया।

इनसान के जीवन में कई पल ऐसे आते हैं, जब आशा और निराशा के बीच झूलता हुआ वह उम्मीद करता है कि उसका जो बुरा समय चल रहा है, वह जल्दी ही खत्म हो जाएगा। कुछ ऐसा ही मैरी भी सोच रही थी। मैरी का चयन जिस दिन एशियन वूमेन बॉक्सिंग चैंपियनशिप के लिए हुआ था, उसी दिन से मैरी बराबर भगवान् की प्रार्थना करती रहती। उस

समय उसके मन में उभर रही निराशा और आशंकाएँ उसे बेचैन कर रही थीं। एक ओर जहाँ उसे उज्ज्वल भविष्य की आशा दिखती तो उसका मन इससे उत्साह से भर उठता और पराक्रम करने का साहस उभरता। अगले ही पल वह निराश होकर उसमें डूब जाती, तो आशंका और असफलता के अतिरिक्त और उसे कुछ नहीं सूझता। तब न वह आगे बढ़ने की बात सोचती और न ऊँचा उठने की योजना बनाती। निराशाग्रस्त होकर उसने अपनी बाँह पर बँधा वह ताबीज भी निकालकर फेंक दिया था, जो टॉम्पा के एक मित्र द्वारा उसे बुरी नजरों से सुरक्षित करने के लिए दिया गया था और उस समय उसने टॉम्पा की खुशी के लिए उस ताबीज को अपनी बाँह में बाँध लिया था।

मैरी ने उसी दिन से जान लिया कि अपने ऊपर-अपने सामर्थ्य पर यदि भरोसा किया जाए और यह माना जाए कि कई अभावों, कठिनाइयों के रहते हुए भी अपने में इतना सामर्थ्य विद्यमान है कि किसी भी दिशा में आगे बढ़ा जा सकता है और किसी भी झंझट से जूझा जा सकता है तो अपनी क्षमता पर विश्वास मानने से, अपनी क्षमता पर विश्वास करने के कारण ही हम दूसरों की दृष्टि में सबल और समर्थ सिद्ध होते हैं। इस सकारात्मक ऊर्जा से भरी मैरी अपनी पहली विदेश यात्रा बैंकॉक की ओर उड़ तो चली, लेकिन इतने दिनों तक तनाव झेलने के कारण कहीं-न-कहीं असर तो दिखता ही। मैरी का मुकाबला जिससे वहाँ होना था उसे रिंग में देखकर मैरी ने पहले ही मैदान छोड़ने का मन बना लिया। उसकी प्रतिद्वंद्वी का शारीरिक सौष्ठव अधिक अच्छा होने के साथ मांसपेशियों का गठन भी बढ़िया था, जिसे देखकर मैरी परेशान हो गई। उससे भी बड़ी बात थी कि उस प्रतिद्वंद्वी का घरेलू क्षेत्र बैंकॉक होने के कारण काफी बड़ी संख्या में उसके प्रशंसक उसे उत्साहित करने में लगे हुए थे, जिससे वह ज्यादा आत्मविश्वासी दिख रही थी। वह प्रतियोगिता मैरी के हाथ से निकल गईं, लेकिन बैंकॉक से मैरी खाली हाथ नहीं लौटी थी। वह वहाँ से एक बड़ा सबक लेकर लौटी थी। वह सबक था आसानी से हथियार न डालने का। जिस तरह से मैरी शारीरिक रूप से हारने के पहले ही मानसिक रूप से मैच हार गई थी, उस तरह से भविष्य में फिर कभी न होने देने के लिए यह आवश्यक था कि वह इस सबक को गाँठ में बाँध लेती, तब मैरी को बाइबिल में पढ़ी गोलियथ की कहानी याद आ

गई, जिसमें एक बार गोलियथ नाम के राक्षस ने हर आदमी के दिल में दहशत बिठा रखी थी। सब उससे डरते और कहते कि उसे कोई मार ही नहीं सकता। एक दिन 17 साल का एक भेड़ चरानेवाला लड़का अपने भाइयों से मिलने के लिए आया। उसने पूछा कि तुम इस राक्षस से लड़ते क्यों नहीं? उसके भाइयों ने कहा कि वह इतना बड़ा राक्षस है कि उसे मारा नहीं जा सकता, लेकिन उस लड़के ने कहा कि बात यह नहीं कि बड़ा होने की वजह से उसे मारा नहीं जा सकता, बल्कि सच तो यह है कि वह तो इतना बड़ा है कि उस पर लगाया गया निशाना चूक ही नहीं सकता। उसके बाद उस लड़के ने गुलेल से निशाना लगाकर उस राक्षस को मार डाला। उस कहानी को याद करके मैरी ने निष्कर्ष निकाला कि अगर नजरिया सही हो तो हम बड़ी-से-बड़ी कठिनाई को पार कर अपनी मंजिल को पा सकते हैं। उसने अपनी अगली प्रतियोगिता के लिए खुद से वादा किया कि भविष्य में वह कभी भी अपने प्रतिद्वंद्वी को आसानी से छोड़ेगी नहीं। वहाँ से खाली हाथ लौटने पर वह फिर अपने खेल में निखार लाने में जुट गई। बैंकॉक की उस प्रतियोगिता में एल. सरिता भारत के लिए रजत पदक लेकर लौटी थी।

मैरी के लिए सन् 2001 का साल बहुत सी उम्मीदें लेकर आया था, इसलिए बैंकॉक से लौटने के बाद उसे एक बार फिर अंतरराष्ट्रीय स्तर पर खेलने का मौका मिला। इस बार उसका चयन 48 किलोग्राम वर्ग श्रेणी में अंतरराष्ट्रीय बॉक्सिग एसोसिएशन के द्वारा विश्व महिला बॉक्सिंग चैंपियनशिप के लिए हुआ था। यह प्रतिस्पर्धा अमरीका के पेनसिलविनिया में हो रही थी। समय था 27 नवंबर से 2 दिसंबर का। यह समय कड़ाकेदार सर्दी का था। मैरी को उस सर्दी में भारत के बाहर भेजने का मतलब था अच्छी-खासी रकम खर्च करना।

टॉम्पा उसके पिछली घटना से बेहद सावधान थे। इसलिए वे हमेशा फोन पर मैरी को सावधान रहने की ताकीद करते रहते। जब मैरी का चयन उस प्रतियोगिता के लिए हुआ था, मैरी तभी से यह सोच-सोच कर परेशान थी कि वहाँ जाने के लिए पैसे का इंतजाम कैसे होगा। उसने मन में सोचा, जरूरी तो नहीं कि हर सपना सच हो, मगर इस डर से सपने देखना तो नहीं छोड़ा जा सकता। सपना वही सच होता है जो सच्चा होता है। इसीलिए मैं एक सपना सच होते हुए ही देखूँगी। टॉम्पा ने जैसे-तैसे करके 2000

रु. जमा करके मैरी के पास भेजे, जो अमेरिका जैसे बड़े और महँगे शहर के लिए ऊँट के मुँह में जीरा की तरह थे। लेकिन अपने सामर्थ्य से बढ़कर करनेवाले माता-पिता से इससे ज्यादा की उम्मीद करना भी मैरी के वश में नहीं था। इस समय उसे दिल्ली में पढ़ रहे ऑनलेर की याद आई। बैंकॉक जाते समय हिसार के कैंप में उसे रुपए देने आए ऑनलेर से उसकी इतनी जान-पहचान तो हो ही गई थी कि वह उससे इस संबंध में मदद माँग सकती थी, उसे उस समय लगा कि वही उसकी मदद कर सकता है। और सच में ऑनलेर ने उसकी मदद की। मैरी को फोन पर मदद का आश्वासन देने के बाद ऑनलेर ने कॉम जाति के कुछ छात्रों और बुजुर्गों से बातचीत की, जिससे कुछ रास्ता निकल सके। कॉम-रेम यूनियन के अध्यक्ष लालहोमंग उस समय दिल्ली आए थे। वे भी उस मीटिंग में उपस्थित थे। उन्होंने एक विकल्प के तौर पर सलाह दी कि कुछ छात्र संसद् के दो सदस्यों से जाकर मिलें। उन्होंने कहा, "हो सकता है, पूर्वोत्तर के ये दो संसद् उनकी समस्या को समझें और उनकी सहायता करें।" ऑनलेर के दो साथी होलखोमंग हाउकिप और छोबा सिंग से जाकर मिले। जिन्होंने मदद के नाम पर क्रमशः 5000 और 3000 रुपए दिए। इस तरह से उसके पास 10,000 रु. हो गए थे। ऑनलेर ने इसके अलावा कुछ और रकम समाज के अन्य व्यक्तियों से इकट्ठा करके मैरी को सुपुर्द की और उन पैसों को लेकर मैरी पेनसिलवेनिया के मैदान में मणिपुर का झंडा गाड़ने चल पड़ी। आँखों में सपने कई थे, लेकिन रास्ते में आ रही लगातार बाधाओं ने उसके हौसले पस्त नहीं किए थे, बल्कि जितनी बड़ी बाधा उसके सामने आती उसका विश्वास और मजबूत हो रहा था। उस विश्वास के सहारे कुछ कर गुजरने की चाहत मन में संजोए मैरी रिंग में उतरने की तैयारी करने लगी।

मैरी के लिए अमरीका जैसे देश का शहर देखना एक सुंदर सपना देखने से कम नहीं था। जैसा कि उसका अनुमान था, पेनसिलविनिया उससे कहीं ज्यादा ठंडा, लेकिन सुंदर था। अपने जीवन में उसने कभी सोचा भी नहीं था कि वह कभी कांगाथेई से इतनी दूर भी जाएगी। भारतीय महिला बॉक्सिंग टीम के वहाँ पहुँचने से पहले ही अन्य टीमें पहुँचकर प्रतियोगिता से जुड़े नियमों को पूरा कर चुकी थीं। भारतीय महिला टीम के साथ मैरी भी एयरपोर्ट से खिलाड़ियों के विश्रामस्थल की ओर चल पड़ी। रास्ते भर

वह सड़कों की रौनक और ऊँची-ऊँची बिल्डिंगें देखने में खोई रही। हालाँकि जेट लैग होने के कारण वह बहुत थक गई थी। उनकी उड़ान भारत से सुबह शुरू हुई थी और वे अमरीका पहुँचे भी सुबह को ही थे। सौभाग्य से मैरी का उस दिन कोई भी मैच नहीं था, इसलिए उसे एक दिन आराम का मौका मिल गया, लेकिन उसके साथ गई कुछ खिलाड़िनें इतनी सौभाग्यशाली नहीं थीं। इसलिए उन्हें मैच के लिए तैयार होकर जल्दी से जाना पड़ा था।

मैरी आराम करना चाहती थी, इसलिए सबसे पहले नहाने का फैसला करके वह बाथरूम में गई। वहाँ एक बड़ा सा बाथटब देखकर वह वापिस कमरे में आ गई। उसने तो कांगाथेई क्या, इंफाल में भी कभी बाथटब में स्नान नहीं किया था, लेकिन नहाना तो था ही, इसलिए वह फिर बाथरूम में गई और फिर से बाथरूम में जाकर सबकुछ बारीकी से देखा। वहाँ दो नल थे। एक नल पर एच शब्द लाल रंग में लिखा हुआ था और दूसरे पर सी नीले रंग में। मैरी समझ गई कि एच का अर्थ हॉट और सी का अर्थ कोल्ड है। उसने एच वाले नल को खोल दिया और वह वापिस कमरे में आ गई। जब वह वापिस बाथरूम में पानी देखने गई तो उसने पाया कि पानी केवल हलका गुनगुना ही था। मैरी को समझ नहीं आया कि माजरा क्या है? किसी से कुछ पूछने में उसे शर्म आ रही थी। इसलिए उस ठिठुरती ठंड में मैरी गुनगुने पानी से ही जल्दी-जल्दी नहा गई।

पूरा आराम मिलने से अगले दिन जब मैरी का मुकाबला अपनी प्रतिद्वंद्वी से हुआ तो वह पूरे आत्मविश्वास के साथ उस पर टूट पड़ी। 48 किलोग्राम वर्ग में खेलनेवाली मैरी के अलावा भारतीय खेमे की अन्य खिलाड़ी वैसा करिश्मा नहीं दिखा पाई थीं, जैसा कि मैरी ने पहले ही राउंड में दिखाया था। क्वार्टर फाइनल में मैरी पोलैंड की खिलाड़ी नाड़िया होकमी से भिड़ी थी। उसके मुक्कों ने नाड़िया को बुरी तरह से घेर लिया था। उसकी दयनीय हालत देखकर रेफरी ने मैच को रोक दिया, क्योंकि उसे लगा कि नाड़िया मैरी के मुक्कों से बुरी तरह घायल हो सकती है। नाड़िया होकमी को पिछाड़कर मैरी ने सेमीफाइनल में कनाडा की जेमी बहल को 21-9 से हरा दिया। रिंग में तो मैरी ने अपनी प्रतिद्वंद्वी को हरा दिया, लेकिन परदेसी चाल-चलन में वह पीछे हो रही थी।

घर से बाहर परदेस में रहते हुए मैरी के साथ छोटी-मोटी घटनाएँ

ऐसी हुईं, जो आम तौर पर घर से बाहर नई जगह पर जाने पर सबके साथ दिक्कत बनकर आती-ही-आती हैं। मसलन एक बार उसने गरम पानी के नल को गलत दिशा में खोल दिया, जिससे बहुत सारा गरम पानी उसके हाथ पर छिटक गया। बिजली के बल्व को बंद करने और ए.सी. को चलाने के लिए स्विच की दिशा का ज्ञान न होने पर वह पूरी रात जलते बल्व के साथ सोई। क्योंकि उसे कैसे बंद करते हैं, यह किसी से पूछने में शर्म आड़े आने के कारण उसने किसी से पूछा भी नहीं। ऐसा नहीं था कि ऐसी समस्याएँ केवल उसी के साथ आ रही थीं, लेकिन एक-दूसरे के सामने अपनी पोल न खुलने के डर से लड़कियों ने एक-दूसरे से अपनी परेशानियाँ साझा ही नहीं कीं। बाद में मैरी ने अपने कुछ वाकये सरिता देवी तथा जेनी के साथ साझा किए और जब उन सबको पता चला कि वे सभी ऐसी ही परेशानियों से घिरी थीं तो उन्हें बहुत हँसी आई।

फाइनल में मैरी के हौसले बुलंद थे, लेकिन फाइनल तक पहुँचते-पहुँचते उसकी भूख बिलकुल कम हो गई थी। पेनसिलवेनिया की आबोहवा मैरी को माफिक नहीं आ रही थी। इसलिए उसने खाना छोड़ दिया था, जिससे उसका वजन कम हो गया। फाइनल तक पहुँचते हुए उसका वजन दो किलो घट गया था। इसका खामियाजा उसे जल्दी ही भुगतना पड़ा। वह फाइनल में तुर्की की हुला साहीन से 13-5 से मात खा गई। मैरी के लिए यह हार बहुत बड़ी निराशा लेकर आई थी। वह अपने कमरे में जाकर फूट-फूटकर रोने लगी। वह अपने आप से कह रही थी कि उसे इसकी सजा मिलनी चाहिए, क्योंकि अमरीका की यात्रा करने से पहले उसकी टॉम्पा के साथ नोंक-झोंक हो गई थी। उस नोंक-झोंक के कारण मैरी को ऐसा लगता था कि वह अपने पिता को नाराज करके आई थी, इसीलिए वह स्वर्ण पदक पाने से चूक गई। पेनसिलवेनिया में मैरी को रजत पदक से संतोष करना पड़ा था। हालाँकि वहाँ जानेवाली भारतीय टीम में केवल मैरी ही रजत पदक जीत पाई थी। पर मैरी के लिए यह चैंपियनशिप किसी अन्य बॉक्सर की तुलना में एक बड़ी सजा थी।

जब मैरी अपने देश वापिस आने लगी तो उसे लगा कि वह वहाँ से अपने भाई-बहन के लिए कुछ लेकर जाए। लेकिन सारी चीजें महँगी होने के कारण उसने केवल कुछ कैंडी ही उनके लिए खरीदीं। वापिसी में उसने 2000 रुपए भी बचा लिये थे, जिन्हें उसने घर वापिस आकर टॉम्पा के हाथ में रख दिए। इस यात्रा में मैरी का अनुभव कुछ और बढ़ा था। वह पहली

महिला मुक्केबाज थी, जिसने विश्व महिला मुक्केबाजी प्रतियोगिता में रजत पदक हासिल किया था। वह जानती थी कि महिला मुक्केबाजी अभी देश के लिए एक नया खेल है, जिसमें सब ओर से वाहवाही मिलना कठिन था, इसलिए वापिसी पर अपने ही देश में समाचार पत्रों या न्यूज-चैनलों में उसकी उपलब्धि को ज्यादा तवज्जो न दिए जाने के कारण उसका मन थोड़ा दुःखी हुआ, लेकिन दिल्ली एयरपोर्ट पर कॉम-रेम स्टूडेंट यूनियन और कॉम समाज के अन्य सदस्यों ने मैरी का बहुत गर्मजोशी से स्वागत किया, तो यह सम्मान पाकर मैरी बहुत खुश हो गई और इंफाल में तो बाकायदा उसका स्वागत ढोल-नगाड़ों के बीच फूलों की मालाएँ पहनाकर हुआ। पूरे शहर में जुलूस की शक्ल में उसके प्रशंसक उसे घुमाते हुए ले गए। फिर हाथ-के-हाथ लेंगोल के सरकारी क्वाट्र्स में एक सम्मान समारोह किया गया। मैरी की उपलब्धि की प्रशंसा करते हुए सभी ने उसका उत्साहवर्धन किया। मैरी को परंपरागत शॉल ओढ़ाकर सम्मानित किया गया और मैरी के लिए सबसे बड़ा सम्मान सर इबोमचा की ओर से दिया गया। एक बड़े उत्सव के रूप में वह दिन मैरी के जीवन का यादगार बन गया था।

कॉम समाज के लिए मैरी अब सम्मान का विषय बन चुकी थी। वह अब अंतरराष्ट्रीय स्तर की खिलाड़ी बन चुकी थी। कॉम जनजाति में इस प्रकार का सम्मान पानेवाला कोई पहला व्यक्ति, वह भी एक महिला हो तो चर्चा होना स्वाभाविक ही था। कुछ हजार लोगोंवाले कॉम समुदाय की बेटी कहलवाना मैरी के लिए गर्व की बात थी। वह चाहती थी कि वह अपने छोटे से जनजातीय समुदाय को पूरे देश में सम्मान दिलवाए। मैरी की इस उपलब्धि के कारण धीरे-धीरे देश भी कॉम जनजाति के सामाजिक नियमों और आचार-व्यवहार को जानने लगा था।

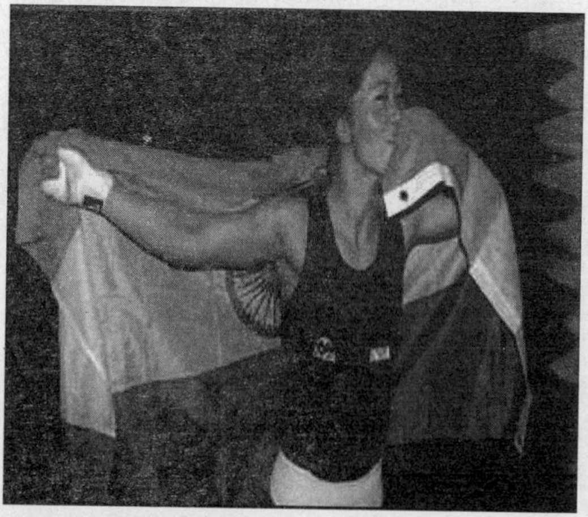

एखम और टॉम्पा भी अपनी लाडली से

मिलने के लिए बेकरार थे। इसलिए उसके इंफाल आने की खबर पाकर एखम ने अपनी बहन से कुछ पैसे उधार लिया और एक गाड़ी किराए पर लेकर पूरे परिवार को इंफाल साथ ले आईं। पूरा परिवार मैरी की इस उपलब्धि को लेकर खासे जोश में था। उन सबमें एखम का जोश तो देखते ही बनता था। उनकी खुशी को देखकर उस समय मैरी को कांगाथेई छोड़ इंफाल आने का अपना निर्णय सही लगा। उसके परिवार के त्याग और बलिदान के बदले जो सम्मान और प्रेम मिलना चाहिए था, वह आज मिल रहा था।

मैरी को मिले इस पदक ने एकाएक उसकी आर्थिक स्थिति को तब सुधार दिया था, जब खेल मंत्रालय ने मैरी को 9 लाख रुपए का नकद इनाम देने की घोषणा की। मैरी को लगा कि जैसे एकाएक उसकी सारी समस्याओं का अंत हो गया है। लेकिन वह 9 लाख रुपए मिलने में पूरा एक साल लगा। अंततः उसे दिल्ली में बी.जे.पी. नेता उमा भारती द्वारा यह राशि एक सम्मान समारोह में चेक द्वारा दी गई।

उस राशि से मैरी ने एक धान के खेत को खरीदने का पहला काम किया, क्योंकि वह नहीं चाहती थी कि उसके कृषिप्रधान समाज में उसके अपा अब एक भूमिहीन किसान की तरह रहें। मैरी ने बाकी की राशि अपने भाई और बहन की शिक्षा के लिए बचत करके रख दी, क्योंकि माता-पिता के साथ उन्होंने भी मैरी के सपनों को साकार करने में अपना योगदान दिया था। हालाँकि चेक के द्वारा मिली वह राशि मैरी की उपलब्धि के लिए उसे दिया गया था, लेकिन मैरी यह मानती थी कि उस चेक पर केवल उसी का हक नहीं है, बल्कि उसके परिवार का भी है। अपने सभी कोचों को धन्यवाद देते हुए उन नौ लाख रुपयों में से मैरी यह मणिपुर एम्योच्योर बॉक्सिंग एकेडमी को भी कुछ राशि दिए। मणिपुर में अब मैरी के नाम की धूम थी।

मैरी ने उसी राशि में से अपने लिए एक एक्टिवा भी खरीदी। अब वह अपनी इस टू-व्हीलर पर आसानी से कहीं भी आ-जा सकती थी। हालाँकि जब वह एक्टिवा खरीदने जा रही थी, तो एखम ने उसे उसके सपने के बारे में याद दिलाया और उसे पल्सर खरीदने की बात याद दिलाकर हँसा दिया। पुराने मजाक को याद करके मैरी ने हँसकर एखम से कहा, ''माँ, अब तो मैं पल्सर पर अच्छा नहीं लगूँगा। मेरे लिए एक राजसी सवारी चाहिए, जो कि एक्टिवा से बढ़िया और कोई नहीं है।'' उसकी इस बात को सुनकर सभी ने जोरदार ठहाका लगाया।

उन सभी को खुश देखकर मैरी को न जाने क्यों ऑनलेर की याद आ गई। दिल्ली एयरपोर्ट में सभी लोगों के साथ उसका स्वागत करते हुए ऑनलेर का मुँह कुछ अधिक उल्लासित था। ऐसा लग रहा था कि चैंपियनशिप मैरी ने नहीं, बल्कि खुद ऑनलेर ने जीती हो। मैरी ने उस वक्त भी उसका दिल से शुक्रिया किया था, जिसके कारण उसका अमेरिका जाना संभव हो पाया था, लेकिन कांगाथेई में रहते हुए, परिवारजनों के बीच रहते हुए अचानक उसे दिल्ली में पढ़ाई कर रहे ऑनलेर की याद अचानक क्यों आई, यह मैरी समझ नहीं पाई।

□

सपनों का संसार

घर से दो साल दूर रहते हुए मैरी का पढ़ाई से जब से नाता टूटा था, उसकी दुनिया खेलों में ही सिमट गई थी। सोते-जागते, उठते-बैठते बस जैसे बॉक्सिंग का खेल मैरी की साँसों में बस गया था। अपने माता-पिता और भाई-बहनों के अलावा उसके कोई इतना करीब नहीं था, जिसे वह अपने संघर्ष का साक्षी बना पाती। कई बार उसे अपने संघर्ष के समय यही महसूस होता कि काश कोई तो होता, जो उसे इस वक्त सहारा दे सकता। अपने खेल की ऊँचाइयों को पाने के लिए जिस अभ्यास में मैरी लगी हुई थी, उसमें उसे इतना भी वक्त नहीं मिला कि वह क्रिसमस जैसे त्योहार को भी अपने परिवार के साथ मना सके। तब भी उसके साथ उसकी बॉक्सिंग की दुनिया के दोस्त ही साथ होते थे और वे सब एक साथ त्योहार मनाते थे। अपनी पढ़ाई बीच में ही छोड़ देने से मैरी को एक कठिनाई हिंदी और अंग्रेजी बोलने में भी आती थी। वह केवल मणिपुरी और कॉम भाषा ही समझ पाती थी। इसलिए भाषा के संप्रेषण के समय वह बहुत सावधान रहती और कम बोलने की कोशिश करती। ऐसे में उसकी जान-पहचान भी एक सीमित दायरे में सिमटी हुई थी।

सन् 2000 में ऑनलेर दिल्ली कॉम-रेम स्टूडेंट यूनियन का अध्यक्ष था। दक्षिणी दिल्ली में मुनिरका जैसी जगह पर एक किराए का कमरा लेकर ऑनलेर कानून की पढ़ाई कर रहा था। दक्षिणी दिल्ली के इस हिस्से में मणिपुर से आए कई विद्यार्थी पढ़ाई करने या फिर कोई नौकरी करने के लिए किराए का कमरा लेकर रहते हैं। अपने घर से दूर इन युवाओं को भाषा, पहनावे, संस्कृति और रूप-रंग को लेकर जिन दिक्कतों का सामना करना पड़ता है, उसके लिए जरूरी है कि वे एकजुट होकर रहें। इसलिए कॉम-रेम स्टूडेंट यूनियन का गठन किया गया था। ऑनलेर पर पूर्वोत्तर राज्य से पढ़ाई करने दिल्ली गए युवाओं के कल्याण

की जिम्मेदारी थी। इसलिए दिल्ली में रह रहे कई युवा उसके संपर्क में थे। सन् 2000 में इंफाल से मैरी के अंकल सोन्बोई ने जब हिसार कैंप में मैरी को पैसे भेजने चाहे तो उन्होंने ऑनलेर से ही संपर्क किया। तब कैंप में ऑनलेर अपने एक मित्र के साथ पैसे लेकर पहुँचा। रिसेप्शन से जब मैरी को सूचना दी गई कि दिल्ली से कोई उससे मिलने आया है तो मैरी सूचना पाकर हैरान हो गई। क्योंकि वह तो दिल्ली में किसी को नहीं जानती थी। फिर ऑनलेर से जब उसका मिलना हुआ, तो भी मैरी ने उससे बहुत कम बातचीत की थी। उस समय तो उसकी मन:स्थिति ही कुछ और थी। लेकिन उस घटना के बाद दोनों में संपर्क बना रहा, क्योंकि ऑनलेर जाते हुए मैरी से कहा था कि वह उसके संपर्क में रहे और कभी भी कोई मदद की जरूरत हो तो उससे जरूर कहे।

हिसार कैंप से जब मैरी को ब्रेक मिला तो मैरी ने कांगाथेई जाने की तैयारियाँ शुरू की। तभी उसे ऑनलेर की याद आई। मैरी को लगा कि वह ऑनलेर द्वारा किए अहसान का बदला चुकाने के लिए कुछ तो कर ही सकती है। इसलिए जब उसने ऑनलेर को यह बताने के लिए फोन किया कि वह मणिपुर जा रही है, साथ-ही-साथ उसने यह भी पूछा कि मणिपुर से उसे कुछ मँगवाना तो नहीं है? मैरी की ओर से अचानक किए उस फोन से ऑनलेर अचरज में पड़ गया, लेकिन उसे अच्छा लगा कि मैरी इतने दिनों के बाद अपने घर जा रही है और जाते हुए वह उसे नहीं भूली। उसने मैरी से कहा कि उसे जो पसंद है, वह उसके लिए ला सकती है। मणिपुर से मैरी जब वापिस कैंप आई तो ऑनलेर को देने के लिए घर का बना नाश्ता और सूखी मछलियाँ थीं, जिसे किसी के हाथ मैरी ने उसके मुनिरकावाले घर में भिजवा दिया। इसके बाद फोन द्वारा वे दोनों अकसर बातें करने लगे। ऑनलेर ने मैरी को भी एक प्रकार से मणिपुर स्टूडेंट यूनियन की जिम्मेदारी से जोड़ लिया था, क्योंकि जब भी उसे समय मिलता वह मैरी को यूनियन और उसके कार्यकलापों के बारे में बताता रहता। अभी तक मैरी के मित्रों का दायरा केवल बॉक्सिंग तक ही सिमटा हुआ था, लेकिन ऑनलेर के आने से मैरी का वह दायरा विस्तार पाने लगा था।

उसके बाद मैरी के पासपोर्ट खोने पर तो उनकी दोस्ती में और ज्यादा निकटता आ गई। जब तक मणिपुर से मैरी का पासपोर्ट बनकर उसके हाथ में नहीं आया, तब तक ऑनलेर इंफाल में अंकल सोन्बोई के संपर्क में बना रहा। मैरी के हाथ में उसका पासपोर्ट आने पर मैरी अपने दिल में उसका सम्मान करने लगी थी। दोनों के बीच अब ऐसा रिश्ता तो बन ही गया था, जिसमें मैरी

अपनी परेशानियों के बारे में ऑनलेर से खुलकर बातचीत करने लगी थी। अपने परिवार की माली हालत के बारे में मैरी ने ऑनलेर को वह सब बताया, जो अभी तक उसने कभी किसी से साझा नहीं किया था। अपने माता-पिता की जी-तोड़ मेहनत के बारे में बताते हुए एक दिन भावुक होकर मैरी ने ऑनलेर को बताया कि छोटी-छोटी रकम भेजने के लिए भी कभी-कभी उसके माता-पिता उसके भाई-बहन की फीस स्कूल में न देकर उसे भेज देते हैं, जिसके कारण उन दोनों को कई बार कक्षा से बाहर खड़ा होना पड़ता है और कभी-कभी तो परीक्षा में भी नहीं बैठने दिया गया।

ऑनलेर खुद फुटबॉल का अच्छा खिलाड़ी था। इसलिए वह जीवन में खेल के महत्त्व को जानता था। उसने मैरी को अपने सीमित साधनों में से पैसों की बचत करने के रास्ते सुझाए। दिल्ली में कैंप लगने पर मैरी की ऑनलेर से ही नहीं, उसके दोस्तों से भी मुलाकात हो जाती थी। उसके दोस्तों में बेन्हुर, पॉल और अहेओ और उसका चचेरा भाई बोइटे के अलावा कई अन्य युवक थे और उन सभी से उसका अच्छा परिचय हो गया। फिर तो खेल प्रतियोगिताओं के लिए जब-जब दिल्ली जाना होता उन सभी से मैरी की मुलाकात हो ही जाती थी या दिल्ली से होकर गुजरना भी पड़ता तो कोई-न-कोई रेलवे स्टेशन पर उससे मिलने जरूर आता। ऑनलेर और उसके दोस्तों की कंपनी में मैरी को घर की याद कम आती थी।

पेनसिलवेनिया से वापिस आने के बाद तो मैरी और ऑनलेर की दोस्ती और प्रगाढ़ हो गई। एयरपोर्ट पर ऑनलेर का उत्साह देखते ही बनता था। मैरी ने महसूस किया था कि ऑनलेर का वह उत्साह एक शुभचिंतक की भाँति ही निश्छल था। ऑनलेर द्वारा उसका खयाल रखना मैरी को अच्छा लगता था। वह मैरी का भावनात्मक सहारा बन चुका था।

खेल को आगे बढ़ाने के लिए चल रहे प्रशिक्षण शिविरों में मैरी को इतना समय नहीं मिलता था कि वह अपने सामाजिक दायरे में कहीं आना-जाना कर सके। केवल रविवार ही ऐसा दिन होता था, जब उसके पास कुछ वक्त होता, तब ऑनलेर और वह मिलते और दोस्तों या रिश्तेदारों के साथ घर पर ही खाना बनाकर खाते। उसी दौरान उनकी गपशप चलती रहती। उनकी भाषा में समानता होने से मैरी इधर-उधर की बातों के अलावा अपने परिवार, अपने काम, अपने भावनात्मक संघर्ष को ऑनलेर से आसानी से बाँट लेती थी। मैरी के व्यस्त शेड्यूल में वे पल उसे तनावरहित कर जाते। मैरी के कॅरियर के

उतार–चढ़ाव पर नजर रखनेवाला ऑनलेर अब मैरी को आसानी से कई सलाह देता, लेकिन ऐसा नहीं था कि सलाहों की जरूरत केवल मैरी को ही थी। मैरी से मिलने से पहले ऑनलेर का प्रेम सबंध जिससे था, उससे वह सबंध टूट चुका था, इसलिए ऑनलेर और मैरी के बीच उसके टूटे दिल की मरम्मत को लेकर कई बातें होतीं, जिसमें हँसी–मजाक के साथ गंभीर बातें भी होतीं। ऑनलेर की माँ का देहांत कुछ समय पहले ही हो गया था। इसलिए अधिकतर उसके मन में अपने परिवार के साथ ही रहने का खयाल आता था, लेकिन उसके पिताजी उसे उच्च शिक्षा लेने के लिए जोर डालते थे, इसलिए उसने एल.एल.बी. में अपना दाखिला करा लिया था।

मैरी और ऑनलेर के बीच एक भावनात्मक संबंध बन गया था और जाने–अनजाने में वे एक–दूसरे को वह सहारा दे देते थे, जिसकी मुसीबत पड़ने पर सबको जरूरत होती है। मैरी को इस बीच बहुत यात्राएँ करनी पड़ीं। खेल के साथ एक प्रांत से दूसरे प्रांत की ओर यात्रा करते हुए सारी चीजों में सामंजस्य बिठाना अब मैरी सीख गई थी। इस बीच मैरी ने राष्ट्रीय स्तर पर हुई दो–तीन प्रतियोगिताओं को जीत कर अपनी ही नहीं, महिला मुक्केबाजी को भी चर्चा में ला दिया। इसलिए सन् 2003 में जब राष्ट्रीय पुरस्कारों का ऐलान हुआ तो उसे भी अर्जुन पुरस्कार दिए जाने की घोषणा की गई। मैरी को ऐसा सम्मान दिए जाने की खबर मणिपुर के कॉम समाज के लिए अद्‌भुत खबर थी। टॉम्पा के पास उनकी लाडली की शादी के ऐसे प्रस्ताव आने लगे, जिनके बारे में उन्होंने कभी सोचा भी नहीं था। चढ़ते सूरज को सभी सलाम करते हैं, ऐसा सोचकर टॉम्पा ऐसा प्रस्ताव सुनकर हँस देते थे। दूसरी ओर मैरी के प्रशंसकों की सूची भी बहुत लंबी हो चुकी थी। आए दिन किसी–न–किसी की ओर से विवाह प्रस्ताव सुनकर मैरी असहज हो जाती थी। मैरी ने इस बारे में ऑनलेर से बात की।

ऑनलेर ने उससे एक ही बात पूछी, ''मैरी, क्या तुम शादी करना चाहती हो?''

मैरी ने एक पल के लिए सोचकर कहा, ''अभी नहीं करना चाहता।''

ऑनलेर ने उसे सलाह दी, ''ठीक है, अगर करना चाहती हो तो इन प्रस्तावों पर ध्यान दो, वरना मत दो।''

मैरी ने कहा, ''मैं केवल सन् 2012 के ओलंपिक की ओर ध्यान देना चाहता हूँ। उससे पहले मैंने शादी किया तो मुझे बॉक्सिंग छोड़ना पड़ेगा।''

ऑनेलर ने तुरंत कहा, "बॉक्सिंग छोड़ दोगी? यह क्या बात हुई? जिसके लिए तुम अपने जीवन के महत्त्वपूर्ण दिन लगा रही हो और चाहती हो कि एकदम टॉप पोजीशन पर रहो। उस पोजीशन को पा लेने के बाद बॉक्सिंग को छोड़ना कहाँ की अक्लमंदी है?"

मैरी को ऑनलेर की बात दमदार लगी। जिस मुकाम को पाने के लिए वह रोज छह से आठ घंटे दे रही थी, उसे पाकर वह आसानी से कैसे दूर जा सकेगी? ऐसा तो उसने अभी तक सोचा ही नहीं था। वह जानती थी कि बॉक्सिंग रिंग में उतरने के बाद प्रतिद्वंद्वी पर काबू पाने के लिए पहले अपने दिमाग पर काबू पाना जरूरी होता है। उसके लिए खिलाड़ी को अपने जीवन की हर उन बातों से ध्यान हटाना होता है, जो उसकी एकाग्रचित्तता को भंग कर सकते हैं। शादी के बाद वह ऐसा कैसे कर पाएगी? उस पर एक के बाद एक प्रतियोगिताओं में हिस्सा लेने के लिए लगातार सफर में रहने पर घर-परिवार की ओर नजर घुमाने के लिए वक्त कहाँ से निकल पाएगा? वैसे भी प्रतियोगिताओं का स्तर दिन-पर-दिन ऊँचा हो रहा था। जिससे उस स्तर को बनाए रखना भी कठिन होता है, जिस स्तर पर एक बार पहुँचा जा चुका है।

हालाँकि उसे यह नहीं पता था कि उस दौरान ऑनलेर उसके घर आनेवाले शादी के प्रस्तावों के बारे में बराबर खबर रखकर मन-ही-मन बड़ा परेशान था। मैरी उसके व्यवहार में बदलाव को महसूस कर रही थी। उधर ऑनलेर के मन में तरह-तरह के खयाल मँडराते, जैसे कि इतने सारे अच्छे प्रस्तावों के आने पर मैरी के माता-पिता कहीं सचमुच में शादी पक्की न कर दें और मैरी को मजबूरन विवाह बंधन में बँधना पड़े। या किसी ने मैरी पर काला जादू करके उसे अपने मोहपाश में फँसा लिया तो मैरी उससे शादी कर ही लेगी। यह बात उसने बिना लागलपेट के मैरी से कह भी दी, जिसे सुनकर मैरी को खूब हँसी आई। उसे हँसता देख ऑनलेर ने कहा, "क्यों तुम्हें मालूम नहीं कि कॉम समाज में एक से बढ़कर एक काला जादू करनेवाले हैं।"

मैरी ने हँसकर कहा, "बुद्धू...वे सब कहानियों की बातें हैं...भला आज कौन होगा जो काला जादू करता होगा।"

"तुम नहीं जानती", ऑनलेर बड़बड़ाया, "तुमने मोंइरांग, कांगाथेई और इंफाल देखा है। जरा मणिपुर के दूर-दराज में जाकर देखो।"

"मैं क्यों देखूँ?" मैरी ने हँसकर कहा।

"हाँ ठीक कहती हो...तुमको वह देखना भी नहीं चाहिए...तुम उधर जाना

भी मत ""नहीं तो सचमुच कोई तुम पर जादू कर ही देगा।'' ऑनलेर ने गंभीरता से कहा।

मैरी जानती थी कि ऑनलेर उसकी सुरक्षा के प्रति चिंतित है। अगर वह एक बेमेल शादी करती है, जिसमें उसका साथी उसके खेल को लेकर उसका कोई साथ नहीं देगा तो निश्चित तौर पर वह दुःखी रहेगी। 19 साल की मैरी वाकई बहुत मासूम और भोलीभाली थी। उसने जब से होश सँभाला था, बस खेल ही उसके तन-मन में बसा था। खेल के अलावा अन्य बातें सोचने के लिए उसके पास वक्त ही नहीं था। लेकिन वक्त के साथ उसने दुनिया की बुरी नजरों को भी समझना खूब सीख लिया था। उसे याद आया कि कुछ ही दिनों पहले मणिपुर प्रवास के दौरान जब वह पारंपरिक रैपराउंड ड्रेस पहनकर चर्च जा रही थी, तब सुनसान इलाके में रिक्शेवाला ने उसके साथ कुछ गलत करना चाहा, तो मैरी ने रिक्शेवाले के मुँह पर इतने जोरदार घूँसे मारे कि वह जमीन पर गिर गया। बाद में जब उसने इस घटना का जिक्र ऑनलेर से किया तो वह चिंतित होकर कह उठा, ''कहीं कोई तुमको चोट न पहुँचा दे।'' उसने इस बात पर गौर किया कि ऑनलेर और वह इतने समय में काफी करीब आ गए थे और वह उसके स्वभाव को पहचानने लगा था। उसका बॉक्सिंग की ओर रुझान और उस क्षेत्र में अपने स्थान को लेकर मैरी के सपनों को वह खूब जानता था। आखिर इतने दिनों से वे दोनों मैरी के सपनों को लेकर ही तो इतनी बातें किया करते थे, लेकिन अब ऑनलेर के स्वभाव में परिवर्तन आ रहा था, वह भी मैरी से

छुपा नहीं था। उसे लग रहा था कि ऑनलेर उससे अब दोस्ती से बढ़कर कुछ चाहता था। लेकिन वह मैरी से सीधे कुछ नहीं कह रहा था।

मैरी की एक दोस्त जेनी, जो मिजोरम की एक बॉक्सर थी, मैरी और ऑनलेर की अच्छी दोस्त थी। वे दोनों एक साथ एक ही कैंप में कई बार साथ रही थीं। एक दिन जेनी के पास ऑनलेर का फोन आया। उसने मैरी और जेनी को अपने घर खाने पर निमंत्रित किया। जैसे कि अकसर रविवार को ऑनलेर से मिलने जाना होता ही था, उसी प्रकार मैरी और जेनी इस बार भी मिलने गईं और अपनी पसंद के व्यंजन बनाकर खाए। भरपेट खाने के साथ हँसी-मजाक का दौर जब खत्म हुआ तो जेनी और मैरी कैंप की ओर चल पड़ीं। जब मैरी कैंप के हॉस्टल पहुँच गई तो ऑनलेर का फोन उसके पास आया। हालाँकि इतने समय में ऐसा कभी होता नहीं था कि ऑनलेर ने मैरी के हॉस्टल पहुँचने पर पलटकर फोन किया हो। मैरी ने सोचा कि हो सकता है वह कुछ चीज उसके घर छोड़ आई होगी, उसकी खबर देने के लिए उसने फोन किया हो।

उसने फोन उठाकर हैलो किया, तो उधर से ऑनलेर ने पूछा, ''तुम हॉस्टल सही सलामत पहुँच गई?''

''हाँ¨, रास्ते मे कोई काला जादू करनेवाला नहीं मिला।'' ऐसा कहकर मैरी हँस पड़ी, लेकिन उधर से उसे हँसने की कोई प्रतिक्रिया नहीं सुनाई दी तो उसने हँसना रोककर पूछा, ''क्या हुआ? कुछ कहना है?'' उधर से उसे कोई जवाब नहीं आया तो उसने फिर पूछा, ''ऑनलेर, तुम्हें कुछ कहना है?''

''हाँ, मैं तुमसे कुछ कहना चाहता हूँ मैरी।'' ऑनलेर ने बहुत धीरे स्वर में कहा।

''तो कहो न¨कहने में इतनी देर क्यों लगा रहे हो?'' मैरी ने बैचेन होकर कहा। लेकिन फोन के दूसरी ओर अभी भी चुप्पी छाई हुई थी। ''ओहो ऑनलेर ¨क्या बात है¨जो कहना है कहो न¨मैं सुन रही हूँ।'' मैरी समझ गई थी कि आज ऑनलेर उससे अपने प्रेम का इजहार करना चाहता है। यह सोचकर उसके चेहरे पर शर्मिली मुसकान छा गई। मैरी फोन के दूसरी ओर इंतजार में थी कि उसके कान प्रेम के तीन जादुई शब्द मैं तुमसे प्यार करता हूँ¨ऑनलेर के स्वर में सुने, इसलिए वह भी खामोश हो गई थी। कुछ देर के इंतजार के बाद ऑनलेर का गंभीर स्वर उभरा, ''मैरी, मैं समझता हूँ कि मैं तुमसे जो कहना चाहता हूँ, वह मेरे जोर से न कहने पर भी तुम जानती हो।'' इसके बाद उसने फोन रख दिया। मैरी आश्चर्यचकित रह गई। जीवन में पहली बार किसी ने

उससे प्रेम निवेदन किया था, वह भी फोन पर बिना कुछ कहे।

बहरहाल दोनों एक-दूसरे की दिल की बात समझ चुके थे। इसलिए दोनों के नजरिए में बदलाव आने से व्यवहार में बदलाव तो आना ही था। मैरी अब ऑनलेर से बातचीत करने से भी बचने लगी और उसने ऐसा बहुत दिनों तक जब किया तो हारकर ऑनलेर ने जेनी को फोन करके मैरी के हालचाल जाने और दोनों को दोपहर के खाने पर निमंत्रण दिया। मैरी और ऑनलेर के बीच के तनाव को जाननेवाली जेनी ने वह निमंत्रण स्वीकार कर लिया। मैरी नहीं जाना चाहती थी, लेकिन जेनी के जोर देने पर वह राजी हो गई। इतने दिनों बाद ऑनलेर से सामना होने की बात सोच-सोच कर मैरी परेशान थी। जैसे-जैसे वह उसके घर के करीब पहुँच रही थी, उसके दिल की धड़कनें बढ़ रही थीं। जब दोनों का आमना-सामना हुआ तो हमेशा चहकनेवाली मैरी बेहद खामोश थी। उस दिन जैसे जेनी ही उन दोनों की ओर से बात कर रही थी। खाने के बाद जेनी और मैरी जब चलने की तैयारी करने लगे तो ऑनलेर ने मौका देखकर मैरी से फुसफुसाकर कहा, ''प्लीज'''मेरे प्रस्ताव पर एक बार सोचना जरूर।''

ऑनलेर की बात ने उसे यह सोचने पर मजबूर किया कि क्या ऑनलेर उसके लिए अच्छा जीवनसाथी साबित होगा? वह जानती थी कि ऑनलेर जितनी अच्छी तरह उसके बॉक्सिंग प्रेम को समझता है, उतना कोई और नहीं समझ सकेगा। उसकी पारिवारिक पृष्ठभूमि भी ऑनलेर से छुपी नहीं थी, जबकि उसके पिता सम्यूलामलान गाँव के मुखिया थे। वह मैरी से ज्यादा परिपक्व था और जिम्मेदार भी। दिल्ली जैसे शहर में मणिपुरी समाज के कई युवा उससे आकर सलाह और मदद लिया करते थे, यह मैरी ने अपनी आँखों से कई बार देखा था। ऑनलेर एक स्पष्टवादी और सीधी बात कहनेवाला युवक था। वह जो बात कहता, उससे ज्यादा करने पर विश्वास रखता था। शायद मैरी को उसकी यही आदत सबसे ज्यादा पसंद थी। फिर इन सबमें सबसे बड़ी बात थी कि वह उसी की तरह कॉम जाति का था। उसे यकीन था कि कम-से-कम टॉम्पा इस बात पर तो शादी के लिए न नहीं कहेंगे। इसके अलावा उसे और क्या चाहिए? हॉस्टल आकर मैरी की आँखों में चलचित्र की तरह सभी अच्छे-बुरे पल गुजरने लगे। बॉक्सिंग प्रतियोगिताओं से पहले उसे प्रशिक्षण देनेवाले सभी कोच की बातें उसके कानों में गूँजने लगीं। मैरी की समझ में नहीं आ रहा था कि वह क्या निर्णय ले।

एक दिन अचानक हॉस्टल में ऑनलेर आया। मैरी को उसके यूँ अचानक

चले आने से आश्चर्य नहीं हुआ, इसलिए जब उसने बाहर चलकर चाय पीने का प्रस्ताव रखा तो मैरी उसके साथ चल पड़ी। रास्ते में चलते हुए ऑनलेर ने मैरी से कहा, ''मैरी, तुमने क्या सोचा मेरे बारे में?''

''कुछ नहीं, मैं बहुत कन्फ्यूज हूँ...लेकिन मैं इतना जानता हूँ कि मैं बॉक्सिंग नहीं छोड़ सकता।'' मैरी ने जवाब दिया।

ऑनलेर ने उसकी बात सुनकर कहा, ''सुनो...मैं चाहता हूँ कि मैं तुम्हारे कॅरियर को सुरक्षित रख सकूँ। यही कारण है कि मैंने तुम्हारे सामने शादी का प्रस्ताव रखा।'' हालाँकि मैरी ने कुछ नहीं कहा, लेकिन उसकी चुप्पी को ऑनलेर ने उसकी हामी समझकर कहा, ''मैं तुम्हारे अपा-इमा से मिलना चाहता हूँ। अगर मैंने उनसे तुम्हारा हाथ माँगा तो क्या वे मुझे स्वीकार करेंगे? क्या वे मेरे जैसे लड़के के साथ अपनी बेटी की शादी करना चाहेंगे?'' वह एक के बाद एक सवाल दागता जा रहा था, जिसे सुनकर मैरी को लगा कि उसे अपने अपा और इमा से ऑनलेर को मिलवाना ही होगा। इसी के साथ वह एक दोस्ती के संबंध को वैवाहिक संबंध में ढालने के लिए खुद को तैयार करने लगी। उसे लग रहा था कि वह शादी जैसे जीवन भर चलनेवाले वादे को निभा भी पाएगी या नहीं। वह अपने कॅरियर के शीर्ष पर जाकर शादी करने की गलती तो नहीं कर रही है? दूसरी ओर उसे लग रहा था कि उसके कॅरियर को बखूबी समझनेवाला ऑनलेर जैसा जीवनसाथी उसे और कहीं नहीं मिल सकता, जो उसे भावनात्मक संरक्षण देने के साथ-साथ जीवन के हर कदम पर डटकर खड़ा हो सकता है।

मैरी ने ऑनलेर से सीधे प्रश्न किया, ''तुम मुझे शादी के बाद भी बॉक्सिंग करने दोगे?''

ऑनलेर ने मैरी का हाथ अपने हाथ में लेकर कहा, ''यह मेरा वादा है कि मैं तुम्हारे कॅरियर और तुम्हारे बीच कभी नहीं आऊँगा।''

''तो फिर मैं तुम्हें अपने अपा से मिलवाऊँगा।'' मैरी यह कहकर हॉस्टल वापिस आ गई। उधर ऑनलेर ने अपने पिता से यह खबर साझा करने के लिए फोन किया।

''लड़की कौन है?'' उसके पिता ने पूछताछ शुरू की तो उन्हें जवाब मिला, ''लड़की बॉक्सर है, मैरी कॉम...''

''अरे, वह कांगाथेई के टॉम्पा कॉम की बेटी?'' ऑनलेर के पिता रेखुपथंग करंग ने उत्सुकता से पूछा।

''जी...''ऑनलेर ने धड़कते दिल से जवाब दिया।

"मैं उसके दादा को जानता हूँ और तुम्हारी माँ उसके दादा लेरपू कॉम की नजदीकी रिश्तेदार थी।"

"तो क्या आपको रिश्ता पसंद है अपा।"

"नहीं, बिलकुल नहीं...देखो, शादी बराबरीवालों से की जाती है। और मैं मानता हूँ कि लड़की अपने साथ अपने मायके का दुर्भाग्य साथ लेकर आती है।" ऑनलेर समझ गया कि उसके पिता उसके इस रिश्ते से खुश नहीं हैं।

उसने मैरी के अपा-इमा से मिलने की सोची। लेकिन मैरी जानती थी कि उसके अपा ऑनलेर से मिलना पसंद नहीं करेंगे। बॉक्सिंग में नाम कमाने के अलावा उसने जो पैसा कमाया था, उससे उसके घर की आर्थिक स्थिति भी सुधरी थी। जिसके कारण टॉम्पा अब उसकी बॉक्सिंग से खुश थे। अब वे मैरी को अपने खेल में ही ध्यान लगाने की बात कहते थे। भले ही ऑनलेर मैरी को आगे खेलने के लिए मना नहीं करने का वचन दे चुका था, लेकिन शादी के बाद वह बॉक्सिंग करके अपने परिवार को सहारा तो नहीं दे सकती थी। इसलिए भी मैरी को लगता था कि उसकी शादी के लिए टॉम्पा सीधे-सीधे तैयार न होंगे। उसके परिवारवाले नहीं जानते थे कि वह और ऑनलेर एक-दूसरे को सन् 2001 से जानते थे। मैरी के मन की बात सच ही निकली। टॉम्पा ने ऑनलेर से मिलने से ही इनकार कर दिया और मैरी को सख्त ताकीद की कि वह भी ऑनलेर से दूर रहकर अपनी बॉक्सिंग पर ध्यान दे। मैरी को पता चला तो उन्होंने इस बीच उसके लिए आनेवाले सारे शादी के प्रस्तावों को न कह दिया था।

घरवालों की न होने के कारण उन दोनों ने इंतजार करने की ठानी, लेकिन अपने रिश्ते के चार साल होने पर सन् 2004 में उन दोनों ने फैसला किया कि वे मणिपुर जाएँगे और ऑनलेर पहले मैरी के अपा-इमा से मिलेगा, उसके बाद वह अपने अपा से बात करेगा। मैरी ने अपने घर में सूचना दे दी थी कि ऑनलेर वहाँ आ रहा है। ऑनलेर ने सम्यूलामलान से मोइरांग के लिए बस ली और वहाँ से पैदल ही चलकर दो-ढाई किलोमीटर दूर कांगाथेई में स्थित मैरी के घर पहुँचा। मैरी की माँ ने उसका स्वागत किया, लेकिन उसे गुस्से भरी नजरों से ही देखते हुए टॉम्पा ने पूछा, "कौन हो तुम?"

"मैं आनलेर...सम्यूलामलान गाँव के मुखिया रेखुपथंग करोंग का बेटा...।" ऑनलेर ने अपना परिचय एक साँस में दिया।

"तुम मेरी बेटी के साथ शादी करना चाहते हो? ऐसा करके उसका कॅरियर खत्म करना चाहते हो?"

"जी, मैं ऐसा कुछ भी नहीं करना चाहता।"

"तो उसे क्यों परेशान कर रहे हो? उसे अभी बहुत बॉक्सिंग करनी है, नाम कमाना है, पैसा कमाना है...ये सब शादी करने से उसे नहीं मिलनेवाला।" ऑनलेर समझ गया कि टॉम्पा उसके आने से खुश नहीं हैं। उन्होंने ऑनलेर को एक बार नजर भरकर देखा भी नहीं...बस अपनी ही धुन में कहे जा रहे थे, "मेरी बेटी का पीछा छोड़ दो...अगर तुम उसकी मदद नहीं कर सकते, बहुत हैं जो उसकी मदद कर सकते हैं।" ऑनलेर उनके शांत होने तक चुपचाप बैठा रहा। वह जानता था कि टॉम्पा एक बेटी के पिता हैं, जो उसके भविष्य की सुरक्षा को लेकर चिंतित तो हैं ही, साथ ही उसकी महत्त्वाकांक्षाओं को लेकर भी सजग हैं, इसलिए ऑनलेर ने उनके शांत होने तक का इंतजार किया। जब वे चुप हुए तो ऑनलेर ने उनको अपनी बात कही, लेकिन टॉम्पा ने उसकी एक न सुनी, बल्कि उसे ठंडे स्वर में यह भी कह दिया कि वह अपने परिवार के किसी सदस्य को उनके पास बातचीत के लिए भविष्य में न भेजे। एखम टॉम्पा के इस व्यवहार से बहुत नाखुश हुई थीं। खुद मैरी टॉम्पा के उस व्यवहार से हैरान थी। ऑनलेर को छोड़ने के लिए घर से थोड़ी दूर तक मैरी और एखम गए, तब ऑनलेर ने एखम से एक बार फिर विनती की, "इमा, उन्हें आप समझाइए न...उन्हें बताइए कि मैरी के प्रति मेरा प्रेम सच्चा है, मैं मैरी को बॉक्सिंग करने दूँगा। उसकी खुशी में ही मेरी खुशी है।"

उसकी विनती सुनकर एखम ने उसे आश्वासन देते हुए कहा, "मैं उनको समझाऊँगी...आप अपने परिवारजनों को जल्दी ही भेजना।"

एखम के आश्वासन देने से ऑनलेर को कुछ चैन मिला और वह कुछ शांत होकर सम्यूलामलान वापिस आ गया। जिस लड़की का हाथ लड़के के परिवारवाले अपने लड़के के लिए माँगने उसके घर जाते हैं, मणिपुर के पारंपरिक तौर-तरीकों के अनुसार वे उस लड़की के घर में जाकर चाय बनाते हैं। शादी का दिन निर्धारित होनेवाले दिन तक चाय बनाने का कार्यक्रम तीन बार किया जाता है। पहली चाय पार्टी में केवल लड़के के माता-पिता ही लड़की के घर आते हैं और उनके हाथों से बनी चाय लड़कीवाले पी लेते हैं तो रिश्ता पक्का समझा जाता है। ऑनलेर ने अपने घर जाकर अपने पिता को समझाया तो वे मान गए और उसके मामाजी के साथ मैरी के घर पहली मुलाकात के लिए बड़ी गर्मजोशी से आए, लेकिन टॉम्पा ने उनको अपने घर में घुसने भी नहीं दिया। उनका ऐसा अपमान देखकर मैरी को बहुत दुःख हुआ और टॉम्पा का बचपना

देखकर बहुत गुस्सा आया। गुस्से में उसने घर छोड़ दिया और मोइरांग अपनी सहेली के घर जाकर रहने लगी। टॉम्पा और एखम ने उसे सब जगह ढूँढ़ा, लेकिन वह उनको नहीं मिली, जिससे वे घबरा गए। एखम ने हारकर ऑनलेर को फोन किया। मैरी के गायब होने की बात सुनकर ऑनलेर कांगाथेई दौड़ा चला आया। सारी बात जानकर उसने एक स्कूटर किसी से माँगा और मोइरांग की ओर चल पड़ा। उसे पता था कि मैरी मोइरांग में अपनी किस सहेली के यहाँ गई होगी, लेकिन वह उस घर के अंदर नहीं जा सका तो उसने किसी के हाथ संदेश भिजवाया, ''मैरी, घर लौट जाओ।'' मैरी को यह संदेश देने के बाद ऑनलेर अपनी बहन के पास इंफाल चला गया।

मैरी को वह संदेश मिलने पर वह कांगाथेई लौट गई, लेकिन वह अपने घर में और रहना नहीं चाहती थी। इसलिए अगले दिन सुबह उसने कुछ जरूरी

चीजों के साथ घर छोड़ दिया और वह भी इंफाल चली गई। ऑनलेर के इंफाल में मिलने पर टॉम्पा से नाराज मैरी ने ऑनलेर से कहा, ''मेरे अपा को हमारी शादी से दिक्कत है तो हम दोनों उनके राजी होने का अब और इंतजार नहीं करेंगे। हम शादी करके दिल्ली चले चलते हैं।'' मैरी की बात सुनकर ऑनलेर ने उसे समझाते हुए कहा, ''मैरी, तुम अपने घर में सबसे बड़ी हो। तुम ऐसा नहीं कर सकती। हालाँकि मैं अपने घर में सबसे छोटा हूँ। लेकिन हम ऐसा कोई भी काम नहीं करेंगे, जिससे हमारे परिवारों की बदनामी हो।'' ऑनलेर ने मैरी को आश्वासन दिया कि वह फिर से टॉम्पा से बात करेगा।

एखम जानती थीं कि ऑनलेर इंफाल में है, इसलिए मैरी के घर से चले जाने पर वे उसे लेने के लिए इंफाल ही आईं, क्योंकि वे जानती थीं कि मैरी ऑनलेर के पास ही जाएगी, लेकिन मैरी घर वापिस जाने के लिए तैयार नहीं थी। अगले दिन मैरी ने ऑनलेर को फिर से घर छोड़कर शादी करने के लिए कहा, लेकिन ऑनलेर ने साफ-साफ ऐसा करने से मना कर दिया। वे दिन मैरी के लिए बड़े कठिन थे। उस दौरान उसका भावनात्मक संघर्ष चरम स्थिति पर था।

उधर टॉम्पा को एखम सारी बातें बताती रही थीं। मैरी की जिद और ऑनलेर का धीरज दोनों के बारे में टॉम्पा सुन रहे थे, जिसका उन पर सकारात्मक प्रभाव पड़ा। ऑनेलर को लेकर उनके दिल में जो गुस्सा था, वह अब धीरे-धीरे खत्म होने लगा था। वे मैरी के प्रति ऑनलेर की सच्ची भावनाओं को समझ रहे थे। वे ये भी जानते थे कि मैरी की नाराजगी तभी खत्म होगी, जब वे ऑनलेर को अपनाएँगे। बच्चों की प्रेम की शक्ति के आगे उन्होंने अपने हथियार डाल दिए और ऑनलेर के घर संदेश भेजकर चाय पार्टी करने का निमंत्रण दिया, जिसे ऑनलेर के पिता ने सहर्ष स्वीकार कर लिया।

निश्चित दिन पर रेखुपथंग करोंग अपने दो-तीन रिश्तेदारों के साथ मैरी के घर आए। इस समय टॉम्पा और एखम ने उनके द्वारा बनाई चाय को खुशी-खुशी पी लिया। दूसरी बार रेखुपथंग करोंग अपने कुछ बुजुर्ग और सम्मानित रिश्तेदारों के साथ आए और उन्होंने चाय बनाई। नवंबर 2004 को होनेवाली तीसरी मीटिंग सबसे महत्त्वपूर्ण थी, क्योंकि कॉम समाज में जैसा रिवाज है, उसी के अनुसार रेखुपथंग अपने साथ मिठाइयाँ और अन्य खाने का सामान लेकर आए और उस दिन अच्छी-खासी संख्या में लोगों ने मिल-जुलकर इस अवसर पर खुशी मनाई। देखा जाए तो यह समारोह सार्वजनिक रूप से सगाई की घोषणा थी। उस दिन

शादी का दिन भी तय किया गया–12 मार्च, 2005।

कॉम समाज के रिवाज के अनुसार शादी के समय लड़केवाले वधू पक्ष को उनके द्वारा माँगी गई राशि देते हैं, ज्यादातर लड़कीवाले बैलों की जोड़ी, या कुछ धनराशि इस अवसर पर लेते हैं। मैरी के अन्य रिश्तेदार सोचते थे कि टॉम्पा अपनी बेटी के बदले में अच्छी–खासी राशि लड़केवालों से लेंगे, लेकिन मैरी के मामले में ऐसा कुछ नहीं हुआ। टॉम्पा ने केवल अपने और एखम के लिए कपड़ों की माँग रखकर सबके मुँह पर ताले जड़ दिए। उनके ऐसा करने पर कुछ रिश्तेदारों ने जब पूछा तो टॉम्पा ने यही कहा कि उनके बच्चों की शादी हो रही है, इसलिए वे चाहते हैं कि वे प्रेम और प्रसन्नता से जीवन जिएँ। उनके कारण दो परिवारों के बीच परस्पर सद्भाव बना रहे, मैं बस इतना ही चाहता हूँ।

शादी से पहले पड़नेवाला त्योहार क्रिसमस ही था, जो अपने माता–पिता, भाई–बहनों के साथ मैरी मना रही थी। हालाँकि मैरी की मेहनत ने घर के रहन–सहन पर असर डाला था, लेकिन टॉम्पा और एखम अभी भी मेहनत के काम से पीछे नहीं हटते थे। खुंफ्रे और सिंगलनेई हाई स्कूल में पहुँच चुके थे, अतः वे समझते थे कि मैरी अब जल्दी ही घर से चली जाएगी। इसलिए उस क्रिसमस को सारी रात उन्होंने गाँव के दोस्तों ओर रिश्तेदारों के साथ नाच–गाकर बिताई। आग के चारों ओर घेरा बनाकर गीत गाना और हँसी–मजाक करते हुए जो समय मैरी ने उस दिन बिताया, वह उसके जीवन में यादगार पल बनकर अंकित हो गया।

शादी के केवल दो ही महीने बाकी थे। मैरी अपनी शादी को बहुत विशिष्ट बनाना चाहती थी। शादी के लिए वेडिंग गाउन कैसा हो, यह वह नहीं जानती थी, क्योंकि उसे तो केवल स्पोर्ट्स वियर के फैशन का ही पता था। उसे पता चला कि शादी का वेडिंग गाउन इंफाल से ज्यादा दिल्ली में सुंदर, वैरायटी में मिल सकता है, तो उसने दिल्ली से ही अपना वेडिंग गाउन खरीदा। कॉम जाति के रिवाज के मुताबिक शादी लड़के के घर में ही की जाती है। आधुनिक दौर में मणिपुर में भी रीति–रिवाजों में बदलाव आए हैं, इसलिए शादी के एक या दो दिन पहले होनेवाली वधू को ब्राइडल–शॉवर या सैंड ऑफ पार्टी दी जाती है। मैरी के घर में भी ऐसा ही कुछ 11 मार्च को किया गया। घर में सभी रिश्तेदार इकट्ठा थे। सभी ने उसे अपने–अपने संस्मरण साझा करने के लिए कहा, तब मैरी अपने परिवार, माता–पिता और रिश्तेदारों को धन्यवाद देते हुए भावुक हो गई। वह फूट–फूट कर रो पड़ी।

टॉम्पा और एखम ने मैरी की शादी में देने के लिए कुछ सामान खरीदा था। मैरी ने खुद भी कुछ शॉल और सारान्ग ऑनलेर के परिवारजनों के लिए खरीदे थे। उसके दूसरी ओर ऑनलेर ने भी मैरी के परिवारजनों के लिए उपहार खरीदे थे। दोनों के परिवार के बीच प्रेम सद्भाव पैदा हो रहा था।

इंफाल के सबसे बड़े चर्च मणिपुर बैपटिस्ट कन्वेंशन चर्च में 12 मार्च को मैरी की शादी हुई। जीवनभर एक-दूसरे का साथ निभाने का वादा करके दोनों अंततः विवाह-बंधन में बँध ही गए। जीवन के हर उत्सव में भोज के बाद गीत गाने और नाचने की प्रथा हर जनजातियों की प्रथा है। ऑनलेर और मैरी के सम्यूलामलान लौटने पर भी ऐसा ही जश्न मनाया गया।

मैरी ने उन दिनों बॉक्सिंग से कुछ दिन दूर रहने का फैसला किया था। वह अपने नए घर, परिवार में रचना-बसना चाहती थी। सम्यूलामलान उसके लिए एक नया गाँव था, लेकिन अपने एक महीने के निवास के दौरान उसने घर के सभी लोगों का मन जीत लिया। सभी उससे बहुत प्रेम करने लगे। ऑनलेर के संयुक्त परिवार ने उसका दिन खोलकर स्वागत किया। ऑनलेर के छोटे भाई सोन्जनेरेग और उसकी पत्नी लामानेइकिम के अलावा उसके पिता तथा बहन मैरी को कोई काम नहीं करने देते।

ऑनलेर के पिता रेखुपथंग को मैरी के आराम का बहुत खयाल रहता। यहाँ तक कि वे सुबह जल्दी उठने पर मैरी को न उठाकर ऑनलेर को ही आवाज देकर उठाते। उनकी पुकार सुनकर ऑनलेर मजाक में मैरी को छेड़कर कहता, ''मैरी उठो, ...तुम एक लड़की हो और अब किसी के घर की बहू भी। तुम्हें तो घर में सबसे पहले उठना चाहिए।''

रेखुपथंग ने ऑनलेर को ऐसा कहते हुए सुना तो उन्होंने ऑनलेर को मीठी झिड़की देते हुए कहा, ''ऑन...उसे सोने दो...उसे आराम की जरूरत है। तुम उठ जाओ। वैसे भी उसे घर में रहने का कुछ ही दिनों का मौका मिला है। उसे परेशान मत करो।''

मैरी रेखुपथंग के प्रेमपूर्ण व्यवहार के कारण अपने नए परिवार में बहुत जल्दी रच-बस गई। एक महीने के बाद इंफाल लौटने के बाद मणिपुर सरकार ने नेशनल गेम्स विलेज में एक घर मैरी को अलॉट कर दिया था। सन् 1999 में नेशनल गेम्स में भाग लेनेवाले खिलाड़ियों के लिए इस विलेज को बनाया गया था। जब तक उस नए घर में सफेदी और मरम्मत का काम हुआ, तब तक मैरी और ऑनलेर ने किराए के घर में अपनी नई जिंदगी की शुरुआत की। मैरी यही सोचकर खुश थी कि उसकी लगातार चलनेवाली यात्राओं से पहले उसे

इतना समय मिल गया था कि वह अपने घर को सजा-सँवार सकी थी। हालाँकि एखम को जीवन जीने के सलीकेदार तरीके नहीं पता थे, लेकिन फिर भी उन्होंने मैरी को घर चलाने के छोटे-छोटे उपायों के गुर बताए थे।

जिंदगी के वे चार महीने कितनी जल्दी गुजरे, पता ही नहीं चला। एशियन बॉक्सिंग चैंपियनशिप और वर्ल्ड चैंपियनशिप प्रतियोगिताओं के दिन करीब आ चुके थे। ऑनलेर अपनी जुबान पर कायम था, इसलिए वह मैरी को उसके पहले कैंप में छोड़ने के लिए टिकट बुक करवा आया और एक पति-पत्नी की तरह यात्रा करने में मैरी को बहुत आनंद आया। हालाँकि जब उससे विदा लेने का वक्त आया तो मैरी का दिल भर आया। इसके बाद मैरी के एक कैंप से दूसरे कैंप के चक्कर लगने आरंभ हो गए।

ऑनलेर शुरुआत से ही जानता था कि उनकी शादी एक आम शादी की तरह नहीं है। जहाँ एक पत्नी ज्यादातर घर से दूर रहे, उस घर को उसके बिना कैसे चलाया जा सकता है? हमारे समाज में घर चलाने की जिम्मेदारी पत्नी की ही होती है, चाहे उसका कोई भी कॅरियर हो। सामाजिक गतिविधियाँ हों या घरेलू गतिविधियाँ, एक पत्नी की जिम्मेदारी होती है कि वह उनको बखूबी चलाए। लेकिन मैरी के न रहने पर शादी-ब्याह हो या किसी का मृत्यु-भोज, उसमें ऑनलेर को ही शामिल होना पड़ता था। वह सारी समस्याओं को खुद ही देखता था, यानी कि वह मैरी को उन सारी दिक्कतों से दूर रखता, जो उसके कॅरियर के आड़े आ सकती थीं।

उस लॉन्ग-डिस्टेंस मैरिज में एक मोबाइल ही ऐसा सहारा था, जो उन दोनों के बीच सेतु बना हुआ था। जब मैरी घर को याद करती तो ऑनलेर अपनी मीठी और प्रेम भरी बातों से उसका उत्साहवर्धन करके फिर से जोश भर देता। मैरी के जानकारों में अकसर ऑनलेर और मैरी का एक-दूसरे पर विश्वास करना चर्चा का विषय बन गया था। उधर मैरी पूरी दुनिया में जगह-जगह यात्रा करते हुए कई तरह के लोगों के संपर्क में थी, लेकिन ऑनलेर ने कभी उसकी ईमानदारी पर शक नहीं किया। क्योंकि वह जानता था कि मैरी के लिए शादी एक पवित्र रिश्ता है, जिसे सच्चाई से निभाना बहुत जरूरी है। लोग ऑनलेर को मैरी के पति की पहचान से जानते थे, लेकिन मैरी को पता था कि उसकी सफलता के पीछे ऑनलेर ही है। एक बॉक्सर के कॅरियर को खत्म न होने देने के पीछे ऑनलेर ही था और कोई नहीं।

□

बैक टू पैवेलियन

पेनसिलवेनिया में रजत पदक जीतने के बाद मणिपुर सरकार के द्वारा दिए इनाम से मैरी के परिवार की कुछ हद तक सहायता हो पाई थी, लेकिन बचपन का सपना था कि वह सरकारी नौकरी करे, जिससे उसका भविष्य सुरक्षित रहे और उसे हर महीने एक सुनिश्चित रकम मिलती रहे। कुछ जीवन बीमा पॉलिसी के अलावा मैरी के पास बचत के नाम पर कुछ भी नहीं था। आगे खेलने के लिए उसे निरंतर यात्राएँ करनी पड़ती थीं, जिसमें काफी पैसा खर्च हो रहा था। उस पर एक खिलाड़ी का कार्यकाल बहुत छोटा होने के कारण भी उसे अपने भविष्य को लेकर बहुत चिंता रहती है। इसलिए मैरी भी उसी चिंता के कारण चाहती थी कि सरकार उसकी उपलब्धियों का इनाम उसे एक अच्छी सी नौकरी के रूप में दे दे। उसने इसके लिए हरियाणा जाकर भी अपनी किस्मत आजमाई, लेकिन वहाँ उसका चयन नहीं हुआ, लेकिन उनकी राज्य सरकार ने उसके दो पदकों के बदले कांस्टेबल की नौकरी देने का पैगाम जरूर उस तक पहुँचा दिया। स्वर्ण और रजत पदक लानेवाली मैरी को कांस्टेबल के पद की स्वीकृति देना गरिमायुक्त नहीं लगा, इसलिए उसने उस नौकरी के प्रस्ताव को ठुकरा दिया। सन् 2005 में मैरी ने तीसरा विश्व कप चैंपियनशिप में भी स्वर्ण पदक जीता तो मैरी को सब इंस्पेक्टर की नौकरी का प्रस्ताव भेजा गया। मैरी ने उस पद को स्वीकार कर लिया। उसे इस नौकरी की सख्त जरूरत भी थी। सन् 2005 में मैरी को ऑनलेर के साथ वह सबकुछ मिल गया, जिसका सपना वह बरसों से देख रही थी।

अपनी इस नौकरी में मैरी को रोज-रोज ऑफिस जाना नहीं पड़ता था। वह कभी-कभार ही ऑफिस जा पाती थी, क्योंकि खेल के सिलसिले में वह लगातार शहर से बाहर ही रहती थी, अगर उसे कोई छुट्टी लेनी होती थी तो

वह जानकारी देकर छुट्टी ले लेती थी। उसे अपनी इस नौकरी में पहला वेतन 15000 रु. का मिला तो उसने संतोष की साँस ली कि कम-से-कम अब वह अपने कई खर्च बेझिझक कर सकेगी।

सन् 2005 में एशियाई ओलंपिक परिषद् (ओ.सी.ए.) ने ओलंपिक समिति से प्रेरित होकर एशियाई खेलों में महिला मुक्केबाजी को शामिल करने का फैसला किया, जिससे महिला मुक्केबाज भी उस वर्ष नवंबर में चीन के ग्वाँगझू में होनेवाले 16वें एशियाई खेलों में शिरकत कर सकती थीं। ओलंपिक खेलों के बाद दुनिया के सबसे बड़े एशियाई खेलों का आयोजन 26 सितंबर से 2 अक्तूबर तक किया जानेवाला था, जिसमें 42 विभिन्न खेलों की 476 स्पर्धाओं में 14000 एथलीट भाग लेनेवाले थे। अंतरराष्ट्रीय ओलंपिक समिति (आई.ओ.सी.) ने अगस्त 2004 में ही महिला मुक्केबाजी को सन् 2012 ओलंपिक में शामिल करने का निर्णय कर लिया था। एशियाई खेलों में भी ओलंपिक की तरह महिला तीन वर्ग लाइटवेट (48 से 51 कि.ग्रा.), लाइटवेट (57 से 60 कि.ग्रा.) और मिडिलवेट (69 से 75 कि.ग्रा.) प्रतियोगिता होनेवाली थी, तब भारतीय मुक्केबाजी महासंघ (आई.बी.एफ.)के महासचिव पी.के.एम. राजा थे, उनके अनुसार यह बढ़िया कदम था। आई.बी.एफ. इस अभियान में सबसे आगे था, बल्कि आई.बी.एफ. ने तो नई दिल्ली में होनेवाले राष्ट्रमंडल खेलों के महासंघ से भी इसे शामिल करने के लिए कहा था, लेकिन ऐसा नहीं हो सका। इससे

हमारे देश की महिला मुक्केबाज ओलंपिक के अलावा एशियाई खेलों में भाग लेकर पदकों की संख्या में इजाफा कर सकती थीं, जिनका प्रदर्शन हमेशा सराहनीय रहा था। महिला मुक्केबाजों को अच्छी ट्रेनिंग देने के लिए आई.बी.एफ. विदेशी कोच लाने की योजना भी बना रहा था, लेकिन इसमें सबसे बड़ी समस्या धन की थी। बीजिंग में ए.आई.बी.ए. की रैफरी ऐंड जज कमिशन बैठक के दौरान रूस के पी.के.एम. राजा जब वासिले फिलिमोनोव से मिले तो उन्होंने उन्हें महिलाओं को ट्रेनिंग देने के लिए आमंत्रित किया। हालाँकि वे काफी महँगे थे, लेकिन पी.के.एम. राजा ने उन्हें कुछ दिन की ट्रेनिंग के लिए बुला ही लिया। वे बढ़िया कोच हैं। उन्होंने इटली की टीम के साथ दो साल काम किया था और टीम को शिकागो विश्व चैंपियनशिप में पाँच पदक भी दिलाए थे। बीजिंग में उनकी टीम ने तीन पदक जीते, जिसमें दो स्वर्ण और एक रजत था। धनराशि इसमें सबसे बड़ी समस्या है, लेकिन महिला मुक्केबाजों को अगर इस ट्रेनिंग से फायदा मिलता तो पी.के.एम. राजा ने आश्वासन दिया कि वे इस संबंध में खेल मंत्रालय से बात करके उन्हें रखने की कोशिश करेंगे। भारतीय मुक्केबाजों ने मई से तैयारियाँ शुरू कर दी थीं और कजाकिस्तान में एशियाई चैंपियनशिप में शिरकत करने में जुट गईं। इसके बाद सितंबर में पोडोलस्क में विश्व चैंपियनशिप होनेवाली थी।

पूरा देश इस बात से आशंकित था कि विश्वविजेता बनकर दो बार पदक लानेवाली मैरी इस बार विजेता बनेगी या नहीं। शादी के बाद महिलाओं का कॅरियर ढलान पर ही जाता है। यह ऐसी सोच है, जो अच्छी-खासी महिला के आत्मविश्वास को डिगा सकती है। मैरी को भी उसके सभी जानकार, रिश्तेदार यह याद दिलाना नहीं भूलते थे कि उसकी शादी हो चुकी है, इसलिए अब वह अपने खेल का प्रदर्शन उतनी अच्छी तरह से नहीं कर पाएगी, लेकिन सन् 2005 में उसने रूस में पोडोलस्क में होनेवाली विश्व चैंपियनशिप में तीसरी विश्व बॉक्सिंग चैंपियनशिप में जीतकर सबका मुँह बंद कर दिया। एल. सरिता ने उस प्रतियोगिता में कांस्य पदक जीता था। इंफाल के एयरपोर्ट पर मैरी का एक हीरो की तरह स्वागत हुआ। बभाग्यचंद्रा ओपन एयर थिएटर में उसका भव्य स्वागत किया गया।

मैरी के हौसले बुलंद थे। उसने सन् 2005 की इस प्रतियोगिता को जीतने के बाद कई अंतराष्ट्रीय स्तर की प्रतियोगिताएँ ताइवान, डेनमार्क, वियतनाम में जीतीं। 18 से 23 नवंबर, 2006 तक होनेवाली चौथी विश्व महिला मुक्केबाजी

चैंपियनशिप की मेजबानी के लिए राजधानी दिल्ली का तालकटोरा इनडोर स्टेडियम तैयार हो गया था। इस चैंपियनशिप में दुनिया के 32 देशों की सर्वश्रेष्ठ 180 मुक्केबाज भाग लेनेवाली थीं। उल्लेखनीय है कि विश्व महिला मुक्केबाजी चैंपियनशिप का आयोजन भारत में पहली बार किया जा रहा था। चैंपियनशिप में 40 किलोग्राम से लेकर 86 किलोग्राम तक सभी 13 वजन वर्गों में मुकाबले होनेवाले थे। भारत चैंपियनशिप में गत तीन बार की विश्व चैंपियन एम.सी. मैरी कॉम (46 किलोग्राम) की अगुवाई में अपना 13 सदस्यीय दल उतार रहा था। भारत ने अपना अभियान हार के साथ शुरू किया, जिसमें प्रीति बेनीवाल की चुनौती यूरोपीय महिला चैंम्पियनशिप की रजत पदक विजेता कैरोलिना मिचलेंक ने धवस्त कर दी। अपने पहले आधिकारिक टूर्नामेंट में हिस्सा ले रहीं प्रीति को 48 किलोग्राम भार वर्ग में पोलैंड की मुक्केबाज ने 24-9 से हराया। राजधानी के तालकटोरा इनडोर स्टेडियम में प्रीति अनुभवी मिचलेंक के सामने पहले दौर में 1-9 से पीछे हो गईं और दूसरे दौर में यह अंतर पाटने की उनकी कोशिश कामयाब नहीं हो सकी। मिचलेंक के सटीक घूँसों का प्रीति के पास कोई जवाब ही नहीं दिख रहा था।

लेकिन उसके चौथे दिन इसी प्रतियोगिता में मैरी ने रोमानिया की स्टेल्यूटा डुटा को 22-7 से धूल चटाकर चौथी विश्व चैंपियनशिप जीती और रिंग में ही मणिपुरी लोकनृत्य करके अपनी उपलब्ध्धि का जश्न मनाया। मैरी ने तभी हाल में वीनस कप फाइनल में भी डुटा को हराया था, इसलिए वह बहुत खुश थी

और उस खुशी को बयान करने के लिए उसके पास कोई शब्द नहीं थे। मैरी ने जिस समय यह प्रतियोगिता जीती, उस समय कफ और बुखार से पीड़ित थी, लेकिन मैरी ने कोई दवाई नहीं ली थी, बल्कि अपनी इच्छाशक्ति से उस चैंपियनशिप को जीता था।

वह दवाई नहीं ले सकती थी। क्योंकि वह नहीं चाहती थी कि उसके द्वारा ली गई दवा से कोई भी नकारात्मक परिणाम आ जाएँ। कई एथलीट तो डोपिंग के चक्कर में फँस जाते हैं, क्योंकि वे दवाइयों के रिएक्शन का प्रभाव नहीं जान पाते हैं। हालाँकि यह कोच की जिम्मेदारी ही होती है कि वे खिलाड़ियों को मार्गदर्शन दें कि कौन सी दवाई ली जाए और कौन सी नहीं। मैरी अपने कॅरियर में कोई भी व्यवधान नहीं चाहती थी, इसलिए उसने दवाई न लेने का फैसला किया था और उसी बुखार में अपनी प्रतिद्वंद्वी को अच्छी मात दी। मीडिया में इसकी खबर आने के बाद सबने मैरी की इच्छाशक्ति की सराहना की।

बॉक्सिंग की रानी और मैंग्नीफिसेंट मैरी के नाम से मशहूर मैरी के नाम पर लैंगोल गेम्स विलेज में एक सड़क का नाम मैरी कॉम रोड रखने का प्रस्ताव दिया गया। कोई सरकारी घोषणा होने से पूर्व ही पूरी शान-शौकत से इस सड़क का नाम रखा गया।

अपने ही देश में चौथी बार विश्व चैंपियन बनी मैरी को खुशी इस बात की थी कि उसने आनलेर, उसके पिता रेखुपथंग और अन्य रिश्तेदारों के सामने यह जीत पाई थी। टॉम्पा उस समय भी दिल्ली नहीं आ पाए थे, लेकिन एखम आई थीं। मैरी उस टूर्नामेंट के बाद ऑनलेर के पिता और एखम के साथ दिल्ली भ्रमण पर भी गई थी। मैरी के लिए वह एक यादगार ट्रिप था, क्योंकि उसके थोड़े दिन बाद ही ऑनलेर के पिता की मृत्यु हो गई।

ऑनलेर के पिता रेखुपथंग की अचानक मृत्यु सबके लिए सदमा थी, क्योंकि उनकी प्राकृतिक मृत्यु नहीं थी, बल्कि वे मणिपुर में सुलग रहे आतंकवाद के शिकार हुए थे।

□

मणिपुर और आतंकवाद

वह 11 जुलाई, 2004 की सुबह थी, जब रेडियो ओर टी.वी. पर खबरें आने लगीं कि मणिपुर के इंफाल पूर्वी जिले के लफैरॉक मारिंग में 32 वर्षीय थंगजाम मनोरमा देवी की गोलियों से छलनी लाश मिली थी। उन्हें अर्द्धसैनिक बल असम राइफल्स द्वारा उनके घर बामोन कांपू माइ लेकाई से उठाया गया था और बलात्कार के बाद उनकी हत्या कर दी गई थी। उन्हें शक था कि वे किसी भूमिगत अलगाववादी संगठन से जुड़ी हैं। सैन्य बलों ने देर रात मनोरमा के घर पर छापा मारा और उनके घरवालों को पूछताछ के दौरान बाहर रखा। उनसे 'गिरफ्तारी वारंट' पर हस्ताक्षर करवाए, जिससे कि 'गायब हो जाने' की संख्या न बढ़े और जवान मनोरमा को लेकर चले गए। बाद में उसी दिन मनोरमा की अर्द्धनग्न लाश पास के ही एक गाँव के करीब मिली। मनोरमा के शरीर में गोलियों के कई निशान थे। हत्या से पहले मनोरमा को प्रताड़ित किया गया था और उनके साथ बलात्कार किया गया था, क्योंकि उनके स्कर्ट पर वीर्य के दाग थे। मणिपुर में बड़े पैमाने पर इसके खिलाफ प्रदर्शन हुए और लोगों ने इसकी तत्काल जाँच और दोषियों को दंडित करने की माँग की।

मनोरमा के साथ बलात्कार और उनकी हत्या को लेकर सामूहिक गुस्से और सदमे का विश्वव्यापी असर तब हुआ, जब हमारे समय के सबसे जोरदार और स्तब्धकारी प्रदर्शन की रिपोर्ट मीडिया में आई। 15 जुलाई को मेइरा पाइबी की औरतों ने 17वीं असम राइफल्स के मुख्यालय के सामने स्वयं को निर्वस्त्र करके जिस बैनर के साथ प्रदर्शन किया उस पर लिखा था 'इंडियन आर्मी रेप अस' (भारतीय सेना हमारा बलात्कार करो)। मदर्स फ्रंट के रूप में जाने जानेवाले मेइरा पाइबी ने उन परिवारों की महिलाओं के लिए, जिनके परिवार के सदस्य गायब हो गए थे या गिरफ्तार थे, एक सहायता समूह बनाया था, जो बाद में

मानवाधिकारों के हनन के खिलाफ संघर्ष में भी शामिल हो गया। इस फ्रंट की महिलाएँ शीघ्र ही सशस्त्र सेना विशेष अधिकार कानून (आर्म्ड फोर्स स्पेशल पावर ऐक्ट) को हटाए जाने को लेकर चल रहे आंदोलन में भी शामिल हो गईं। मनोरमा की हत्या और बलात्कार का मामला फिलहाल सुप्रीम कोर्ट में लंबित है। सेना और केंद्र सरकार दोनों ही दंडित किए जाने से बचने के लिए सुप्रीम कोर्ट तक गए हैं, जबकि मणिपुर सरकार द्वारा इस मसले पर गठित की गई एक न्यायिक जाँच ने अर्द्धसैनिक बल के लोगों को दोषी पाया।

इस घटना के बाद वहाँ के निवासियों का सेना पर से भी विश्वास कम हो गया। पिछले कई वर्षों से मणिपुर में उग्रवादी दनदना रहे हैं, आज भी ऐसी ही स्थिति है। यूनाइटेड नेशनल लिबरेशन फ्रंट (यू.एन.एल.एफ.), पीपुल्स लिबरेशन आर्मी (पी.एल.ए.), प्रीपाक, कांग्लीपाक कम्युनिस्ट पार्टी (के.सी.पी.), के.वाई.के.एल. आदि दर्जन भर से अधिक आतंकवादी संगठनों के साथ चर्च व ईसाई, नागा आतंकवादी संगठन, इसलामी आतंकवादी संगठन तथा माओवादी–इन सबका यहाँ एक साझा संगठन बनता नजर आता है। इन सबके बीच समन्वय बैठाने में चर्च, इसलामी संगठन व माओवादी नेता अग्रणी भूमिका निभा रहे हैं। वे जहाँ, जैसी आवश्यकता होती है–स्वयं को कभी ईसाई बताते हैं, कभी मुसलमान बताते हैं तो कभी कम्युनिस्ट बताते हैं, इसलिए इनके अलग-अलग अनेक नाम हैं। इन विभिन्न उग्रवादियों से सीजफायर के क्षेत्र में बढ़ोतरी के कारण हालात और भी खराब हो गए हैं। सुदूरपूर्व को सहायता देने, सुधार करने, आर्थिक और सामाजिक दशा परिवर्तन के वादे तो हर वर्ष किए जाते हैं, परंतु उन पर अमल नहीं होता। बरसों से केंद्र और राज्य सरकारों द्वारा उपेक्षा के कारण मणिपुर में उभरनेवाली हिंसा से वहाँ के निवासियों की बहुत हानि हो चुकी थी और आज भी हो रही है। समाज का जो कोई व्यक्ति इनके खिलाफ बोलने का साहस करता है, उसको ये आतंकवादी सदा के लिए शांत कर देते हैं। सुख-शांति से रहने, स्वतंत्र विचार प्रकट करने तथा प्रदेश व देश के किसी भी कोने में विचरण करने के संवैधानिक मौलिक मानवाधिकार को मणिपुर में इन आतंकवादियों ने छीन लिया है। गत दो वर्षों में एक सौ हिंदीभाषियों की हत्या कर दी गई है। सैकड़ों स्थानीय मणिपुरी लोगों व मैतेई लोगों की हत्या इन आतंकवादियों ने कर दी है। मणिपुर का पूरा उद्योग-धंधा, कृषि व कल-कारखानों को इन विदेश पोषित उग्रवादियों ने नष्ट कर दिया है। यहाँ से गैर-मणिपुरियों के साथ-साथ स्थानीय मणिपुरियों का प्रतिभा पलायन हो रहा है। हजारों की

संख्या में मणिपुरी छात्र-छात्राएँ पढ़ने तथा रोजगार की तलाश में दक्षिण भारत में केरल, पश्चिम में राजस्थान व उत्तर में कश्मीर तक जा रहे हैं। यहाँ जो स्थान रिक्त हो रहे हैं वहाँ चर्च, मिशनरी स्कूल, मसजिद, मदरसा तथा माओवादी संगठनों की इकाई गठित होती जा रही है।

नागालैंड में यद्यपि सन् 2001 में ही एन.एस.सी.एन. (आई.एम.) तथा एन.एस.सी.एन. (खापलांग) का सेना व केंद्र सरकार के साथ संघर्ष-विराम समझौता हुआ था, जिसके अनुसार नागालैंड के भीतर निर्धारित शिविरों में ही उनको रहना है, शस्त्र लेकर बाहर निकलना मना है, किंतु नागा आतंकवादी अवैध शस्त्र लेकर चारों तरफ हिंसा, अपहरण तथा धन उगाही आज भी कर रहे हैं। मणिपुर व अरुणाचल प्रदेश में भी उन्होंने अपने अवैध शिविर बनाए हुए हैं। सेना ने कई नागाओं के घर से हथियारों का जखीरा पकड़ा है। नागा जासूसी तो करते ही हैं, लड़कियों को देह व्यापार के लिए बेचते, मादक द्रव्यों व हथियारों का अवैध व्यापार भी करते पकड़े जा रहे हैं। ईस्टर्न नागा पीपुल्स ऑर्गनाइजेशन (ई.एन.पी.ओ.) ने मोन, ट्वेनसाड़, लांग्ड्लेंग, किफिरे-इन चारों जिलों के कोन्याक, चाड़, फोम, यिमचुंगर खेमुंगन, साड़तम आदि छरू नागा जनजातियों के लिए नागालैंड से अलग सीमांत नागा राज्य की माँग की है। इस बीच उन्होंने मणिपुर में तैनात अर्द्धसैनिक बलों के प्रति छद्म युद्ध भी आरंभ

कर दिया, जिससे वहाँ के निवासी सेना के प्रति आक्रोश से भर उठें।

राज्य में सक्रिय 25 अलगाववादी गुटों से निपटने के लिए मणिपुर में कई दशकों से सेना तैनात है। सुरक्षाबलों को सशस्त्र बल विशेषाधिकार कानून के इस्तेमाल की छूट है, जिसके तहत उनके खिलाफ कोई कानूनी काररवाई नहीं हो सकती। मानवाधिकार संगठनों का आरोप है कि इस कानून की आड़ में कई मासूम फर्जी मुठभेड़ों में मारे गए हैं।

आफस्पा के विरोध का सबसे जाना-पहचाना चेहरा है इरोम शर्मिला। सन् 2000 में 28 साल की इरोम शर्मिला ने इस कानून को मणिपुर से हटाने की माँग के साथ अनशन शुरू किया। उन्हें तब आत्महत्या की कोशिश के आरोप में न्यायिक हिरासत में भेज दिया गया था। तब से इरोम न्यायिक हिरासत में हैं और उन्हें नाक में पाइप के जरिए जबरन खाना खिलाया जा रहा है। 14 साल से इरोम की माँग वहीं है और कानून भी अपनी जगह है।

यह और बात है कि लंबे समय से मणिपुर में और केंद्र में कांग्रेस की सरकार है, पर न हालात ऐसे हो पाए हैं कि सेना की तैनाती हटाई जाए और न ही सशस्त्र बल विशेषाधिकार कानून को हटाने पर सहमति बन पाई है।

आफस्पा का समर्थन करनेवालों का तर्क है कि सेना प्रभावी तरीके से अपना काम कर सके, इसके लिए जरूरी है कि उन पर नागरिक कानूनों की बंदिश न हो, क्योंकि सेना वैसे ही इलाकों में तैनात की जाती है, जहाँ युद्ध जैसी स्थिति हो।

बहरहाल सरकार और चरमपंथियों के बीच जो भी हो रहा है उसका खामियाजा मणिपुर की निरीह जनता को भरना पड़ रहा है। उसके ही क्रम में रेखुपथंग को अपनी जान देकर चुकानी पड़ी। मैरी को अपने खेल से इतना वक्त मिल गया था कि वह क्रिसमस मनाने के लिए सम्यूलामलान आ गई। ऑनलेर और उसने मिलकर बहुत प्रसन्नता और जोश से क्रिसमस मनाया तथा वे 27 दिसंबर को वापिस इंफाल लौट गए। इंफाल के अपने घर में बैठकर वे अभी चाय पी रहे थे कि सम्यूलामलान से उनके पास फोन आया। रेखुपथंग को किसी चरमपंथी ने अगवा कर लिया था। सर्दियों में घर को गरम रखनेवाले हीटर 'म्यफू' (स्थानीय मणिपुरी भाषा में हीटर को 'म्यफू' कहा जाता है) के लिए लकड़ियाँ लाने के लिए रेखुपथंग घर से थोड़ी सी दूर ही गए थे कि आस-पड़ोस वालों ने देखा कि उनके पीछे अपरिचित लोग भी चल रहे थे। इसके बाद उनको किसी ने नहीं देखा। शाम होने पर जब वे वापिस नहीं लौटे तो परिवारजनों

ने उनकी खोज शुरू की। गाँव में उस समय बिजली नहीं थी, इसलिए सूरज छिपते ही चारों ओर घना अंधकार पसर गया था। गाँववालों ने थोड़ी दूर तक उनका नाम पुकारते हुए खोजबीन की, लेकिन उसका कोई परिणाम नहीं निकला। गाँव से लगा हुआ घना जंगल था, जिसमें चरमपंथी आसानी से अपनी काररवाई को अंजाम देकर गायब हो सकते थे। वह रात गाँववालों ने अपने-अपने घरों में चिंता के साथ गुजार दी। अगली सुबह की पहली किरण फूटते ही रेखुपथंग की खोजबीन करने पर उनका शव जंगल में पड़ा मिल गया। ऑनलेर के परिवार में किसी को नहीं पता चला कि रेखुपथंग को मारनेवाले कौन थे? वे क्या चाहते थे? उन्होंने रेखुपथंग को क्यों मारा? जब तक मैरी और ऑनलेर इंफाल से गाँव पहुँचे, तब तक रेखुपथंग का शव मिल चुका था। दुःख और तनाव की लहर हर ओर महसूस की जा सकती थी। ऑनलेर के लिए यह घटना बहुत आघात पहुँचानेवाली थी। 2007 का नया साल मैरी और ऑनलेर के लिए वह दुःख लेकर आया था जिसकी क्षतिपूर्ति कोई भी नहीं कर सकता था। ऑनलेर के मन में अपने पिता की हत्या का बदला लेने की चिनगारी भड़क चुकी थी। मैरी के समझाने का उस पर कोई असर नहीं पड़ रहा था। कुछ दिनों तक गाँव में रहने के बाद मैरी और ऑनलेर इंफाल वापिस आ गए। ऑनलेर का दुःख अब तक गुस्से का रूप ले चुका था। उसकी भूख-प्यास और नींद भी कम हो गई थी। ऑनलेर का कहना था, "मैं आँख के बदले आँख। बाप के बदले बेटा को मारकर अपने पिता की हत्या का बदला लूँगा। मैं एक न एक दिन उस हत्यारे को खोज निकालूँगा और जिस दिन वह मेरे हत्थे चढ़ेगा, वह दिन उसका आखिरी दिन होगा।"

ऑनलेर के कुछ दोस्तों ने उसे .32 गन लेने में सहायता देने का वचन दिया था। ऑनलेर उस गन को लेने के लिए इसलिए उत्सुक था, क्योंकि उसी गन से उसके पिता की हत्या की गई थी, इसलिए वह पिता के हत्यारे को भी उसी गन की गोली से मारना चाहता था। मैरी उसे इन सबसे दूर रखना चाहती थी। वह जानती थी कि बदला लेना समस्या का अंत नहीं करेगा, बल्कि यह अनंत समस्याओं को जन्म देगा, लेकिन वह ऑनलेर को किसी भी प्रकार समझा नहीं पा रही थी। बदले का जुनून उसके सिर पर चढ़कर बोल रहा था। ऐसे में मैरी बॉक्सिंग के बारे में तो सोच भी नहीं सकती थी। उसके सामने सबसे बड़ी चुनौती अब ऑनलेर को सँभालने की थी।

□

रोशनी की किरण

हत्याकांड के बाद से इस दंपती के जीवन में प्रेम की जगह बदला ले रहा था। ऑनलेर के मन के भाव मैरी को कितना संताप दे रहे थे, ऑनलेर उस वक्त बेखबर था। उसे तो बस एक ही धुन सवार थी कि वह हत्यारों को ढूँढ़कर उनसे बदला लेगा। मैरी के दिमाग पर ये सारी बातें इस कदर छा गई थीं कि वह अपने स्वास्थ्य की ओर बिलकुल ध्यान नहीं दे रही थी। उसे उन दिनों कमजोरी और उल्टियाँ होने लगी थीं, जिसकी ओर वह कोई ध्यान न देकर रोजमर्रा के कामों में लगी रहती। एक दिन उसे उल्टियाँ करता देख ऑनलेर का ध्यान इस ओर गया, वह बिना देर किए उसे डॉक्टर के पास लेकर गया, तब मैरी को पता चला कि वह माँ बननेवाली है। उसके लिए यह खबर बहुत ही परेशान करनेवाली थी, क्योंकि उसे तो अभी अपने खेल पर ध्यान देना था। शादी के तुरंत बाद माँ बनने का खयाल तो उसके मन में था ही नहीं। उसने परेशान होकर सबसे पहले एखम को फोन किया। बॉक्सिंग का अभ्यास अपने मन से निकालकर अब मैरी ने अपने स्वास्थ्य की ओर ध्यान देना शुरू किया।

जीवन की इस नई आहट ने ऑनलेर के दिमाग में चल रही आँधी को रोक दिया। घने अँधेरे को चीरकर जैसे रोशनी का पुंज उसके जीवन को आह्लादित करने लगा था। उसके मन में उठी बदले की भावना अब शांत हो गई थी। उसने मैरी के बदन में अपने होनेवाले शिशु की साँसों को महसूस करके फिर से वही भाव अपना लिया था, जिसके लिए वह जाना जाता था। मैरी की माँ बनने की खबर ने उसके गुस्से को धोकर प्रसन्नता और आशा की किरण भर दी थी। जिन मित्रों ने ऑनलेर को बदला लेने में साथ देने के लिए वचन दिया था, वे भी उसके बदले हुए रूप को देखकर चुपचाप

अपनी-अपनी राह चले गए। मैरी के लिए यह राहत की बात थी।

मैरी ने इन सारी घटनाओं के बीच स्वयं को राहत देने के लिए एक और रास्ता निकाला था। वह था बागवानी करने का—अपने घर के पीछे खाली जमीन पर मैरी ने कुछ सब्जियाँ बोनी शुरू की थीं। खाली समय में उसे वहाँ काम करना बेहद सुकून देता था। उसकी मेहनत भी रंग ले आई थी। उसके किचन गार्डन में भी तरह-तरह की सब्जियाँ फलने लगी थीं। उसी में उसने एक कद्दू की बेल भी लगाई थी, जो काफी फैल गई थी। मैरी यह सोचकर खुश होती कि उस पर बहुत सारे कद्दू लगेंगे। लेकिन इतनी बड़ी बेल पर केवल दो ही कद्दू फले तो उसे बहुत आश्चर्य हुआ। उन कद्दुओं को देखकर ऑनलेर उससे मजाक करता, "देख लेना तुम्हारे भी ऐसे ही दो बच्चे होंगे, वह भी एक साथ।"

ऑनलेर के पिताजी जुड़वाँ भाइयों में से एक थे। इसलिए कभी-कभी

ऑनलेर मैरी से मजाक करता कि कहीं उसके भी जुड़वाँ बच्चे पैदा तो नहीं होंगे। मैरी एक मेडिकल चेकअप करवा आई थी और दूसरे मेडिकल चेकअप के लिए उसे छह महीने बाद डॉक्टर के पास जाना था। उसके पेट के बढ़े आकार को देखकर सभी हैरान होते थे और मैरी उनसे मजाक में कहती, "अरे हैरान क्यों हो रहे हो, मेरे पेट में जुड़वाँ बच्चे हैं तो पेट तो इतना बड़ा होना ही है।" कहने को तो मैरी ऐसा कह देती, लेकिन सच तो यह था कि दोनों पति-पत्नी यह सोचकर डरे हुए थे कि सचमुच जुड़वाँ बच्चे हो गए तो उनकी देखभाल कैसे होगी?

छह महीने होने पर मैरी का चेकअप होने पर डॉ. पूर्णिमा ने उन दोनों की आशंका को सच साबित कर दिया। जुड़वाँ बच्चों की छवि अल्ट्रासाउंड में देखने पर मैरी अनोखे अहसास में डूब गई। ऑनलेर को जब उसने यह खबर दी तो उसने यही कहा, "मैं बहुत खुश हूँ मैरी...मेरे अपा फिर से जन्म लेनेवाले हैं। हमारे घर उगनेवाले कद्दुओं ने हमारे बच्चों के आगमन की सूचना हमें पहले ही दे दी थी।"

जैसे-जैसे डिलीवरी का दिन नजदीक आने लगा, उन दोनों को सबसे बड़ी चिंता ही यही होती कि क्या मैरी की डिलीवरी सामान्य तरह से हो पाएगी। दो बच्चों के वजन के कारण मैरी का उठना, बैठना, सोना मुहाल हो रहा था। इसलिए जब बच्चों के जन्म की प्रक्रिया आरंभ हुई तो उसे पता भी नहीं चला। जब पीठ और कमर में असहनीय दर्द शुरू हुआ, तब तक रात हो चुकी थी। मैरी ने ऑनलेर को अपनी हालत बताई तो उनके पास सुबह तक इंतजार करने के अलावा और कोई चारा नहीं था। सुबह जल्दी-जल्दी वे डॉक्टर के पास गए तो मैरी की हालत देखते हुए डॉक्टर ने सीजेरियन ऑपरेशन करने का फैसला ले लिया। मैरी सीजेरियन ऑपरेशन के नाम पर बुरी तरह सहम गई। क्योंकि उसे लगता था सीजेरियन ऑपरेशन के बाद तो उसका बॉक्सिंग कॅरियर समाप्त ही हो जाएगा। उसे समझ में नहीं आ रहा था कि वह क्या करे? अपने बच्चों को बचाए या फिर अपने कॅरियर को बचाए। उसका ओलंपिक में जीतने का सपना क्या सपना ही बनकर रह जाएगा? मैरी के अस्पताल जाने की खबर उसके रिश्तेदारों को मिल गई थी, इसलिए सब अस्पताल में इकट्ठा थे। सभी ने एकमत होकर मैरी को कहा-

"जीवन खेल से बड़ा है, इसलिए बच्चों का जन्म होगा।" ऑनलेर की हामी भरने के बाद मैरी ऑपरेशन के लिए तैयार हो गई। 5 अगस्त, 2007 को

मैरी और ऑनलेर जुड़वाँ बेटों के माता-पिता बन गए।

बच्चों के जन्म के बाद रिश्तेदारों का आना-जाना और बच्चों की परवरिश में कब सुबह से रात हो जाती, दोनों को पता ही नहीं चलता था। यही नहीं, उनकी रातों की नींद भी अब बच्चों के नाम हो चुकी थी। शुरुआत से ही मैरी ने सोचा हुआ था कि चाहे उससे उसका रिंग में जाना टल जाए, लेकिन माँ बनने के बाद वह बच्चों को नहलाने, खिलाने, सुलाने का काम खुद ही करेगी। उसकी देखभाल को देखकर ऑनलेर अकसर उसे यह कहकर बड़ाई करता, "मुझे नहीं लगता था कि एक बॉक्सर माँ इतनी कोमलता और ममत्व से अपने बच्चों की परवरिश करेगी। लेकिन तुममें तो मुझे एक संपूर्ण माँ के दर्शन होते हैं।" अपनी बड़ाई से फूली हुई मैरी बच्चों की साज-सँभाल में रात होने तक बुरी तरह थककर चूर हो जाती थी, तब ऑनलेर उनको सँभालने का काम करता। रातभर वह बच्चों को दूध पिलाने, उनकी नैपी बदलने में लगा रहता, लेकिन वह बिना किसी शिकायत के प्रेम भाव से यह काम करता रहता।

धीरे-धीरे वह समय भी आ गया, जब बच्चों का नाम रखा जाना था। टॉम्पा को तो जैसे मनमाँगी मुराद मिल गई थी, जब मैरी ने कहा, "अपा, आप इन दोनों का कोई अच्छा सा नाम बताइए।"

उन्होंने कहा, "इन दोनों बच्चों का जन्म मैरी के विश्व चैंपियन बनने के बाद हुआ है, और मैं वर्ल्ड शब्द को भूलना नहीं चाहता, इसलिए मैं इनमें से एक का नाम वर्ल्डथांग और एक का नाम वर्ल्डचुंग रखता हूँ।" यह सुनते ही कमरे में हँसी की लहर दौड़ गई।

एखम ने हँसी रोकते हुए कहा, "भला ये भी कोई नाम हुए?"

"क्यों नहीं हो सकता?" टॉम्पा ने कहा, "भूल गई, हमारे गाँव के एक व्यक्ति ने जब अपने लिए नई साइकिल खरीदी थी और उसके बाद उसके यहाँ बेटा पैदा हुआ था तो उसने उसका नाम रखा था साइकिलथांग...मैंने तो उससे अच्छा ही नाम रखा है।" एक बार फिर उनकी बात सुनकर सब हँस पड़े।

मैरी ने कहा, "अपा, कोई अच्छा सा नाम बताइए...हमें तो इन दोनों के सुंदर से नाम रखने हैं।"

एखम ने मैरी की बात सुनकर कहा, "उनसे क्या कहती हो। मैं बताती हूँ...ऐसे नाम जो सबको पसंद आएँगे। इनमें से एक का नाम इनके दादाजी के

नाम पर रखो और एक का नाम नानाजी के..."

ऑनलेर को एखम का प्रस्ताव बहुत अच्छा लगा, तब कुछ मिनट बाद बड़े बच्चे का नाम रेखुपथंग के नाम पर रखा गया रेचुंग्वार और छोटे का नाम रखा गया पॉन्टीखुंप के नाम पर खुपेंवार। डिलीवरी के डेढ़ साल तक मैरी ने खुद को अपने बच्चों की देखभाल के लिए बॉक्सिंग रिंग से दूर कर लिया था। उस समय उसके बच्चों को उसकी जरूरत थी, लेकिन कभी वह अपने खेल को याद कर उदास होती तो ऑनलेर उससे पूछता कि बॉक्सिंग से रिटायरमेंट के बाद वह क्या करेगी?

मैं गरीब बच्चों को बॉक्सिंग सिखाऊँगी। मैरी तुरंत जवाब देती। ऑनलेर उसके इस विचार को बहुत सराहता और यह भी कहता कि अब उसे अपनी एकेडमी खोलने पर विचार करना चाहिए। सौभाग्यवश जिन दो सालों में मैरी रिंग से दूर रही, उस दौरान कोई बड़ा टूर्नामेंट नहीं हुआ था। इसी तरह मैरी के सीजेरियन ऑपरेशन के बाद उसे कोई जटिल समस्या का सामना भी नहीं करना पड़ा। इसलिए डिलीवरी के छह महीने बाद ही मैरी फिर से एक्सरसाइज करने लगी थी, जबकि डॉक्टर ने उसे तीन साल तक आराम करने की सलाह दी थी, लेकिन ऑपरेशन के एक साल बाद ही मैरी रिंग में वापिसी के लिए खुद को तैयार कर चुकी थी।

□

रिंग में वापिसी

मैरी की सफलता, उसकी शादी और बच्चे गाँववालों के लिए तो कौतूहल का विषय बन ही चुके थे, उसी के साथ देश-विदेश में भी अब उसे प्रेरणा मानकर बॉक्सिंग करनेवाली लड़कियों की तादाद बढ़ रही थी। मैरी को वे दिन याद आते, जब हर कोई उसकी शादी के खिलाफ था। उसके बाद सब यही कहते कि अब मैरी का अपने खेल पर से फोकस हट जाएगा। जब ऐसा नहीं हुआ तो उनके तानों का शिकार उसके परिवारजन बनने लगे—जैसे कि देखो मैरी के कारण ये महँगे जूते और कपड़े पहनने लगे, इनका तो भाग्य ही बदल गया। उस समय उनके तानों पर मैरी ने ध्यान नहीं दिया, लेकिन बच्चों के जन्म के बाद तो यह कहा जाने लगा कि मैरी का कॅरियर अब चुक गया। उसने शादी की-तो-की, लेकिन इतनी जल्दी बच्चे करके अपने अच्छे-भले कॅरियर को चौपट कर दिया। यहाँ तक कि टॉम्पा और एखम भी यही मानते थे कि उसका प्रदर्शन अब उतना बेहतरीन नहीं रह पाएगा। मैरी को ये बातें बहुत परेशान कर देती थीं और वह उस मौके की तलाश में अपने को तैयार करने लगी, जिससे वह सबके सामने खुद को साबित कर सके।

टॉम्पा ने भी मैरी को समझाने की कोशिश करते हुए कहा, ''सान्हेन''' बहुत बॉक्सिंग हो गई। अब तुम एक माँ हो और अपने बच्चों की परवरिश तुम्हारी एकमात्र ख्वाहिश होनी चाहिए। तुमने अपनी कड़ी मेहनत से बहुत कुछ पाया। अब और तुम्हें क्या चाहिए''' जीवन में नाम''' पैसा''' शोहरत, जो एक व्यक्ति को चाहिए वह सब है तुम्हारे पास।''

हर अंतरराष्ट्रीय प्रतियोगिता में पदक पाने के बाद युवा और खेल मंत्रालय ने मैरी को प्रोत्साहित करते हुए धनराशि दी थी। अर्जुन अवार्ड मिलने पर मैरी को 3.50 लाख की राशि सरकार ने दी थी। सरकारी नौकरी के

कारण मैरी को महीने-के-महीने राशि मिल रही थी। उस पर सरकारी क्वार्टर भी उसे मिल गया था। उसने अपने पिता को एक धान का खेत खरीदकर दे दिया था। उसके भाई-बहन अच्छी शिक्षा ले रहे थे। इसके अलावा मैरी और ऑनलेर उन चार बच्चों की भी जिम्मेदारी सँभाल रहे थे, यह जो ऑनलेर के बड़े भाई जेम्स के थे।

टॉम्पा के अनुसार ये काफी था एक अच्छी जिंदगी बिताने के लिए और इतना सब करने के बाद अब मैरी को आराम करना चाहिए। उसी बीच एक प्रतियोगिता के दौरान मैरी को उसके प्रतिद्वंद्वी ने गलती से पेट में मुक्का मार दिया। उससे टॉम्पा बहुत चिंतित रहने लगे कि कहीं मुक्के के जोर से मैरी के पेट के स्टिच खुल गए तो? गाँव में उन्होंने ऐसे केस में मृत्यु होते हुए भी देखा था। लेकिन मैरी के लिए उनके एक-एक शब्द आग की तरह लगते थे और उसका मन बॉक्सिंग की ओर अधिक पक्का हो रहा था। ऐसे में मैरी को अपने दिवंगत ससुरजी की याद आती थी। वह सोचती थी कि यदि वे जिंदा होते तो अवश्य ही वे उसकी तरफदारी करते। जब मैरी को उसके अपने परिवारजन फिर से बॉक्सिंग शुरू करने के लिए मना कर रहे थे, एक वही थे, जिन्होंने उसकी तरफदारी करते हुए कहा था, "वह जब तक चाहती है उसे खेलने दो।" उन्होंने ऑनलेर को भी यही हिदायत दी थी"उसे अब उनके वहीं शब्द याद आते। मैरी अपने आप से हमेशा कहती कि वह वक्तृत्व कला नहीं जानती, लेकिन मेरी मुट्ठी रिंग के अंदर जवाब देना जानती है। जहाँ मैं खुद को सबसे बेहतर दिखा सकती हूँ। एक यह भी वजह थी, जिसके कारण मैरी बॉक्सिंग की दुनिया में वापिस जाना चाहती थी।

मैरी के दोनों बच्चे रेचुंग्वार और खुपेंवार एक साल के हो चुके थे। मैरी चौथा विश्व एशियन महिला चैंपियनशिप में भाग लेने के लिए तैयारी करना चाहती थी, इसलिए उसे ट्रेनिंग कैंप में रहने का मन बनाना पड़ा। ऑनलेर ने उसे बेफ्रिक होकर जाने के लिए कहा तो था, लेकिन वह एक माँ थी, वह अपने बच्चों की ओर से बेफ्रिक कैसे हो सकती थी? हालाँकि इतने नन्हे बच्चों को छोड़कर जाना बड़ा ही कठिन था, लेकिन अगर वह उनको नहीं छोड़कर जाती तो उसके सामने बॉक्सिंग छोड़ने का विकल्प ही रह जाता, जिसे वह छोड़ना नहीं चाहती थी। एक यही विकल्प मैरी को पूरी तरह से बॉक्सिंग में जुड़ने के लिए प्रेरित कर रहा था। एक लंबे समय के बाद मैरी के आगे खुद को परखने की एक बड़ी चुनौती थी। ट्रेनिंग के दौरान शरीर को

जो अतिरिक्त मेहनत करनी पड़ी, उसकी आदत भी मैरी की छूट गई थी, इसलिए बीमार पड़ने के साथ उसके शरीर में दर्द रहना स्वाभाविक था।

उधर बच्चों को मैरी ने स्तनपान की आदत डाली थी, बच्चों को दूध न पिला पाने के कारण दूध अवरुद्ध होने लगा और उसने गिल्टियों का रूप ले लिया। उन गिल्टियों में दर्द इतना बढ़ गया कि मैरी दर्द के मारे रो पड़ी। घर से दूर वह उसकी पहली रात थी। घर और हिसार ट्रेनिंग कैंप के बीच दिल्ली में जब मैरी का रुकना हुआ तो उसने ऑनलेर को फोन करके अपनी स्थिति बताई। ऑनलेर और मैरी दिल्ली में डॉ. रोजी को जानते थे, इसलिए ऑनलेर ने मैरी को डॉ. रोजी से संपर्क करने की सलाह दी। उन्होंने मैरी को पेनकिलर लिख दी, जिससे उसे थोड़ा आराम मिला।

उसी कष्ट में मैरी ने हिसार ट्रेनिंग कैंप में एक महीना निकाला, जो सचमुच बड़ा ही कठिन था। मैरी के लिए यह अनुभव बड़ा ही भयानक था, जो इससे पहले उसे नहीं मिला था। एक तरफ वह अपने बच्चों को याद करके दिल-ही-दिल में बहुत दुःखी थी तो दूसरी ओर उसके शरीर में होनेवाला दर्द उसे कमजोर बना रहा था। पूरे महीने में से आधे दिन उसने अपना अभ्यास किसी तरह पूरा किया था। कोच भी उसकी दशा समझ रहे थे, इसलिए वे उसे कठिन परिश्रम करने पर जोर नहीं देते थे। मैरी यह बात जानती थी कि हर दूसरे दिन अपने अभ्यास से दूर होने का मतलब है उसका

अपने रिंग और बॉक्सिंग ग्लोब्स से दूर होना।

घर से दूर रहने पर उसे कभी-कभी बच्चों के बीमार होने की सूचना ऑनलेर देता रहता था, आमतौर पर वह ऐसी सूचनाएँ छुपा ही लेता था। बाद में जब बच्चों का स्वास्थ्य अच्छा हो जाता तब ऑनलेर मैरी को खबर देता, जिससे मैरी बहुत खफा होती। वह कहती, "आखिरकार मैं उनकी माँ हूँ, इसलिए अपने बच्चों के बारे में जानने की पूरी हकदार हूँ। मैं वहाँ नहीं हूँ तो क्या हुआ? मैं उनके लिए यहाँ रहकर और कुछ नहीं तो ठीक होने की प्रार्थना तो कर सकता हूँ ना?" और इस तरह मैरी और ऑनलेर के बीच झगड़ा शुरू हो जाता। दोनों में से कोई-न-कोई यह कहकर फोन काट देता, "अगली बार मुझे फोन मत करना।"

मैरी और ऑनलेर में से ऑनलेर का गुस्सा जल्दी शांत हो जाता तो ऑनलेर मैरी को फोन करता और कहता, "अगर मैं तुम्हें बच्चों के बारे में हर बात कहता रहा तो तुम अपनी प्रैक्टिस में ध्यान कैसे लगाओगी?"

मैरी के वर्ग श्रेणी में खेलनेवाली लड़कियों की मंशा भी यही थी कि मैरी जल्दी-से-जल्दी ठीक हो। वे सब उसके मुँह के सामने भले ही कुछ नहीं कहती थीं, लेकिन मन-ही-मन सभी चाहती थीं कि मैरी किसी भी तरह टूर्नामेंट में भाग ले सके। मैरी की अपनी पिछली उपलब्धियों को देखते हुए आगे बढ़ने के लिए सभी उसे प्रोत्साहित करतीं और यह मैरी की इच्छाशक्ति का ही चमत्कार था कि उसका चयन सितंबर 2008 में गुवाहाटी में होनेवाले टूर्नामेंट में हो गया था। मैरी ने उस टूर्नामेंट में सभी खिलाड़ियों की तरफ से शपथ ली। न जाने क्यों वह अपनी वापिसी को लेकर अभी भी सहज नहीं हो पाई थी। वह थोड़ा नर्वस थी, लेकिन फिर अचानक उसमें सकारात्मक भाव भर जाते और वह फिर से उत्साहित हो जाती।

वह पहली क्वार्टर फाइनल फाइट थी, जैसे ही मैरी ने रिंग में कदम रखा उसके अंदर की सारी नर्वसनेस गायब हो गई, और उसने अपने स्वाभाविक खेल की रफ्तार जल्दी ही पकड़ ली, लेकिन वह पहले राउंड में 0-2 से पीछे रही। दूसरे राउंड के लिए उसने खुद को और शांत किया और ध्यान केंद्रित किया। उसके बाद उसने मैच 8-2 से जीत लिया। उसने जीतना सोचा था, यह जीत उससे कहीं ज्यादा थी। पूरे दो साल की वापिसी के बाद महज दो महीने के कैंप ट्रेनिंग के बाद मैरी ने फिर से अपने खेल पर पकड़ जमानी शुरू कर दी थी, जिसमें उसके पति का सहारा और उसे प्रशिक्षण देनेवाले कोचों की

कठिन साधना का बड़ा महत्त्व था। उस टूर्नामेंटवाले दिन के लिए एखम ने बच्चों को सँभाला, तब कहीं ऑनलेर दर्शकदीर्घा में बैठकर मैरी के उत्साहवर्धन में शामिल हो सका था।

फाइनल राउंड में मैरी का मुकाबला वियतनाम की नगुयेन थाई हो से हुआ। उस पर अपनी जीत हासिल करने पर मैरी का फाइनल में मुकाबला नॉर्थ कोरिया की जोंग ओक से होनेवाला था। मैरी ने उसे रूस में हुई तीसरी महिला विश्व चैंपियनशिप में हरा दिया था, लेकिन इस मुकाबले में जोंग ओक भारी पड़ गई। मैरी को रजत पदक से संतोष करना पड़ा।

मैरी की इस हार से कहनेवालों को मौका मिल गया। टॉम्पा तो उसे यह कहने से चूके नहीं, "मैंने तो पहले ही कहा था कि तुम फिर से अपने खेल की ऊँचाइयों को नहीं पा सकती।" मैरी उनकी बात सुनकर चुप रही तो उन्होंने आगे कहा, "देख लिया न इस बार तुमको केवल रजत पदक मिला, उसके बाद अगली प्रतियोगिता में तुम देखना तुमको केवल कांस्य पदक मिलनेवाला है।"

"मगर मैं अपने रजत पदक में खुश हूँ, क्योंकि उसके लिए मैंने बहुत थोड़ी मेहनत की थी।" मैरी ने तुरंत कहा।

टॉम्पा ने उसे फिर से समझाने के लिए कहा, "तुमको नहीं लगता कि तुम्हारा कॅरियर खत्म होनेवाला है? तुम जिस समय अपने कॅरियर के शीर्ष पर हो, उस समय यदि खेल को छोड़ दोगी तो ज्यादा बेहतर होगा। क्या तुम चाहती हो कि लोग पीठ पीछे तुम्हारी बुराई करें और बातें बनाएँ?"

उनकी बात सुनकर मैरी के चेहरे पर एक दृढ़ मुसकराहट उभर आई, उसने कहा, "अपा, उन सभी की जुबान रोकने के लिए मैं अगली बार और बेहतर प्रदर्शन करूँगी और साबित कर दूँगी कि वे लोग गलत हैं। मैं सभी के आगे यह साबित करूँगी कि मैं पूरी तरह योग्य हूँ।"

दो हफ्तों के ब्रेक में मैरी घर गई। इस बीच उसके बेटे और बड़े हो गए थे। उनको देखकर मैरी एक पल के लिए भी उन्हें छोड़ना नहीं चाहती थी। पहला हफ्ता तो उनको सीने से चिपकाए हुए घूमने में ही निकल गया, दूसरे हफ्ते में उसकी दशा कुछ स्थिर हुई तो बच्चों को छोड़कर जाने के दिन करीब आ गए। इस बार मैरी को पाँचवीं विश्व महिला चैंपियनशिप की ट्रेनिंग के लिए विशाखापत्तनम जाना था। उसके मन की व्यथा को ऑनलेर ने जैसे पढ़ लिया था। इसलिए उसने प्रस्ताव रखा कि बेहतर होगा कि उस ट्रेनिंग कैंप में बच्चों

को भी मैरी के साथ भेज दिया जाए, जिससे मैरी का पूरा ध्यान खेल पर ही हो सके। तय हुआ कि एखम के साथ एक बेबी सिटर को भी मैरी के साथ भेजा जाए, लेकिन मैरी को यह प्रस्ताव बहुत असहज लगा। उसे पक्का पता था कि ऐसा करने से कैंप में उसका मजाक बन सकता था, लेकिन ऐसा कुछ नहीं हुआ। ऑनलेर के कहने पर एखम और बच्चे मैरी के साथ कैंप चले गए। जल्दी ही मैरी के साथी खिलाड़ियों ने देखा कि ट्रेनिंग कैंप में सुबह-शाम एक्सरसाइज, शैडो बॉक्सिंग आदि जैसे कठोर अभ्यास के साथ मैरी बच्चों की भी परवरिश कर रही थी। विशाखापत्तनम में वातावरण बहुत गरम होने के कारण बच्चे बेचैन हो जाते थे। इसलिए रात में भी वे जाग जाते और तब मैरी सारी रात उनकी देखभाल करती, फिर सुबह जल्दी उठकर अभ्यास के लिए कैंप में अपने साथियों के साथ अभ्यास में जुट जाती। उसकी टीम की लड़कियाँ आश्चर्य किया करती थीं कि मैरी में इतनी शक्ति कहाँ से आती है, लेकिन वास्तव में वह मैरी की इच्छाशक्ति ही थी, जिसने उसे यह सब करने के लिए प्ररित किया हुआ था। मैरी के गोल-मटोल बच्चों को देखकर हर कोई उसके कमरे की ओर खिंचा चला आता। उसके कमरे में बच्चों से खेलने के लिए लड़कियाँ आतीं, लेकिन अपने व्यस्त शेड्यूल के कारण वे बच्चों के साथ खेलने के अलावा मैरी की कोई सहायता नहीं कर पाती थीं।

बच्चों ने अब खिसकना शुरू कर दिया था। अगर मैरी उनको ऑनलेर के पास इंफाल छोड़कर आई होती तो वह बच्चों की इस उन्नति को देखने से वंचित रह जाती। उसके लिए यह बहुत संतोष की बात थी कि वे दोनों उसकी नजरों के सामने थे। बच्चे हर दिन कुछ नया सीख रहे थे। इसलिए उनकी चंचलता भी बहुत बढ़ गई थी, जिसके कारण उनका बिस्तर से भी गिरने का डर बढ़ गया था। एखम को हर समय उनका ध्यान रखना पड़ता था, इसलिए कभी-कभी वे कह उठतीं, "ओह! इस उमस और गरम मौसम में जुड़वाँ बच्चों की देखभाल करना सचमुच बड़ा कठिन है।"

इन सबके ऊपर ऑनलेर ने घर का मोरचा सँभाला हुआ था। फोन के द्वारा मैरी के संपर्क में रहते हुए इस बार ऑनलेर बच्चों को बहुत याद कर रहा था, लेकिन वह घर के सभी कामों को छोड़कर मैरी के कैंप में नहीं आ सकता था। मैरी को अब लगता था कि उसका जीवन ऑनलेर के बिना अधूरा ही रहता। उसके जीवन में ऑनलेर का ऐसा त्याग और समर्पण रहा है, जो आम तौर पर अपने पति के लिए भारतीय स्त्री का होता है। जैसे एक भारतीय

स्त्री ऊँचाई पर अपने पति और बच्चों के लिए कॅरियर छोड़ देती है, यहाँ उस भूमिका को ऑनलेर सँभाल रहा था। ऐसा करने का हौसला सिर्फ प्यार ही देता है, तभी तो ऑनलेर उसे कहता था, "मैरी, केवल मैं ही तुम्हें सँभाल सकता हूँ, इसलिए मैंने तुम्हारे साथ शादी की।"

ऑनलेर बहुत पहले से यह बात जानता था कि मैरी को खेल में आगे बढ़ाने के लिए उसे अपनी पढ़ाई तो छोड़नी ही पड़ेगी और जब मैरी के खेल और शादीशुदा जीवन में काफी बाधाएँ सामने आएँगी तो एक चट्टान बनकर उसे ही उसका सामना करना होगा। हालाँकि शादी के तुरंत बाद ही ऑनलेर एक एन.जी.ओ. को चलाने में व्यस्त हो गया था, लेकिन जुड़वाँ बच्चों की जिम्मेदारी सँभालने के दौरान उसने उस कार्यकलाप से किनारा कर लिया था। अब उसने केवल मैरी के कॅरियर को आगे बढ़ाने का जिम्मा ले लिया था, ताकि वह बिना किसी दिक्कत के अपने खेल की ओर ध्यान दे सके। ऑनलेर ने एक पुरुष होते हुए अपने अहम को दरकिनार करके मैरी के लिए वे सब काम किए, जिनके लिए कहा जाता है कि वे स्त्रियों के काम होते हैं, जिससे मैरी को वह सहारा और मदद मिली, जिसके कारण वह अपने खेल में सर्वोत्कृष्ट परिणाम दे सकी। विशाखापत्तनम कैंप में जाने पर ऑनलेर को यह भी महसूस हो रहा था कि मैरी को हर समय बढ़ावा देनेवाले की आवश्यकता है, जो उसे हर समय सकारात्मक बात कहकर उत्साहवर्धन कर सके।

उधर मैरी के लिए अपनी रिंग में वापिसी के बाद फिटनेस भी वापिस पाना जरूरी था। कैंप में ट्रेनिंग पैटर्न पूरे साल एक जैसा ही रहता था। मैरी को लग रहा था कि फिटनेस के लिए जिन टेक्निक को कैंप में खिलाड़ी अपनाते हैं, वह अन्य देशों की तुलना में पिछड़ी हुई साबित हो रही है। यहाँ तक कि खिलाड़ियों के लिए डाइटिशियन भी उपलब्ध नहीं था, जो खिलाड़ियों के भोजन और फिटनेस पर नजर रख सके।

सौभाग्यवश इस बार मैरी को स्पॉन्सर मिल जाने के कारण स्पेशलिस्ट डॉक्टर रखे जाने की सुविधा प्राप्त हो गई थी। डॉक्टर के निर्देश पर मैरी ने अपने भोजन में कैल्शियम की मात्रा बढ़ा ली थी। इससे पहले मैरी एक सामान्य भोजन, जैसे–फल, ग्लूकोज और विटामिन्स आदि ही लेती थी। गाँव में तो स्वास्थ्य और भोजन-संबधी मामलों के बारे में किसी को ज्यादा कुछ पता नहीं होता, इसलिए कोई इस बारे में कुछ कहता ही नहीं था। यही वजह थी कि बच्चों के जन्म के बाद अपने भोजन में क्या कुछ जरूरी तत्त्वों को

समाविष्ट करना है, जिससे ताकत बढ़े और वह फिट रहे, इस ओर मैरी का ध्यान ही नहीं था। बच्चों के जन्म के बाद कुछ बाउट में ही मैरी थक जाती थी। कुदरती तत्त्वों को भोजन में शामिल करके ट्रेनिंग के माध्यम से जरूरी अभ्यास करके मैरी ने अपने पुराने फॉर्म में आने में देर नहीं लगाई।

बॉक्सिंग की टेक्निक और टेक्टिस को सीखनेवाले घरेलू कोचों से मैरी वह सबकुछ सीख चुकी थी, जो उसे एक टूर्नामेंट में सीखने लिए जरूरत थी। उसे लगता था कि नई टेक्निक सीखने के लिए अब उसे विदेशी कोचों की सहायता लेना आवश्यक है। उन टेक्निक का उपयोग वह ओलंपिक के बॉक्सिग टूर्नामेंट में कर सकती थी, लेकिन तब तक ओलंपिक में बॉक्सिग को शामिल नहीं किया गया था। इसलिए मैरी ने भी विदेशी कोच की जरूरत पर जोर नहीं दिया था। सही फूड सप्लीमेंट, अत्यधिक अभ्यास और अपने पर विश्वास कायम रखना इन तीन बातों पर मैरी जोर दे रही थी। उसी का नतीजा था कि सन् 2008 के नवंबर में होनेवाली नौवीं महिला नेशनल चैंपियनशिप में मैरी ने स्वर्ण पदक जीत लिया था। मैरी इसे अगले महीने दिसबंर में चीन के निंगबाओ में होनेवाली पाँचवीं विश्व चैंपियनशिप से पहले की तैयारी मानकर चल रही थी। इस जीत से उसे खेलने का उत्साह मिला था।

निंगबाओ में मैरी की टीम को शहर के बीचोबीच ठहरने का मौका मिला। उसे वह शहर बड़ा ही अच्छा लगा। उस समय मैरी की जेब रुपयों से भरी हुई थी। खर्च करने के लिए उसके पास 50,000 रु. जो थे। तब तक मैरी का विभिन्न खिलाड़ियों के साथ मेल-मिलाप होने के कारण आत्मविश्वास भी बहुत बढ़ चुका था। मैरी उस समय दिल्ली कॉमनवेल्थ गेम्स की ब्रांड एंबेसडर भी थी। सेमीफाइनल में उसने करेबियाई शहर ब्रिजटाउन में 48 किलोग्राम की स्पर्धा में फिलीपींस की एलिस केट को 8-1 से पछाड़ दिया था। अपने लिए कम-से-कम रजत पदक सुनिश्चित कर लिया था।

फाइनल में उसकी पुरानी प्रतिद्वंद्वी रोमानिया की स्टुलेटा डुटा सामने थी। मैरी ने रोमानिया की स्टुलेटा डुटा को 7-1 से पराजित करके अपनी पुरानी हार का बदला ले लिया था। इसके साथ ही वह विश्व की सफल मुक्केबाज बन गई थी। शुरुआत में मैरी बहुत ज्यादा चिंतित नहीं थी, लेकिन जैसे-जैसे खेल आगे बढ़ा, मैरी को समझ में आ गया कि प्रतिद्वंद्वी को हलके में लेना भारी पड़ सकता है। इसलिए वहाँ मिलनेवाली पर्यटन सुविधाओं और अन्य सैर-सपाटे में समय व्यर्थ न करते हुए मैरी ने प्रैक्टिस और एक्सरसाइज में

अधिक समय दिया, जिसका परिणाम उसे मिला।

मैरी की इस सफलता का परिणाम यह हुआ कि कई देशों में महिला बॉक्सिंग की शुरुआत होने की कवायद की जाने लगी। कई देशों में महिला टीम बन चुकी थीं। वे पूरे जोश-खरोश से हर टूर्नामेंट में भाग लेने लगीं। इस तरह पाँचवीं चैंपियनशिप एक प्रकार से विशिष्ट बन गई। मैरी के परिश्रम ने उसकी आलोचना करनेवालों का मुँह बंद कर दिया था। मैरी ने उस समय देश के लिए स्वर्ण पदक जीता था, जिस समय देश को उसकी बहुत जरूरत थी। दरअसल मैरी का संघर्ष उन महिलाओं के लिए बहुत अच्छा उत्तर है, जो मान बैठती हैं कि शादी और बच्चों ने उनका कॅरियर खत्म कर दिया है। मैरी की कहानी यह बताती है कि यदि आपमें साहस बचा है तो खत्म कुछ भी नहीं होता। यह बहुत थोड़े समय का ही अवकाश होता है, जो आपकी दृढ़ इच्छाशक्ति के कारण बाधा नहीं बनता। काम के प्रति लगन आपको फिर स्थापित कर सकती है। मैरी की तरह हर किसी को उस बीच ऐसा कई बार लग सकता है कि मेरी प्रतिभा, मेरा काम अब बीते समय की बात हो गई, लेकिन ऐसा होता नहीं है। हुनर हर हाल में मंजिल तलाश लेता है।

□

आस और संकल्प

सन् 2005 में अर्जुन अवॉर्ड मिलने के बाद मैरी ने जब लगातार बेहतर प्रदर्शन किया तो उम्मीद की जा रही थी कि मैरी को भारतीय खिलाड़ियों को दिया जानेवाला सर्वश्रेष्ठ पुरस्कार 'खेल रत्न' भी अवश्य मिलेगा। लेकिन मैरी ने सन् 2008 में जब चौथी बार विश्व खिताब जीता, तब भी उसकी 'खेल रत्न' के लिए उपेक्षा हो गई। इससे मैरी बहुत आहत हुई। मैरी को कहना पड़ा कि 'खेल रत्न' बनने के लिए आखिर उसे कितने विश्व खिताब जीतने पड़ेंगे। उसकी इस बात को मीडिया में बहुत तवज्जो दी गई और हर किसी ने मैरी की इस बात का समर्थन किया, जिससे तत्कालीन खेल मंत्री एम.एस. गिल ने मैरी को न्याय दिलाने का आश्वासन दिया। मैरी के विवाद के समय यह बात भी उठ गई थी कि 'खेल रत्न' के लिए मैरी का नाम क्यों है, अन्य खिलाड़ियों का क्यों नहीं, तब सुशील और विजेंदर को भी कहना पड़ा था कि उनके लिए फिर ओलंपिक पदक जीतने का क्या फायदा। इस विवाद को निपटाते हुए सरकार ने फिर तीनों खिलाड़ियों को संयुक्त रूप से 'खेल रत्न' दिया। मैरी को अगले साल ओलंपिक पदक विजेताओं पहलवान सुशील और मुक्केबाज विजेंदर सिंह के साथ संयुक्त रूप से 29 जुलाई, 2009 को 'राजीव गांधी खेल रत्न' पुरस्कार दिया गया। खेल पुरस्कारों के इतिहास में पहली बार तीन खिलाड़ियों को देश के सर्वोच्च खेल सम्मान के लिए चुना गया, जिसकी इनामी राशि प्रत्येक खिलाड़ी के लिए साढ़े सात लाख रुपए थी।

मैरी के साथ ओलंपिक कांस्य पदकधारी विजेंदर सिंह और सुशील को 'राजीव गांधी खेल रत्न' पुरस्कार मिलने से साथी मुक्केबाजों के हौसले भी बुलंद हो गए और उनको विशेष खुशी इस बात की थी कि मुक्केबाजी ने

खेल पुरस्कारों में क्रिकेट को 'नॉकआउट' कर दिया।

विजेंदर और मैरी कॉम दो मुक्केबाजों को एक साथ खेल रत्न मिलने का कारनामा मुक्केबाजी के इतिहास में पहली बार हुआ है। पूरा देश मुक्केबाजी में आए इस बदलाव को देख रहा था, लेकिन इसके लिए काफी लंबे समय से कड़ी मेहनत चल रही थी और उसी के कारण यह परिणाम हासिल हुआ था। इन सभी खिलाड़ियों की नजर सन् 2012 के ओलंपिक पर थी, लिहाजा उम्मीद की जा रही थी कि मुक्केबाजी में शुरू हुआ यह सिलसिला ओलंपिक में और उसके बाद भी बदस्तूर जारी रहेगा।

विजेंदर सिंह और सुशील को यह पुरस्कार मिलने से भिवानीवासियों के लिए गर्व की बात थी और भिवानी में भी सभी इस उपलब्धि का जश्न मना रहे थे। इससे मुक्केबाजों को भविष्य में अच्छी सुविधाएँ मिलने की उम्मीद भी बँधी थीं। पहली बार ऐसा हुआ था कि भिवानी के मुक्केबाजों को 'खेल रत्न' से नवाजा गया, वह भी केवल एक नहीं, बल्कि दो-दो मुक्केबाजों को यह पुरस्कार दिया गया था। ओलंपिक में शानदार प्रदर्शन करनेवाले विजेंदर के साथ महिला मुक्केबाज मैरी कॉम को भी 'खेल रत्न' मिला, जो महिला मुक्केबाजों के लिए गौरव की बात है। उस बार मुक्केबाजी वर्ग में चार, जबकि क्रिकेट में सिर्फ एक खिलाड़ी को पुरस्कार मिला था। एक तरह से राष्ट्रीय पुरस्कारों में मुक्केबाजी क्रिकेट पर भारी पड़ी थी।

ऐसा जानकर हर किसी की जुबान पर एक ही बात थी कि यह मुक्केबाजी के इतिहास के लिए बहुत बढ़िया है, क्योंकि इससे आनेवाले दिनों में युवाओं को प्रेरणा मिलेगी। निश्चित रूप से सभी मुक्केबाजों के आत्मविश्वास में बढ़ोतरी होनेवाली थी और वे सभी शीर्ष प्रदर्शन करने के लिए प्रेरित होनेवाले थे।

देखा जाए तो उस साल खेल की दुनिया में मुक्केबाज ही छाए थे। जहाँ दो मुक्केबाजों को 'खेल रत्न' मिला था, वहीं इनके अलावा एल. सरिता देवी को अर्जुन पुरस्कार मिला था और जयदेव बिष्ट को द्रोणाचार्य पुरस्कार से नवाजा गया था। देखा जाए तो सन् 2009 में मुक्केबाजी क्रिकेट पर भारी पड़ी। मैरी लगातार अच्छा प्रदर्शन कर रही थी और कहा जाने लगा था कि सन् 2012 के लंदन ओलंपिक खेलों में अगर महिला मुक्केबाजी शामिल हो जाती है तो निश्चित रूप से वह पदक की दावेदार होगी। यह महिला मुक्केबाजी के लिए बहुत अच्छी बात थी।

यह साफ था कि अगर मैरी को लंदन 2012 के ओलंपिक खेलों में अपना पदक सुरक्षित करना था तो उसकी तभी से उसे तैयारी शुरू करनी थी। उसके लिए उसे लगातार ट्रेनिंग कैंपों में रहना जरूरी था। सितंबर में छठी विश्व बॉक्सिंग चैंपियनशिप होनेवाली थी, जिसके लिए मैरी तैयार थी। मैरी इस टूर्नामेंट में 48 किलोग्राम वर्ग में खेलनेवाली थी। । हालाँकि उसने पेनसिलवेनिया से जब शुरुआत की थी, तब वह 48 किलोग्राम वर्ग में ही खेलती थी, लेकिन उसके बाद वह 45 किलो ग्राम वर्ग में चली गई। सन् 2003 में हिसार में होनेवाली द्वितीय एशियन वूमेन बॉक्सिग चैंपियनशिप में वह 46 किलोग्राम वर्ग में खेली थी। फिर सन् 2008 से वह 46 किलोग्राम वर्ग में ही खेलती आई थी। सौभाग्य की बात यह थी कि उसकी ज्यादातर प्रतिद्वंद्वी ज्यादा वजनवाले वर्ग में शिफ्ट हो गई थीं, लेकिन नए वर्ग में कुछ मैरी से ऊँची और मजबूत कदकाठी की बॉक्सर थीं, लेकिन यह अंतर इतना नहीं था, जिसके लिए ज्यादा कुछ सोचा जाता। मैरी की यह खूबी थी कि वह अपने प्रतिद्वंद्वी के हाव-भाव को जल्दी परखकर अपना खेल बदल लेती थी। वह प्रतिद्वंद्वी की तकनीक को पहले देखती, तब फाइट करती थी। 16 सितंबर, 2010 को चार बार विश्व चैंपियनशिप जीत चुकी मैरी (48 कि.ग्रा.) और कविता (81 कि.ग्रा.) छठी महिला विश्व मुक्केबाजी चैंपियनशिप के सेमीफाइनल में पहुँच गईं। उन दोनों खिलाड़ियों के अंतिम चार दौर में जगह बनाने के साथ ही भारत के खाते में कम-से-कम दो पदक सुरक्षित हो गए थे। मैरी ने क्वार्टर फाइनल मुकाबले में वेल्स की लिंसे होल्डवे को 9-2 से पराजित किया। सेमीफाइनल में उनका सामना फिलिपींस की एलिस अप्पारी से होनेवाला था। मैरी ने छह साल पहले हुए एकमात्र मुकाबले में एलिस को पराजित किया था। देखते-ही-देखते मैरी ने एलिस केट एपारी को 8-1 से शिकस्त देकर फाइनल में जगह बना ली थी।

मैरी के अलावा कविता भी अंतिम-4 दौर में पहुँच गई थीं। कविता ने रूमानिया की एड्रियाना होस्कू को 9-6 से हराया। अगले दौर में उनका सामना युक्रेन की मुक्केबाज कैटरेना कुझेल से होना था। भारत की एक अन्य खिलाड़ी लक्ष्मी पंड्डा हालाँकि क्वार्टर फाइनल मुकाबले में हार गई थीं। लक्ष्मी को कजाकिस्तान की मारिना वोल्नोवा ने 18-4 से पराजित किया।

18 सितंबर, 2010 को बारबाडोस की राजधानी ब्रिजटॉउन में चल रही इस चैंपियनशिप के फाइनल मुकाबले में उन्होंने अपनी रोमानिया की स्टेल्यूटा

डुटा को 16-6 से हराया। डुटा ने सेमीफाइनल मुकाबले में कजाकिस्तान की नाजगुल बोरानबाएवा को 10-5 से पराजित करके फाइनल में जगह बनाई थी। इस चैंपियनशिप का खिताब जीतनेवाली मैरी इकलौती भारतीय थी।

मैरी की पिछले छह वर्षों में यह लगातार पाँचवीं विश्व खिताबी सफलता थी। राष्ट्रमंडल खेलों की ब्रांड एंबेसडर मैरी ने इस कामयाबी के साथ सन् 2012 के ओलंपिक में स्वर्ण पदक जीतने के लिए अपना दावा अभी से मजबूत कर लिया था। आगामी राष्ट्रमंडल खेलों में उन्हें पदक के प्रबल दावेदार के रूप में भी देखा जा रहा है। आयरन लेडी कही जानेवाली मैरी की भी हार्दिक इच्छा लंदन ओलंपिक में देश के लिए स्वर्ण पदक जीतना बन चुकी थी। मैरी ने टूर्नामेंट के पहले संस्करण में रजत पदक जीता था और उसके बाद के सभी संस्करणों में वे सोना जीतने में सफल रहीं। खेल रत्न मैरी ने उस समय मीडिया में अपना बयान दिया, "वजन बढ़ाना और खुद को उसके अनुरूप ढालना हमेशा मुश्किल भरा होता है। मैं नवंबर 2012 में चीन में होनेवाले एशियाई खेलों के लिए इसी वर्ग में चुनौती पेश करूँगी। इसलिए मुझे लगता है मेरे पास पर्याप्त समय होगा।"

उस समय देश में जिस समय राष्ट्रमंडल खेलों को लेकर असंतोष व्याप्त था तथा भ्रष्टाचार, डोपिंग व क्रिकेट में फिक्सिंग को लेकर तरह-तरह के आरोपों का दौर चल रहा था, उस दौर में मैरी ने भारत का सिर गर्व से ऊँचा उठा दिया था। उनकी विश्व महिला मुक्केबाजी प्रतियोगिता में ब्रिजटाउन की ऐतिहासिक जीत हवा के सुखद झोंके की तरह थी।

दुनिया भर के मुक्केबाजों को धूल चटाकर मैरी जब घर पहुँची तो जैसे इतने दिन दूर रहने की सारी कसर निकालना चाहती थी। वह अपने बच्चों के बीच सुकून से रहना चाहती थी, लेकिन उसने देखा दोनों बच्चे पहले से ज्यादा नटखट और अवज्ञाकारी हो गए हैं, जिससे कभी-कभी वह उनको पीट भी देती। बच्चों का पिटना ऑनलेर नहीं सह पाता। इससे मैरी और ऑनलेर में तू-तू, मैं-मैं हो ही जाती। ऑनलेर को डर रहता था कि कहीं मैरी का जबरदस्त मुक्का बच्चों को लग गया तो उनको बहुत चोट लग सकती है। उसी तरह से जब ऑनलेर बच्चों को उनकी शैतानी की सजा देता तो मैरी को बुरा लगता। अंततः बच्चों को अनुशासन और अच्छे संस्कार देने की जिम्मेदारी ऑनलेर ने खुद ले ली, क्योंकि उसके बाद मैरी को फिर घर से दूर जाना था, यह सच्चाई मैरी और ऑनलेर के साथ बच्चे भी खूब समझने लगे थे।

उसी दौरान अगले साल नवंबर में होनेवाली वर्ल्ड सीरीज ऑफ बॉक्सिंग (डब्ल्यू.एस.बी.) की शुरुआत हुई। मैरी इस खबर को सुनकर काफी खुश थी, लेकिन वह चाहती थी कि महिलाओं के लिए इस तरह की लीग का आयोजन किया जाए। मैरी का कहना था, ''ओलंपिक में भी महिला मुक्केबाजी को शामिल किया जा चुका है। खेलों के महासमर में इसके शामिल किए जाने के बाद अन्य प्रतियोगिताओं में भी महिला मुक्केबाजी के लिए जगह बननी चाहिए।''

उधर सन् 2011 में चीन के हाइकू शहर में एशिया कप की तैयारियाँ हो रही थीं। जाहिर थामैरी को इस प्रतियोगिता में भाग लेने चीन जाना था। तभी फोन पर ऑनलेर ने मैरी को खबर दी कि रेंगपा (रेग्नुचुंग्वार) को सर्दी, खाँसी और बुखार हो गया है। उसे वह डॉक्टर के पास ले जा रहा है। मैरी ने उसे जोर दिया कि वह नाईनाई (खुंपेवार)को भी दिखाने के लिए ले जाए। हालाँकि वह ठीक था, इसलिए ऑनलेर की नजर में उसे डॉक्टर को दिखाने की कोई जरूरत नहीं थी, लेकिन जैसे मैरी को कोई अंतःशक्ति प्रेरित कर रही थी, जिससे प्रेरित होकर उसने ऑनलेर पर नाईनाई को डॉक्टर के पास ले जाने के लिए जोर दिया। मैरी की बात को मानकर ऑनलेर नाईनाई को भी डॉक्टर के पास ले गया।

रेंग्पा को देखने के बाद जब डॉक्टर ने नाईनाई का टेस्ट किया तो उसे उसकी दिल की धड़कन असामान्य लगी। डॉक्टर ने ऑनलेर को कुछ और टेस्ट करवाने के लिए कहा, जिसकी रिपोर्ट आने पर पता चला कि नाईनाई के दिल में छेद है। तीन साल का नाईनाई हमेशा स्वस्थ रहनेवाला बच्चा था, इसलिए यह खबर सबको परेशान करनेवाली थी। तय हुआ कि नाईनाई को चंडीगढ़ ले जाकर उपचार करवाया जाए। मैरी के कुछ मित्र चंडीगढ़ में थे, इसलिए वहाँ उपचार करवाना इस दंपती को आसान लगा। चंडीगढ़ पी.जी. आई. के डॉक्टर टी. श्याम के. सिंह से दोनों ने संपर्क किया। एशिया कप संपन्न होने के कुछ ही दिनों पहले डॉक्टरों ने नाईनाई के ऑपरेशन के लिए उसे अस्पताल में भरती करवाने के लिए कहा। इस खबर से चिंतित मैरी एशिया कप में भाग लेने नहीं जाना चाहती थी, लेकिन उसके रिश्तेदारों और विशेष तौर पर ऑनलेर ने जोर दिया कि उसके जाने के बाद वह सभी मिलकर नाईनाई का पूरा खयाल रखेंगे। तब तक ऑपरेशन की तिथि निश्चित नहीं हुई थी, इसलिए मैरी ने ऑनलेर से वादा करवाया कि उसके लौटने तक

वह नाईनाई का ऑपरेशन नहीं करवाएगा। भारी मन से वह अपनी टीम के साथ चीन गई। ऑनलेर उसको रोज फोन पर नाईनाई के स्वास्थ्य की सूचना देता रहता। ऑनलेर ने मैरी को आश्वासन दिया था कि उसके चीन से लौटने के बाद ही ऑपरेशन किया जाएगा।

चीन में मैरी ने बॉक्सिग रिंग के अंदर ही नहीं, बाहर भी जिंदगी की लड़ाई भरपूर तरीके से लड़ी। जरा सोचिए, मैरी को कितनी मुश्किल हुई होगी, जब वह अपने बीमार बच्चे को छोड़कर बॉक्सिंग रिंग में उतरी होगी। लेकिन ये तमाम अड़चनें मैरी को अपने लक्ष्य से हिला नहीं पाईं। उस एशियन बॉक्सिंग चैंपियनशिप में भी उसने स्वर्ण पदक ही जीता। मैरी ने यह स्वर्ण पदक उत्तर कोरिया की खिलाड़ी और पूर्व चैंपियन किम म्यॉगग को हराकर जीता था। मैरी ने किम को 4–3 से हराकर यह कीर्तिमान हासिल किया था। सन् 2011 में यह मैरी का पहला इंटरनेशनल टूर्नामेंट था।

चीन से वापिस आने पर मैरी दिल्ली एयरपोर्ट से सीधे चंडीगढ़ रवाना हो गई। यह संयोग ही था कि जिस समय मैरी ने अस्पताल में पैर रखा, उसी समय नाईनाई को ऑपरेशन टेबल की ओर ले जाया जा रहा था। वह मैरी को देखकर बहुत खुश हो गया। अपने बच्चे को धरती के भगवान्, यानी कि डॉक्टर के हाथों सौंपकर मैरी ने स्वयं सारे जग के पालनहार की प्रार्थना करने में लग गई कि उसके बच्चे की वही रक्षा करे। एक स्पोर्ट्स सेलेब्रिटी का चोला उतारकर उसने एक माँ की भूमिका तुरंत सँभाल ली। बहुत लंबा चलनेवाला ऑपरेशन जब खत्म हुआ तो नाईनाई को बाहर लाया गया। अगले तीन दिनों तक उसे आई.सी.यू. में रखा गया और उस दौरान मैरी उसके पास बराबर बनी रही। जब नाईनाई को होश आया तो उसने सबसे पहले मैरी को ही अपने पास बैठा पाया। उसके बाद अगर मैरी वहाँ से किसी काम के लिए उठ जाती तो वह बुरी तरह परेशान होकर 'इमा–इमा' चिल्ला पड़ता और अपने शरीर पर लगी नलियों और ट्यूबों को हटाने लगता।

वह मई की एक चिलचिलाती दोपहर थी। चंडीगढ़ पी.जी.आई. की सुपर मार्केट के मेडिकल स्टोर में हमेशा की तरह भीड़ लगी थी, लेकिन आम तीमारदारों के बीच खड़ी मैरी को सबने देखा, जो पसीना बहाते हुए लाइन में अपनी बारी का इंतजार कर रही थी। उसका नंबर आने पर वह अपने पर्स से कुछ रुपए निकालकर दुकानदार को देती और दवा लेकर पॉलीथीन में रखकर कुछ दूरी पर बने एडवांस कार्डियक सेंटर पहुँचती या ऊपरी मंजिल पर बने

प्राइवेट वार्ड की तरफ चल पड़ती, जहाँ नाईनाई को एडमिट किया हुआ था। यह वही मैरी थी, जो चीन में मई 2011 में हुए एशिया कप में स्वर्ण पदक जीतने के बाद एक स्पोर्ट्स सेलेब्रिटी बन चुकी थी। देश ही नहीं, दुनिया भर में लोग उसे जानते और पहचानते थे, लेकिन माँ की ममता के आगे यह सेलेब्रिटी का चोला किसी काम का नहीं था। वह दवा लेने के लिए कैमिस्ट शॉप पर दिन में कई-कई चक्कर लगाया करती थी। लंच करने के लिए एडवांस कार्डियक सेंटर की पहली मंजिल पर बनी कैंटीन में खाने का इंतजार करती रहती थी। उसके पी.जी.आई. में होने की खबर पाते ही देखते-देखते शहर में हल्ला मच गया। मैरी के फैन पी.जी.आई. की ओर उमड़ पड़े। भीड़ को सँभालना मुश्किल हो गया था, लेकिन इस प्रसिद्धि से पहले वह एक माँ थी, जो हर माँ अपने बेटे के लिए कर सकती है, वह भी वही कर रही थी। डॉक्टरों ने उसके बेटे के दिल का छेद ठीक कर दिया था...यह सब बताते हुए मैरी की आँखें मीडिया पर्सन को बताते हुए नम हो जाया करती थीं। पी.जी.आई. में तो वह पदक को भूल चुकी एक माँ ही थी...। दो दिन बाद वह अपने बेटे की सफल सर्जरी के बाद वापस मणिपुर चली गई। वहाँ पहुँचकर ही मैरी ने स्वर्ण पदक जीतने का जश्न मनाया। जब वह वहाँ पहुँची तो एयरपोर्ट कॉम्प्लेक्स में जमा भीड़ ने और बाहर सड़कों पर खड़ी भीड़ ने उसका स्वागत किया। एक खुली जीप में मैरी को खुम्मन लंपक इनडोर स्टेडियम ले जाया गया, जहाँ मुख्यमंत्री ओ. ईबोबी सिंह मुख्य अतिथि के रूप में उपस्थित थे। मुख्यमंत्री ने मैरी को 10 लाख रुपए का अवॉर्ड देकर घोषणा की कि मैरी को पदोन्नत करके एडीशनल सुपरिटेंडेंट पुलिस बना दिया गया है। मैरी की प्रंशसा में कसीदे पढ़े गए। मैरी लोगों के इस प्रेम के आगे भाव-विभोर हो गई। उस समय भी मैरी को अपने संघर्ष के दिन याद आ रहे थे। इसलिए जब उसे कुछ बोलने के लिए माइक के आगे आमंत्रित किया गया तो अपने भाषण में उन दिनों का जिक्र करते हुए मैरी ने बॉक्सिंग एकेडमी खोलने की इच्छा जाहिर करते हुए अपने भविष्य के कार्यों की रूपरेखा दी। अपने सम्मान समारोह से विदा लेकर मैरी घर पहुँची तो वह फिर से अपने बच्चों की माँ बन गई थी। आखिरकार एक लंबे इंतजार के बाद नाईनाई अस्पताल से घर लाया गया था। उसकी छाती पर बने निशान को अब घर में सब स्पाइडरमैन-स्कार कहकर उसकी हौसला अफजाई करने लगे थे। नाईनाई की जितनी देखभाल मैरी कर सकती थी करती थी, लेकिन जल्दी ही उसे अपने रिंग में वापिस जाने का

बुलावा आने लगा, तब उसे भारी मन से नाईनाई को ऑनलेर, एखम और अपनी छोटी बहन के भरोसे छोड़कर जाना ही पड़ा।

घर लौटने के बाद जल्दी ही मैरी के बाहर जाने का सिलसिला फिर शुरू हो गया। बच्चे अब अपनी माँ की यात्राओं को लेकर निश्चिंत हो चुके थे। उन्हें अब पता चल चुका था कि उनकी माँ कुछ-कुछ दिनों के लिए घर रहने आती है, बाकी समय वह अपने अभ्यास कैंप में रहती है। इसलिए वे सीधी तौर पर मैरी से पूछते, "इमा, अब आप कब जा रही हो? हमारे लिए क्या लाओगी?" उनका यह सवाल उसके मन को दुःखी कर देता था।

फिर भी उनकी पसंद के खिलौने लाने का वादा करके मैरी अपने अभ्यासस्थल की ओर चल पड़ती। लेकिन जब वापिस लौटती तो देखती नाईनाई उसे अपनी नजरों से एक पल के लिए भी ओझल नहीं होने देता था। मैरी घर में है या नहीं, वह हर समय इस बात पर निगाह रखता, उसके विपरीत रेंग्पा मस्त रहता, वह कुछ-कुछ आत्मनिर्भर हो गया था। अब मैरी को घर आने पर अपने घर की दीवारें दोनों की चित्रकारी से भरी मिलतीं। उन दोनों ने किताबें पढ़नी शुरू कर दी थीं। इसलिए उनसे सीखे नाम घर की दीवारों पर पेंसिल या कलर क्रेयॉन से लिखे उसे मिलते। इस समय मैरी से अगर कोई पूछता कि उसे दुनिया भर में घूमने पर कौन सी जगह सबसे अच्छी लगती है, तो वह यही कहती उसके बच्चों के साथ उसका घर। बच्चे उसके भविष्य की आशाओं का केंद्र जो थे, जिनको कुछ बनाने का संकल्प उसकी आँखों में समाया था।

□

ये दिल माँगे मोर

ओलंपिक में महिला बॉक्सिंग को पहली बार शामिल किया गया है, वरना हमारे पास शायद कुछ और ओलंपिक गोल्ड होते, ऐसा कई विशेषज्ञ दिग्गज मानते थे। अंतरराष्ट्रीय बॉक्सिंग संघ के अध्यक्ष चिंगघ्कोघ्वू तो यहाँ तक कहते थे कि 'मैग्नीफिसेंट मैरी कॉम' की कामयाबियों के कारण ही महिला बॉक्सिंग को ओलंपिक में शामिल किया गया''। लंदन में ओलंपिक की तैयारियाँ शुरू हो चुकी थीं। वहाँ के स्टेडियमों की स्थिति संतोषजनक है या नहीं है, इसके लिए परीक्षात्मक प्रतियोगिता की गई। ओलंपिक कमेटी ने पहले से ही कई काम कर लिये थे। उन्होंने अंतरराष्ट्रीय मुक्केबाजी संघ की माँग के मुताबिक पूरी तैयारी की थी। संघ के सभी अधिकारी वहाँ की स्थिति से संतुष्ट थे। कुछ छोटी समस्याएँ थीं, जब अंतरराष्ट्रीय मुक्केबाजी संघ ने इस बारे में बताया तो जल्दी से इन्हें दूर कर लिया गया। प्रतियोगिता के संचालन में बड़ी समस्या नजर नहीं आई। सभी योजना के मुताबिक और समय पर संपन्न हुआ। हर प्रतियोगिता का संचालन सुचारु रूप से हो रहा था। खिलाड़ियों ने बड़ी संजीदगी से काम किया। कई स्वयंसेवकों ने इसमें भी हिस्सा लिया था।

ओलंपिक की मुक्केबाजी परीक्षात्मक प्रतियोगिता आयोजित करने का एक ही मतलब था प्रतियोगिता के संचालन की जाँच करना, जिसके लिए पिछले पाँच साल से महिला मुक्केबाजी को ओलंपिक में शामिल कराने की कोशिश अंतरराष्ट्रीय मुक्केबाजी संघ के अध्यक्ष व अंतरराष्ट्रीय ओलंपिक समिति के सदस्य वु चिंग क्वो कर रहे थे। अब तक ओलंपिक के 28 खेलों में सिर्फ महिला मुक्केबाजी की स्पर्धा शामिल नहीं हुई थी। ओलंपिक में महिला मुक्केबाजी शामिल कराने की दो मुख्य वजहें थीं–पहला, महिलाओं

का सम्मान करवाना। कई महिला मुक्केबाजों का सबसे बड़ा सपना ओलंपिक में भाग लेना है।

दूसरा, फ्री बॉक्सिंग समेत कई अन्य खेलों में जब महिलाओं की हिस्सेदारी होती है तो मुक्केबाजी में भी होनी चाहिए। हालाँकि परंपरागत विचार में यह आज भी अस्वीकार्य है कि महिलाएँ मुक्केबाजी करें। लेकिन इस परीक्षात्मक प्रतियोगिता से जाहिर हो गया था कि महिला मुक्केबाजी की स्पर्धा कड़ी है और उन खिलाड़ियों का स्तर ऊँचा है। इन चीजों से पुरुषों व महिलाओं की समानता झलकती है। अब सभी के पास इस खेल में भाग लेने का मौका था। अंतरराष्ट्रीय मुक्केबाजी संघ यह मौका खिलाड़ियों को देना चाहता था, ताकि वे प्रतियोगिता में अपनी प्रतिभा दिखा सकें, क्योंकि आज बहुत से देशों में मुक्केबाजी का तेजी से विकास हो रहा है और वे इसमें ज्यादा शक्ति लगा रहे हैं। हालाँकि आनेवाले समय में इसका परिणाम क्या होगा यह निश्चित तौर पर नहीं कहा जा सकता है, लेकिन सिर्फ कड़ा अभ्यास ही खिताब जीतने की कुंजी हो सकती है, यह मैरी जानती थी। एशियाई खेलों में मैरी को स्वर्ण पदक का सबसे मजबूत दावेदार माना जा रहा था, तब उसके नाकाम रहने की वजह थी उसके प्रतिद्वंद्वियों द्वारा उसके कंधों पर लगातार वार करना, जिससे बचाव के लिए वह अभ्यस्त नहीं थी। एशियाई खेलों में मैरी किसी तरह कांस्य पदक ही जीत पाई थी, लेकिन तब जो सबक मिला था, उसे सबक मानकर रक्षात्मक तकनीक पर उसने ज्यादा ध्यान देना शुरू कर दिया। समस्या थी नए वजन वर्ग की। वजन तो उसने बढ़ा लिया और घर-परिवार से दूर रहकर रक्षात्मक तकनीक पर विशेष ध्यान देना शुरू कर दिया।

लंदन ओलंपिक में पहली बार महिलाओं के लिए 51, 60 और 75 किलोग्राम भार वर्ग की मुक्केबाजी प्रतियोगिता रखी गई थी। जहाँ 51 किलोग्राम भार वर्ग में दो स्थान हैं, जिसमें एक पर चीन की रेन कैंकन पहले से ही कब्जा जमाए हुए थी। इस परिस्थिति में ओलंपिक में अपनी जगह बनाने के लिए मैरी को कई मुकाबले खेलने थे। मैरी ने इसे चुनौती के रूप में लिया। मैरी ओलंपिक में पदक जीतने का सपना पूरा करने के लिए इस मौके को गँवाना नहीं चाहती थी। सन् 2010 के एशियाई खेलों में मिली असफलता को भुलाकर सफलता का नया शिखर वह छूना चाहती थीं। लेकिन उसी के साथ मैरी की साथी खिलाड़ी एल. सरिता, मीनाकुमारी और पिंकी जांगड़ा भी 51 किलोग्राम वर्ग में ओलंपिक खेलना चाह रही थीं। मामला बेहद तकनीकी था। कुल तीन वजन

वर्ग की स्पर्धाएँ रखी गई थीं। न्यूनतम वजन वर्ग 51 किलोग्राम का था। मैरी सालों से 46 किलोग्राम वजन वर्ग में मुकाबला करती रही थी। नए वजन वर्ग के लिए वजन बढ़ाने के अलावा तकनीक में भी सुधार करना जरूरी था। यह आसान काम नहीं था, जहाँ उसे अपने से भारी बॉक्सर्स से मुकाबला करना था। मैरी को अपने ही खेमे में सुनने को मिल रहा था कि मैरी पूरी स्प्रिट और टेक्निक का इस्तेमाल करती है, लेकिन उसका कद और वजन ऐसा नहीं है कि वह ओलंपिक में स्वर्ण पदक ला सकेगी। मैरी ऐसी बात सुनकर भगवान् से प्रार्थना करती कि भगवान् उसे शांत रहने की हिम्मत दे। भारतीय खेमे में और भी नई खिलाड़िनें आ गई थीं, जिनका कम उम्र का जोश और उत्साह देखते ही बनता था, लेकिन मैरी का अनुभव उन सबके ऊपर भारी पड़ता था। उससे भी ज्यादा मैरी ने ओलंपिक का कप जीतने का सपना सँजोए हुए था, उस सपने को सँजोने की अवधि अन्य सभी से अधिक थी, जिससे जाहिर था कि मैरी का उस कप के प्रति क्या रुझान था।

दूसरी समस्या यह भी थी कि ओलंपिक से पहले 51 किलोग्राम वर्ग के एक ही मुकाबले में मैरी हिस्सा ले पाई थी। पहलवान हो या मुक्केबाज, अगर वह एक वजन वर्ग का आदी हो जाता है तो उसके लिए वजन घटाकर या बढ़ाकर दूसरे वजन वर्ग में मुकाबला करना बेहद मुश्किल हो जाता है। मैरी ने यह दुविधा को तोड़ने की ठानी।

ठीक ऐसी दुविधा सन् 2010 के एशियन गेम्स के समय भी उठी थी, तब ट्रायल सिलेक्शन टीम ने सरिता और मैरी के बीच भोपाल में एक प्रतियोगिता रखी। प्रतियोगिता से पहले चर्चा थी कि सरिता ही जीतेगी, क्योंकि सरिता 51 किलोग्राम वर्ग में पहले से खेल रही थी, लेकिन मैरी को उस प्रतियोगिता के लिए पूरा आत्मविश्वास था, इसलिए उसने उसे मैच की रिकॉर्डिंग कर ली थी। उस मैच को ट्रायल सिलेक्शन टीम ने होल्ड पर रख दिया था, क्योंकि मैच किसी परिणाम पर नहीं पहुँचा था। इस पर फैसला किया गया कि एक और मैच किया जाए। सरिता और मैरी दोनों ने ही इसके लिए हामी भर दी थी। दिल्ली में सितंबर माह में हुई प्रतियोगिता में मैरी ने सरिता को हरा दिया और तब उसे एशियन गेम्स के लिए सिलेक्ट किया गया था। सरिता इस सिलेक्शन के विरोध में खड़ी हो गई और उसने आई.बी.एफ. के जनरल सेक्रेटरी से पक्षपात की शिकायत की और कहा कि मैरी 51 किलाग्राम वर्ग में पदक जीतकर नहीं ला सकती। हालाँकि मैरी इससे विचलित

नहीं हुई, लेकिन इससे सरिता और मैरी के बीच मनमुटाव पैदा हो गया था।

51 किलोग्राम वर्ग में अपने खेल को सुधारने के लिए मैरी ने पटियाला में अभ्यास शुरू किया। वहाँ सुविधाएँ तो बहुत थीं, लेकिन ज्यादा खिलाड़ी होने की वजह से वह वहाँ अपना ध्यान केंद्रित नहीं कर पा रही थी। इसलिए वह पुणे चली गई। वहाँ लंदन ओलंपिक में मुकाबले के गुर सीखने के लिए लिए मैरी ने ब्रिटिश कोच चार्ल्स एटकिंसन से ट्रेनिंग ली। सन् 2011 के आखिर में ओलंपिक गोल्ड क्वेस्ट ने एटकिंसन को मैरी कॉम की प्रशिक्षण की जिम्मेदारी सौंपी थी और अगले छह महीने तक मैरी को कोचिंग देते रहे।

एटकिंसन ने ही पुणे के बालेवड़ी स्पोर्ट्स कॉम्प्लेक्स में मैरी के कोच ओजा किशन के मणिपुर के कुछ पुरुष मुक्केबाजों से मुकाबला करवाकर उसकी स्टाइल, रफ्तार, दक्षता व क्षमता को मजबूत किया। उन्होंने मैरी को बॉक्सिंग के अभ्यास के लिए अच्छे पार्टनर दिलवाए थे, जिनके साथ मिलकर वह बॉक्सिंग की अच्छी प्रैक्टिस कर सकी थी। चार्ल्स एटकिंसन पेशेवर डब्ल्यू.बी.सी. कोच थे, लेकिन वे अंतरराष्ट्रीय मुक्केबाजी महासंघ से मान्यताप्राप्त कोच नहीं थे। उन्होंने थाईलैंड के डब्ल्यू.बी.सी. मुक्केबाजों को भी कोचिंग दी थी। ओलंपिक खेलों से पहले के ट्रेनिंग सेशन के चार सप्ताह मैरी और एटकिंसन ने पुणे में अभ्यास करते हुए गुजारे, फिर दो सप्ताह के लिए उत्तरी लंदन में लिवरपूल स्थित एटकिंसन के घर जाकर अभ्यास किया गया। यह वक्त था ओलंपिक से दो महीने पहले का, मैरी को उस वक्त प्री ओलंपिक बॉक्सिंग टूर्नामेंट में भी हिस्सा लेना था। मैरी ओलंपिक से दो महीने पहले मौसम का मिजाज समझने लंदन गई थी और बारिश से बचने के लिए ढीला-ढाला जैकेट खरीदना चाहती थी। टूर्नामेंट के बाद मैरी ने कुछ शॉपिंग करनी चाही, तब उसे एक स्थानीय लड़की लंदन के मशहूर नाइट्सब्रिज पर ले गई। मैरी ने कपड़ों की दुकान में काफी देर तक जैकेट देखे। यहाँ तक कि सेल्समैन थोड़ा खिन्न हो गया, लेकिन फिर मैरी ने पतला जैकेट चुना और उसे पहनकर दुकान में लगे बड़े से आईने के सामने हवा में मुक्के चलाने लगी। उसकी शैडो बॉक्सिंग देखकर सेल्समेन चकित रह गया, तब मैरी के साथवाली लड़की ने उसे बताया कि मुक्के चलानेवाली जिस लड़की को देखकर वह हैरान है, वह पाँच बार की बॉक्सिंग वर्ल्ड चैंपियन है, तो वह हैरान रह गया। उस मुलाकात के बाद ही सेल्समेन ने सोच लिया कि वह ओलंपिक में मैरी का मुकाबला जरूर देखेगा। लंदन में चार्ल्स के घर में मैरी

का समय बहुत अच्छा कटा।

मैरी को खेल प्राधिकरण के साथ ओ.जी.क्यू. भी ओलंपिक की तैयारी करवा रहा था। पिछले सात साल से ओलंपिक गोल्ड क्वेस्ट (ओ.जी.क्यू.) मैरी की तैयारी करवा रहा था। ओ.जी.क्यू. की स्थापना बिलियर्ड्स के मास्टर गीत सेठी और बैडमिंटन के दिग्गज प्रकाश पादुकोण ने की थी। ओ.जी.क्यू. ने मैरी के लिए विश्वस्तरीय इंफ्रास्ट्रक्चर उपलब्ध करवाया था, जिसमें उसकी यात्राएँ और दूसरे स्थानों पर ठहरने की सुविधा भी शामिल थी। इसके साथ मैरी के स्वास्थ्य की देखभाल फिजियोथेरेपिस्ट जाह्नवी जाठार के निर्देशन में की जा रही थी। ओ.जी.क्यू. के सी.ई.ओ. वीरेन रसकिन्हा ने मैरी के कॅरियर का काफी करीब से आकलन किया था, इसलिए उनका मानना था, मैरी कई रिकॉर्ड बना रही है, लेकिन सन् 2012 की शुरुआत में वह ओलंपिक क्वालिफायर के पहले राउंड में ही हार गई थी। इस झटके ने उसे लंदन के लिए तैयारी करने की खातिर सही समय पर जगा दिया। यह बात भी खास है कि मैरी किसी भी प्रतिद्वंद्वी से दूसरी बार नहीं हारी। वह प्रतिद्वंद्वी की रणनीति और कमजोरी ताड़ लेती है, फिर उसी के मुताबिक खेलती है। इसके लिए मैरी ने 16 से 26 मार्च, 2012 तक मंगोलिया की राजधानी उलानबटोर में होनेवाले एशियाई परिसंघ महिला मुक्केबाजी चैंपियनशिप में भारतीय चुनौती की अगुवाई की। इस टूर्नामेंट के जरिए वह नौ से 20 मई के बीच चीन के क्विनहुआंगडाओ में होनेवाली विश्व चैंपियनशिप के लिए तैयारी करना चाहती थी, जो ओलंपिक क्वालीफाईंग के लिए पहला और एकमात्र टूर्नामेंट भी था। एशियाई चैंपियनशिप में भारतीय महिलाओं ने हमेशा अच्छा प्रदर्शन किया। पहली बार यह प्रतियोगिता सन् 2001 में आयोजित की गई थी। मैरी सन् 2001 में पदक नहीं जीत पाई थी, लेकिन इसके बाद उसने तीन स्वर्ण और एक रजत पदक हासिल किया। मैरी अब 51 कि.ग्रा. में भाग लेनेवाली थी, जिसमें वह अब भी नई थी, लेकिन उसे अच्छे प्रदर्शन की उम्मीद थी। तब चार्ल्स एटकिंसन के साथ पुणे में अभ्यास कर रही मैरी कॉम ने कहा था, "एशियाई चैंपियनशिप मेरे लिए बड़ी परीक्षा होगी। यह एशियाई खेल सन् 2010 के बाद 51 कि.ग्रा. में मेरे लिए पहला बड़ा टूर्नामेंट होगा।"

19 मई, 2012 को मैरी ने ओलंपिक में भाग लेने के दरवाजे खोल लिये थे। इस तरह से वह क्वॉलिफाई करनेवाली अकेली भारतीय महिला मुक्केबाज बन गई थी। विश्व चैंपियनशिप के लिए खेले गए सेमीफाइनल

मुकाबले में निकोला ने रूस की येलेना सावेलयेवा को हराकर मैरी को यह तोहफा दिया था।

हालाँकि विश्व चैंपियनशिप के 51 कि.ग्रा. वर्ग के क्वार्टर फाइनल मुकाबले में दूसरी वरीयता प्राप्त खिलाड़ी निकोला एडम्स से मात खाने के बाद मैरी ओलंपिक से दूर होती नजर आई, तो वही सबकी निगाहें निकोला एडम्स पर टिक गई थी, जिसके जीतने पर ही मैरी कॉम को ओलंपिक का टिकट मिलता। निकोला एडम्स ने मैरी के ओलंपिक जाने का रास्ता खोल दिया था। निकोला के हाथों क्वार्टर फाइनल में हारकर ही मैरी छठी बार विश्व खिताब जीतने से चूक गई थी, लेकिन मैरी निकोला एडम्स की जीत से काफी खुश थी और इसे अपने लिए भगवान् का दिया उपहार मान रही थी। इससे ओलंपिक में पदार्पण कर रही महिला मुक्केबाजी स्पर्धा में भारत की एकमात्र चुनौती और स्वर्ण पदक की उम्मीद प्रबल हो गई थी। मैरी महिला मुक्केबाजी में अकेली भारतीय थी।

विश्वस्तरीय प्रतियोगिता में भाग लेने जा रही मैरी का दूसरा रूप भी मणिपुर के लोगों के अलावा देश के अन्य लोगों को देखने को मिला। मणिपुर में दो प्रमुख राजमार्गों पर पिछले दो महीने से चल रही नाकेबंदी की वजह से पेट्रोल, गैस और अन्य आवश्यक वस्तुओं के दाम आसमान छू रहे थे। कालाबाजारी का आलम यह था कि पेट्रोल 200 रुपए प्रति लीटर और गैस 1,500 रुपए प्रति सिलेंडर तक बिक रही थी, जिससे हर कोई परेशान था। मैरी जुझारू एवं जाँबाज महिला है, जिसने विषम-से-विषम परिस्थितियों में जिंदगी को जीना सीखा था। इसी के साथ उसकी फिजियोथैरेपिस्ट जाह्नवी जाठार कुछ समय के लिए मैरी के साथ इंफाल आ गई थीं, तो उनकी निगरानी में मैरी ने अपना अभ्यास जारी रखा हुआ था। इस विषम परिस्थिति में मैरी किसी तरह ओलंपिक की तैयारियाँ कर रही थी और लकड़ियों का इस्तेमाल कर खाना बना रही थी। लकड़ी जलाकर खाना बनाने में काफी समय लगता है और इस वजह से जीवन बहुत कठिन हो गया था। आर्थिक नाकेबंदी की वजह से गैस सिलेंडर बाजार में नहीं मिल रहा था। सभी सामान्य घरों की तरह मैरी के घर में भी लकड़ी जलाकर खाना बनाना मजबूरी थी। इस तरह की परिस्थिति में ओलंपिक को लेकर मैरी की तैयारियों पर असर पड़ रहा था। मैरी भी उन हजारों लोगों में से एक थी, जो उस आर्थिक नाकेबंदी की वजह से प्रभावित हुई थी। इन लोगों में रोजमर्रा की चीजों की

इतनी ऊँची कीमत देने की क्षमता नहीं है। शहर के सभी अस्पतालों में भी नाकेबंदी का खासा असर पड़ा था। गैस सिलेंडरों की उपलब्धता नहीं होने की वजह से अस्पतालों में ऑपरेशन नहीं हो पा रहे थे। बच्चों के खाने-पीने की चीजें और जीवनरक्षक दवाएँ लगभग समाप्त हो चुकी थीं। दो राष्ट्रीय राजमार्गों पर नाकेबंदी की वजह से वाहनों की आवाजाही ठप्प थी। मणिपुर को देश से जोड़नेवाली मुख्य सड़क दो जनजाति समूहों की आपसी लड़ाई की वजह से बंद थी। ये लोग इलाके में नए जिले के गठन की माँग कर रहे थे।

कुकी समुदाय एक तरफ जहाँ अल सादार हिल्स जिले की माँग कर रहे थे, वहीं दूसरी तरफ नागा समुदाय के लोग इसके लिए अपनी जमीन छोड़ने को तैयार नहीं थे। दोनों समुदायों के बीच संघर्ष की वजह से आवश्यक खाद्य पदार्थों और दवाइयों से लैस सैकड़ों ट्रक नागालैंड और असम की सीमा पर रुके हुए थे। प्रदर्शनकारियों ने दोनों राजमार्गों को अवरुद्ध कर रखा था।

बाजार में कालाबाजारी इतनी बढ़ गई थी कि एक लीटर पेट्रोल की कीमत 200 रुपए तक पहुँच गई, तो गैस सिलेंडर 1,500 रुपए में या उससे अधिक कीमत में मिल रहा था। चावल 60 से 70 रुपए प्रति किलोग्राम बिक रहा था। ईंधन, गैस सिलेंडर और आवश्यक खाद्य पदार्थों की किल्लत हो गई थी। व्यापारी मनमाना दाम वसूल रहे थे। उल्लेखनीय है कि मणिपुर पूर्ण रूप से बाहर से आनेवाली रसद सामग्री पर निर्भर करता है और देश के अन्य हिस्सों से आवश्यक वस्तुओं की खेप नागालैंड के रास्ते मणिपुर में पहुँचती है। मणिपुर के इन हालातों में भी मैरी ने प्रैक्टिस के लिए समय निकाला, तभी पता चला कि मैरी के अमरीकी कोच चार्ल्स एटकिंसन ओलंपिक खेलगाँव में उसके साथ नहीं होंगे, क्योंकि उनके पास अंतरराष्ट्रीय मुक्केबाजी महासंघ का तीन सितारा सर्टिफिकेशन नहीं है, जो एक्रीडेशन पाने के लिए जरूरी है। अंतरराष्ट्रीय मुक्केबाजी महासंघ के नियमों के अनुसार वे ही कोच और ट्रेनर ओलंपिक में मुक्केबाजों के कोच या ट्रेनर के रूप में एक्रीडेशन हासिल कर सकते हैं, जिन्हें एबा से स्वीकृति मिली है। एबा उस मुक्केबाजी कोच को ओलंपिक, विश्व चैंपियनशिप या एशियाई खेलों में भागीदारी की अनुमति नहीं देता, जिसके पास एबा का तीन सितारा सर्टिफिकेशन नहीं हो। लिहाजा एटकिंसन को लंदन ओलंपिक में मैरी कॉम के कोच के तौर पर एक्रीडेशन नहीं मिल सकता था। इसका मतलब साफ था कि मैरी लंदन के खेलगाँव में एटकिंसन के बिना ही प्रवेश करनेवाली थी, तब फैसला हुआ कि

मैरी एटकिंसन के बदले भारतीय कोच अनूप कुमार के साथ अभ्यास करेगी। अनूप कुमार महिला मुक्केबाजी टीम के मुख्य कोच थे और शुरू से ही मैरी ने उनसे कोचिंग ली थी। ओलंपिक में उसका मुकाबला पाँच अगस्त 2012 को होनेवाला था।

ओलंपिक में उसका खेल देखने के लिए एखम भी उसके साथ लंदन जा रही थीं। मैरी की खुशी इससे दोहरी हो गई थी, क्योंकि पहली बार उसकी माँ भी उसे रिंग में उतरते देखनेवाली थीं। एखम का लंदन में होना सपना सच होने से कम नहीं था। एखम पहली बार विदेश जा रही थी। उनके इस लंदन दौरे का प्रायोजन कारपोरेट समूह प्रोक्टर ऐंड गैंबल ने 'थैंक यू माँ' मुहिम के तहत किया था। लंदन रवाना हो रही मैरी जानती थी कि ओलंपिक उसके कॅरियर का सबसे बड़ा टूर्नामेंट है, लेकिन वह इसलिए और भी ज्यादा रोमांचित थी, क्योंकि पहली बार उसकी माँ उसे खेलते हुए देखनेवाली थी। अपनी खुशी को वह शब्दों में नहीं बयान कर सकती थी। उसकी बरसों की तमन्ना थी कि वह रिंग में हो और एखम उसे दर्शकों के बीच स्टैंड में दिखाई दें, उसकी वह तमन्ना पूरी होने जा रही थी।

6 अगस्त को मैरी का मुकाबला प्री-क्वार्टर फाइनल में पोलैंड की कैरोलीना मिशालचुक से भारतीय समयानुसार शाम साढ़े छह बजे से शुरू होनेवाला था, जो पूर्व बेंटमवेट (54 किलोग्राम) विश्व चैंपियन थी। ओलंपिक में महिला मुक्केबाजी को शामिल करने के लिए मैरी अंतरराष्ट्रीय मुक्केबाजी संघ का चेहरा थी। उसे पदक पक्का करने के लिए सिर्फ दो मुकाबले जीतने थे। बत्तीस बरस की मिशालचुक ने उसी साल विश्व चैंपियनशिप में कांस्य पदक जीता था। मैरी के आलोचक और कुछ शुभचिंतक अभी भी चाहते थे कि 12 साल खेल को देने और पाँच विश्व चैंपियनशिप जीतने के बाद भी वह खुद को साबित करे। मैरी ने 46 और 48 किलोग्राम में विश्व चैंपियनशिप जीती थी, लेकिन ये भारवर्ग एशियाई खेल या ओलंपिक में नहीं थे। एशियाई खेलों में मुक्केबाजी को सन् 2010 में शामिल किया गया, तब उसे 51 किलोग्राम में कांस्य पदक मिला। इससे पहले एक दशक से मैरी कम भारवर्ग में भाग ले रही थी और ओलंपिक में वह 51 किलोग्राम भार वर्ग में रहकर भाग ले रही थी, लेकिन उसे इसकी कोई शिकायत नहीं थी, भले ही उसके आलोचकों को यह नहीं पता था, लेकिन मैरी को पता था कि उसे क्या करना है।

जब लंदन ओलंपिक के प्री क्वॉटर फाइनल में मैरी ने कैरोलीना मिशालचुक को हराया तो भारत की एक पदक की उम्मीद और पक्की हो गई। पदक के दावेदारों में शुमार हो चुकी मैरी ने कैरोलिना मिशालचुक को 19-14 से हराकर महिला लाईवेट 51 किलोग्राम वर्ग के क्वार्टर फाइनल में जगह बना ली थी। अब वह पदक से सिर्फ एक कदम दूर थी।

इस मैच में मैरी शुरू से ही पोलैंड की कैरोलिना मिशालचुक पर हावी रहीं और यह दबदबा उसने अंत तक बनाए रखा।

आक्रामक मुक्केबाजी का बेहतरीन उदाहरण देते हुए उसने कैरोलिना को पस्त कर दिया था। अनुभवी मैरी जानती थी कि प्वाइंट वाले मुक्के कौन से हैं और मैरी की निगाह सिर्फ विरोधी के चेहरे पर थी। पहले दौर में मैरी 3-3 से बराबरी पर रही, दूसरे राउंड में 5-4 की बढ़त ली और तीसरे दौर में मैरी ने पूरी तरह से दबदबा बनाया और 7-3 की बढ़त हासिल की। जबकि चौथा दौर 4-4 से बराबरी पर रहा।

मैरी का कद अपनी प्रतिद्वंद्वी के मुकाबले में कम था, लेकिन रिंग में उसके कदमचाल और मुक्कों के चुनाव का विरोधी के पास कोई जवाब नहीं था। हालाँकि कैरोलिना अपने चित-परिचित अंदाज में काफी आक्रामक नजर आईं। कई बार उन्होंने मैरी को कोने में धकेलने की कोशिश की, लेकिन मैरी बहुत समझ-बूझ के साथ खेलीं और कई अच्छे प्वाइंट स्कोर किए।

अब मैरी को ओलंपिक मैडल हासिल करने के लिए केवल अपने अगले मैच में जीत हासिल करने की जरूरत थी। यहाँ एक बात गौर करनेवाली यह भी है कि कैरोलिना मिशालचुक 54 किलोग्राम वर्ग में विश्व चैंपियन रह चुकी थी और मैरी ने ओलंपिक में हिस्सा लेने के लिए ही 51 किलोग्राम वर्ग चुना था, जबकि इससे पहले वह 48 किलोग्राम वर्ग में मुकाबला करती थी। मैरी ने 5 अगस्त, 2012, रविवार के दिन जब अपना प्री-क्वार्टर फाइनल मैच जीता था, तो उसने अपने मैच को अपने जुड़वाँ बच्चों को समर्पित किया था, जिनका रविवार को जन्मदिन था। लोगों की उम्मीदें तो उससे बढ़ी ही थीं। साथ ही मैच जीतने के बाद रेंगपा और नाईनाई की फरमाइशें भी बढ़ गई थीं। मैरी लगातार फोन पर बच्चों के संपर्क में थी। इसलिए पहले राउंड का मैच जीतने के बाद जब उसने घर फोन किया तो बच्चों ने अपनी माँगों की लंबी सूची उसे गिनवा दी। एक ने उससे स्कूटर की माँग की, तो दूसरे को खूब सारे खिलौने चाहिए थे, लेकिन मैरी को इसकी

चिंता नहीं थी, वह तो दोनों बच्चों की माँग खुशी से पूरा करनेवाली थी।

मैरी को एशिया क्षेत्र से उपलब्ध दो सीटों में से एक सीट प्राप्त हो गई थी। चीन की रेन चानचान 51 किलोग्राम वर्ग में पहले ही क्वालीफाई कर चुकी थीं। उत्तर कोरिया की हेई किम भी इस वर्ग में ओलंपिक सीट की दौड़ में शामिल थीं। मैरी के दो मुकाबले जीतने पर उसका पदक पक्का था, लेकिन वह चीजों को हलके में नहीं ले रही थी। उसका पूरा ध्यान बाउट पर था, क्योंकि बाकी मुक्केबाज भी पूरी तैयारी के साथ आए थे।

पहला दौर जीतने पर मैरी को ट्यूनीशिया की मारोना राहाली से खेलना था, जिसे पहले दौर में बाय मिला था। अपने बेहतरीन खेल की बदौलत मैरी ने क्वार्टर फाइनल में प्रवेश किया था। क्वार्टर फाइनल में 6 अगस्त को उसका मुकाबला ट्यूनिशिया की मौरोआ राहाली से हुआ।

क्वार्टर फाइनल मैच में मैरी ने मरुवा रहाली को 15 के मुकाबले छह अंकों से मात दे दी। दो-दो मिनट के चार राउंड खेले गए, जिसके पहले राउंड में दोनों ही खिलाड़ियों ने सँभलकर शुरुआत की। इस चक्र को मैरी 2-1 के अंतर से जीतने में कामयाब रही। दूसरे राउंड में भी मैरी ने अपनी बढ़त बनाई रखी और 3-2 से इसे जीता, लेकिन तीसरे राउंड में मैरी ने जमकर मुक्के बरसाए और 6-1 से यह राउंड अंपने नाम किया। आखिरी राउंड में मैरी ने रहाली को 4-1 से हराया और अंतिम चार में पहुँच गई।

मैरी के लिए मरुवा रहाली से मुकाबला करना ज्यादा आसान था। पहले दो राउंड में उसने अपनी विरोधी के खेलने के तरीके को देखा और फिर अपने हमले शुरू किए थे, जिसका परिणाम सामने था। मैरी अब सेमीफाइनल में पहुँच गई थी, यानी भारत का एक पदक पक्का हो गया था।

जब मैरी यह मुकाबला खेल रही थी तो दर्शकदीर्घा में ऑनलेर और एखम मौजूद थे। उन्हें देखकर मैरी मानसिक ताकत पा रही थी। मैरी ने खुद से वादा किया था कि वह अगले मुकाबले में अपना 100 प्रतिशत देगी और जीत के लिए कोई कोर-कसर नहीं छोड़ेगी। अपने इस खास समय में उसने ऑनलेर से कहा, "मुझे बहुत खुशी होगी अगर मैं देश के लिए पदक जीत पाया। मेरी कोशिश है कि मैं पहले देश के लिए रजत पदक सुनिश्चित करूँ, उसके बाद मैं स्वर्ण पदक के बारे में सोचूँगा। मैं एक समय में एक ही मुकाबले पर ध्यान देना चाहता हूँ।"

यकीनन मैरी ने लगातार दो बाउट जीतकर लंदन ओलंपिक में एक

पदक पक्का कर लिया था, लेकिन 8 अगस्त को रिंग में मैरी के सामने लंदन ओलंपिक की सबसे बड़ी चुनौती निकोला एडम्स होनेवाली थी। निकोला ने बुल्गारिया की खिलाड़ी को 16-7 से हराकर सेमीफाइनल में जगह बनाई थी। मैरी मई में वर्ल्ड चैंपिनशिप के क्वार्टर फाइनल में ब्रिटेन की इस चर्चित बॉक्सर से हार चुकी थी। इस लिहाज से यह मुकाबला मैरी के लिए हिसाब बराबर करने का मौका भी होनेवाला था, लेकिन दर्शकों की नजर से देखा जाए और अगर दोनों बॉक्सरों का आकलन किया जाए तो यह मैच काफी रोचक होनेवाला था, क्योंकि पहली बार 13 साल की उम्र में रिंग में उतरी करीब साढ़े पाँच फुट लंबी निकोला का सामना होगा कद में उनसे छोटी मैरी से और इसके लिए मैरी को अपनी रणनीति बदलनी पड़ सकती है। मैरी ने पिछले दो मुकाबलों में अपने स्ट्रेट पंच से काफी प्वॉइंट हासिल किए थे। वैसे दोनों की उम्र उस समय 29 साल थी। निकोला ने पाँच बार की वर्ल्ड चैंपियन मैरी को एक बेहतरीन बॉक्सर के रूप में आँका था, जब कि निकोला वर्ल्ड चैंपियनशिप में तीन बार की रजत पदक विजेता रह चुकी थी। उसका यह भी सोचना था कि पाँच बार की विश्वविजेता बनने के लिए आप में कुछ अलग ही प्रतिभा होनी चाहिए, लेकिन वह अपनी लंबाई और पहुँच को लेकर आश्वस्त थी कि वे दोनों उसे जीतने में मददगार होंगी। वह अपना पूरा अनुभव मैरी के खिलाफ इस्तेमाल करनेवाली थी। उसे पूरा भरोसा था कि मैरी जो कुछ भी रिंग पर आजमाएगी, वह उसका तोड़ निकाल लेगी। निकोला बुल्गारिया की स्तोयका पेट्रोवा को 16-7 से हराकर सेमीफाइनल में पहुँची थी। सन् 2001 में 18 साल की उम्र में निकोला इंग्लैंड का प्रतिनिधित्व करनेवाली पहली महिला बनी थी। आयरलैंड की बॉक्सर के खिलाफ निकोला की वह बाउट इतिहास का हिस्सा बन चुकी थी। सन् 2003 में वह पहली बार इंग्लिश एमेच्यर चैंपियन बनी थी और इस पर उसका लगातार तीन बार कब्जा रहा, लेकिन निकोला को सबसे बड़ी पहचान सन् 2007 में मिली, जब उसने इंग्लैंड के लिए बॉक्सिंग में कोई पदक जीतनेवाली पहली महिला होने का गौरव हासिल किया। 2012 की यूरोपियन चैंपियनशिप में जीता 54 किलोग्राम भार वर्ग का रजत पदक उसके गले में था। हालाँकि सन् 2009 निकोला के कॅरियर का सबसे बुरा दौर था। पीठ की चोट के कारण वह काफी महीने खेल से बाहर रही थी, लेकिन ठीक अगले साल ब्रिटेन की पहली एमेच्यर चैंपियनशिप जीतकर वापसी की थी। सन् 2011 की यूरोपीय

यूनियन एमेच्यर चैंपियनशिप भी उसके नाम ही थी।

हालाँकि विशेषज्ञों के अनुसार मैरी निकोला एडम्स से जीत सकती थी, बशर्ते वह अपने अनुभव का इस्तेमाल करती। मैरी का जो कद है, उसके हिसाब से उसे दूर से खेलने की सभी सलाह दे रहे थे। लंबे पंच लगाने और जवाबी हमले पर ज्यादा ध्यान देने की ओर ध्यान दिला रहे थे। मैच में वह कितनी फुरती दिखाती है, वह तय होनेवाला था कि मैरी सफल हो पाती है या नहीं। लोगों का कहना था, मैरी काफी अनुभवी बॉक्सर है, वह रिंग के अंदर फैसला ले सकती है कि किस आक्रमण को बचाना है और किस पर जवाबी मुक्के बरसाने हैं. मैरी बाएँ हाथ की मुक्केबाज है और इसका फायदा उसे मिल सकता है।

इससे पहले ट्यूनीशिया की मुक्केबाज के खिलाफ मैरी ने पहला राउंड बहुत सँभलकर खेला था और विपक्षी खिलाड़ी की क्षमता को भाँपकर आगे के राउंड में तेज आक्रमण किया था, लेकिन वह सेमीफाइनल में भी यही रणनीति कायम रखती, यह जरूरी नहीं था। वह विश्व की नंबर दो बॉक्सर थी और पहले से तैयार थी। इस स्तर पर आखिरी मौके पर मैरी प्रतिद्वंद्वी को आँक नहीं सकती। उन्हें और उनके कोच ने निकोला का वीडियो देखकर पहले से मैच की रणनीति बनाई थी। उधर निकोला मैरी के खिलाफ मुकाबले

को लंबा खींचना चाहती थी, जिससे उसे फायदा पहुँचनेवाला था। 29 साल की निकोला ने मैरी को पहले भी हराया था और उसका हौसला भी काफी बढ़ा हुआ था।

इधर मैरी ने निकोला को ध्यान में रखकर तैयारी की थी। क्वार्टर फाइनल मैच के बाद वह अपनी ओर से पूरी तैयारी कर रही थी। वह पिछले तीन-चार साल से लिवरपूल में अपने से लंबे और बड़े लड़के के साथ अभ्यास कर रही थी।

महान् मुक्केबाज मोहम्मद अली की प्रशंसक निकोला ने और उनका वीडियो देखकर उसने मशहूर 'अली शफल' का अभ्यास किया था। इस दाँव में खिलाड़ी अपने कदमों को खास अंदाज में तेजी से आगे-पीछे करता है और प्रतिद्वंद्वी को छकाता है। मुकाबला मुश्किल था, लेकिन सबको मैरी से जीत की उम्मीद थी।

लंदन ओलंपिक में इस मुकाबले को लेकर भारत में तो उत्साह था ही, ब्रिटेन के उत्तरी आयरलैंड की राजधानी बेलफास्ट के दो स्कूलों में भी उनकी जीत के लिए बच्चे दुआ कर रहे थे।

बेल्फास्ट के स्कूल मेथोडिस्ट और बेल्फास्ट के पास स्थित एक और शहर बेलीमेना के बेलिकील प्राइमरी स्कूल के बच्चों को भारत के उन स्कूलों के बच्चों से संपर्क करने का या ट्विनिंग का बी.बी.सी. ने मौका दिया, जहाँ मैरी ने पढ़ाई की थी।

दरअसल ट्विनिंग वह व्यवस्था होती है, जिसमें एक देश के स्कूल के छात्र दूसरे देश के छात्रों के साथ अपने अनुभव साझा कर सकें, कुछ सीख सकें, एक अलग दुनिया, समाज और संस्कृति को समझ सकें।

उत्तरी आयरलैंड के ये दो स्कूल ऐसे थे, जहाँ बॉक्सिंग को लेकर थोड़ी दिलचस्पी थी, इसलिए ये स्कूल एक-दूसरे से जुड़ गए।

मैरी के स्कूल के साथ जोड़े जाने का कारण यह भी था कि पिछले कुछ वर्षों में आयरलैंड के इन दोनों स्कूलों के कुछ छात्र बॉक्सिंग में काफी सक्रिय रहे थे। एक ने स्थानीय और राष्ट्रीय प्रतियोगिताओं में अच्छा प्रदर्शन भी किया। तब स्कूलों ने अपने आवेदन में बॉक्सिंग का जिक्र किया था, जिसके कारण लगता था कि उन्हें मैरी के स्कूल के साथ ट्विन कर दिया जाए।

इन स्कूलों में वैसे भी भारत को लेकर काफी उत्सुकता थी। उन दिनों

आयरलैंड के बच्चे वहाँ भारतीय गानों पर डांस करते और छोटी बच्चियाँ साड़ी पहनकर भारतीय दिखने की कोशिश करतीं।

8 अगस्त को मैरी मुकाबले के लिए बॉक्सिंग रिंग में उतरनेवाली थी उसकी कामयाबी पर भारतीय ही नहीं, सवा सात हजार किलोमीटर दूर स्थित उत्तरी आयरलैंड के इन स्कूलों के छात्रों की निगाह भी थी।

हालाँकि उनके सामने दुविधा यह भी थी कि वे किसका साथ दें, क्योंकि मैरी की प्रतिद्वंद्वी थी ब्रिटेन और उत्तरी आयरलैंड के ओलंपिक दल की निकोला एडम्स। ऐसे में इन छात्रों के लिए चुनाव मुश्किल था। उनको अपने देश और दोस्त के बीच चुनाव करना था।

बहरहाल 8 अगस्त को जब मुकाबला शुरू हुआ तो इस मुकाबले में निकोला एडम्स का हौसला बढ़ाने के लिए ब्रिटिश प्रधानमंत्री डेविड कैमरन और पिछले ओलंपिक के रजत पदकधारी आमिर खान भी दर्शकों में मौजूद थे। उधर भारत में मैरी की बाउट के दौरान राजधानी इंफाल की सड़कें सूनी हो गई थीं और लोग बेसब्री से इसका इंतजार कर रहे थे। कुछ इलाकों में बिजली नहीं होने के बावजूद जनरेटर चालू कर टी.वी. सेटों पर यह मुकाबला देखा जा रहा था। मुक्केबाजी जगत् में 'बच्चों जैसे चेहरे' के नाम से मशहूर निकोला ने पहले राउंड में ही 3-1 की बढ़त बना ली थी। मैच के दौरान मैरी ढीली नजर आई तो वहीं निकोलस काफी आक्रामक और सधकर खेल रही थीं। दूसरे राउंड में निकोला ने मैरी पर एक खतरनाक हुक जड़ा, जिसके बाद उन्होंने मैरी के नीचे गार्ड का फायदा उठाकर सीधा ताकतवर पंच लगा दिया। ब्रिटिश मुक्केबाज ने तीन और अंक जुटाकर यह बढ़त 5-2 कर ली, जिससे मैरी के लिए वापसी करना मुश्किल हो गया। मैरी तीसरे राउंड में वापसी के लिए बेताब दिखी, लेकिन उसके कुछ पंच सही जगह नहीं लगे और निकोला ने इस राउंड में 3-2 के स्कोर से 8-4 की बढ़त बना ली। निर्णायक राउंड में निकोला ने मैरी को खुद से दूर रखा और इससे उन्होंने मैरी को थका दिया। हताशा में मैरी ने अपने प्रतिद्वंद्वी के सिर पर पीछे से दो मुक्के जड़ दिए। हालाँकि 11-6 के परिणाम से ऐसा लग सकता है कि कुछ मुकाबला हुआ था, लेकिन यह साफ था कि विश्व चैंपियनशिप में दो बार की उपविजेता शानदार तरीके से जीतीं।

इस मुकाबले में लंबाई का निकोला को फायदा मिला, क्योंकि निकोला ने अपने भारी-भरकम शरीर और लंबे हाथों का इस्तेमाल अच्छी तरह किया

तथा दूर से ही पंच लगाए, साथ ही वह मैरी की पहुँच से भी दूर रहीं और मैरी को प्वॉइंट हासिल करने के लिए संघर्ष करना पड़ा। मैरी भी कुछ जोरदार मुक्के लगाने में कामयाब रही। यह मुकाबला 11-6 से निकोला के नाम रहा और भारत की एस.सी. मैरी को कांस्य पदक मिला। पाँच बार की विश्व चैंपियन मैरी अपनी ब्रिटिश प्रतिद्वंद्वी के सामने कहीं नहीं टिकी, जिसने घरेलू दर्शकों के सामने मैरी को 11-6 से पस्त कर दिया। जब मैरी निकोला एडम्स से हार रही थी, तब भीड़ में उसके सपोर्ट में उठ रही कई आवाजों के साथ उस सेल्समैन की भी आवाज उठ रही थी, जिसकी दुकान पर से मैरी ने वह हलकी जैकेट खरीदी थी, पर निकोला की जीत के साथ ही उस सेल्समैन की आवाज भी हजारों लंदनवालों की आवाज में दबकर खामोश हो गई। मैरी मुकाबला 11-6 से हार गई, लेकिन उसे लंदनवासियों का कितना प्यार मिला था, यह बात इससे पता चलती है कि मैच के बाद ज्यादा लोगों ने मैरी के साथ तसवीरें खिंचवानी चाहीं।

'मैग्नीफिशेंट मैरी' नाम से मशहूर मैरी कॉम के लिए हालाँकि कांस्य पदक जीतना निश्चित रूप से अच्छा प्रयास था, जिसका नाम भारतीय खेलों के इतिहास में लिखा गया था, क्योंकि महिला मुक्केबाजी में वह हमेशा ही ओलंपिक पदक जीतनेवाली पहली भारतीय महिला मुक्केबाज रहनेवाली थी।

उधर कांगाथेई में मैरी के टॉम्पा पिता सेमीफाइनल में मैरी की हार से निराश थे, उनके घर में मीडियाकर्मियों की भीड़ जमा थी। इसलिए जैसे ही टॉम्पा ने मैरी को हारते हुए देखा, वे दुःखी होकर घर की रसोई में जाकर चुप-चाप बैठ गए थे, लेकिन रेचुंग्वार और खुपेंवार ड्राईंग रूम में अजनबियों से एक आस लिये टी.वी. स्क्रीन की तरफ निहार रहे थे कि शायद उनकी माँ दोबारा परदे पर दिख जाएँ। हालाँकि टॉम्पा को अपनी बेटी पर गर्व था, क्योंकि टॉम्पा मानते थे कि इन सब में भगवान् की मरजी होती है। उनकी चुंगलीजान ने बहुत मेहनत की और कांस्य पदक तो जीत ही लिया है. उस पर मणिपुर और भारत को गर्व है यह सोचकर उनका सीना और चौड़ा हुआ जाता था।

मैच के बाद मैरी मीडिया से बात किए बिना चली गई। उसने सिर्फ इतना ही कहा, "यह मेरा दिन नहीं था, भीड़ निकोला के साथ थी और उसने दूसरे राउंड में मुझसे काफी बढ़त भी हासिल कर ली थी। यह मेरा दिन था ही नहीं। मैं इस मुकाबले को लेकर तनाव में नहीं था। मैं सोच रही थी कि

जब मेरे हाथ में कुछ है ही नहीं तो फिर चिंता क्या करना। मैं सिर्फ भगवान् के बारे में सोच रहा था। भगवान् ने मेरा संघर्ष देखा है और मैं जानता था कि वह उसे बेकार नहीं जाने देंगे।''

लेकिन सेमीफाइनल में हारकर कांस्य पदक जीतनेवाली मैरी की निकोला एडम्स ने काफी प्रशंसा की। निकोला एडम्स ने कहा कि अगर मैरी शुरू से ही 51 वर्ग कि.ग्रा. में खेलते आई होती तो शायद मैं हार गई होती! एडम्स ने कहा, ''मैरी ने बहुत अच्छा खेला, लेकिन छोटी कद और इस वर्ग में नियमित नहीं खेल पाने से हार गईं। मैरी भले ही हार गईं, लेकिन वह एक बड़ी खिलाड़ी हैं। वे पाँच बार विश्व चैंपियन रही है. पिछली बार हमारे मैच के बाद उन्होंने मेरी कमजोरियों पर काम किया, लेकिन मैंने इस बीच खुद को काफी सुधारा है।''

तत्कालीन भारत के खेल मंत्री अजय माकन ने भी मैरी के खेल की तारीफ की। उन्होंने कहा, ''मैरी कॉम अपने से अधिक वजन की श्रेणी में खेल रही थीं। वे अच्छा खेलीं, लेकिन अपनी लंबी, युवा और मजबूत प्रतिद्वंद्वी से हारीं। ओलंपिक में कांस्य भी एक बड़ी उपलब्धि है।'' मैरी कॉम निश्चित ही अरबों भारतीयों के उम्मीदों पर खरा उतरी है और आगे भी लोगों का दिल जीतती रहेगी।

इस हौसला अफजाई के बाद भी यह शायद मैरी की महानता रही कि पदक जीतने के बाद भी उसने भारत से यह कहते हुए माफी माँगी, ''मुझे अफसोस है कि मैं करोड़ों भारतीयों की उम्मीद पर खरी नहीं उतरा। सब सोच रहे थे कि मैं गोल्ड जीतूँगा, लेकिन मैं उनके भरोसे को पूरा नहीं कर पाया।'' ऐसा दृश्य न पहले कभी भारतीय खेल जगत् में देखा गया और न ही भविष्य में इसकी कोई संभावना है कि कोई खिलाड़ी पूरे देश से इसलिए माफी माँगे कि वह उनकी उम्मीदों पर खरी नहीं उतर पाई। और वह भी ऐसी खिलाड़ी, जिसने ओलंपिक खेलों में कांस्य पदक जीता हो। इस माहौल में उदास थीं माँगटे चुंगनी जांग मैरी। बैडमिंटन में साइना नेहवाल को भी ऐसी ही स्थिति में कांस्य पदक मिला था। साइना उसे अपने जीवन की सबसे बड़ी उपलब्धि मान रही थीं और मैरी देश से माफी माँग रही थीं। लोगों ने उससे यह जानने की कोशिश की कि क्या उसे कांस्य पदक से संतोष नहीं था? मैरी को व्यक्तिगत रूप से कोई परेशानी नहीं थी, लेकिन लोगों की उससे स्वर्ण पदक जीतने की जो उम्मीद थी, वह पूरी न हो पाने का उसे अफसोस था। मैरी ने यह सफाई

देने की भी जरूरत नहीं समझी कि स्वर्ण पदक जीतने की उम्मीद लेकर लंदन गई, वह कांस्य पदक ही क्यों जीत पाई।

भले ही मैरी को कांस्य पदक से सब्र करना पड़ा हो, लेकिन यह पदक भी कम नहीं था। मैरी के प्रयास और मेहनत को किसी पदक से नहीं आँका जाना चाहिए। यह प्रयास एक मिसाल है, जो भारत में महिला समाज की ओर इशारा करता है। जब मैरी ने खेलना शुरू किया तो उसको किसी का समर्थन न था, लेकिन ओलंपिक में कांस्य पदक जीतने के बाद अब लगता था कि उसका सड़क पर चलना मुश्किल हो जाएगा, क्योंकि हर ओर मैरी के नाम की गूँज उठ रही थी।

जब मैरी प्रतियोगिता खत्म करके भारतीय पत्रकारों से बात करने आई तो उसके पास भारत से लगातार फोन आ रहे थे। इन फोन के बीच मैरी ने सबसे कहा कि वह रुकेगी नहीं, अगर सब ठीक रहा तो उसे पूरा यकीन है कि वह रियो में होनेवाले अगले खेलों तक भी रहेगी। उसका यह मेडल भारत की उन महिलाओं को समर्पित है, जो कोशिश तो करती हैं, लेकिन किसी वजह से सफल नहीं हो पातीं, उनके लिए उसका संदेश था कि वे अपने लक्ष्य को पाने में लगी रहें। जरूर सफलता मिलेगी।

लंदन ओलंपिक में भारत ने तब तक छह पदक (दो रजत पदक व चार कांस्य पदक ही आ पाए थे) जीते थे, जिनमें से मैरी समेत दो महिलाओं ने जीते थे। इसलिए कोई यह नहीं कह सकता था कि भारत की महिलाएँ पीछे हैं। उन्हें पानेवाले खिलाड़ी ऐसे गद्गद थे, मानो उन्होंने आसमान फतह कर लिया हो।

लंदन में मैरी के चाहनेवालों की कमी नहीं थी। इसलिए उस मैच के बाद लंदन के मशहूर विक्टोरिया पब में मणिपुर के लोगों को उसका इंतजार था। सैकड़ों देशों के लोग लंदन में रहते हैं और यहाँ कुछ मणिपुरियों का दिख जाना कोई बड़ी बात नहीं, लेकिन एक साथ 200 मणिपुरी लोगों को देखना सच में हैरान करनेवाला था।

थोड़ी देर में इंतजार खत्म हुआ। कांस्य पदक विजेता मुक्केबाज मैरी ने पब में कदम रखा। मणिपुर यूरोपियन एसोसिएशन ने उन्हें सम्मानित करने के लिए यहाँ बुलाया था। वहाँ मौजूद हर शख्स ने गर्मजोशी के साथ मैरी का स्वागत किया। भले ही मैरी ब्रिटेन की निकोला एडम्स से सेमीफाइनल का मुकाबला हार गई थी, लेकिन लोकप्रियता में वह उनसे जरूर आगे थी, यह

वहाँ उपस्थित मणिपुरवासियों के अतिरिक्त जमा भीड़ से पता चल रहा था।

मैरी के विक्टोरिया पब में आते ही चहल-पहल तेज हो गई। हर कोई उससे हाथ मिलाना चाहता था, उसके साथ फोटो खिंचवाना चाहता था। सबको मौका मिला। रिंग के अंदर धीर-गंभीर रहनेवाली मैरी ने इस मौके पर मणिपुरी भाषा में चटपटे चुटकुले सुनाकर सबको अपना अलग रंग दिखाया। लगता ही नहीं था कि यह वही मैरी है, जिसने पाँच बार अपने मुक्के के दम पर पूरी दुनिया में बादशाहियत पाई है।

इसी बीच मणिपुर के दूसरे बॉक्सर देवेंद्रो सिंह भी वहाँ पहुँच गए। फिर तो पूरा माहौल मणिपुरी हो गया। कार्यक्रम शुरू होते ही मणिपुर के मुख्यमंत्री इबोबी सिंह का फोन आ गया। उन्होंने मैरी से पूछा, "आपको राज्य की ओर से और क्या चाहिए?" मैरी ने बिना किसी लाग-लपेट के उनको पुराना वादा याद दिलाया, "मेरी अकादमी के लिए जो दो एकड़ जमीन का वादा था, वह अभी तक पूरा नहीं हुआ है।"

मैरी वहीं एक बॉक्सिंग अकादमी भी चलाना चाहती थी, जिसकी बहुत छोटी शुरुआत वह कर चुकी थी, लेकिन उसे उस तरह की सुविधाएँ नहीं मिली थीं, जैसी दिल्ली या दूसरी जगहों पर मुक्केबाजों को मिलती हैं। फिर भी वह ऑनलेर के साथ इस काम में लगी थी। मैरी अपने घर समेत मणिपुर में कुल तीन बॉक्सिंग ट्रेनिंग के प्रोग्राम चला रही थी। जिनमें ज्यादातर ऐसे बच्चे थे, जो सीधे अपने-अपने स्कूल से वहीं पहुँचते थे और बेसब्री से घंटों होनेवाली प्रैक्टिस का इंतजार करते थे। मन में एक आस और संकल्प लिये। बॉक्सिंग अकादमी के बच्चे भी मैरी के लौटने का बेसब्री से इंतजार कर रहे थे।

मुख्यमंत्री से बात करने के बाद मैरी ने वहाँ देवेंद्रो को कहा, "मैंने मुख्यमंत्री से कह दिया कि अब तो मैं ओलंपिक पदक विजेता हूँ। मेरा हक ज्यादा बनता है।" उसकी बात सुनकर देवेंद्रो ने भी मुसकराते हुए हामी भरी। मैरी का कहना था कि ओलंपिक में पदक जीतने का अपना सपना पूरा करने के बाद अब उसकी प्राथमिकता अपनी मुक्केबाजी अकादमी को अत्याधुनिक सुविधाओं से युक्त करना और उसमें सुधार करना है।

पब में उपस्थित मणिपुर के लोगों को मैरी ने कहा, "मैं उन सभी का धन्यवाद करना चाहता हूँ, जिन्होंने मुझे प्रोत्साहित किया और मेरे लिए प्रार्थना की। मुझे सम्मानित करने के लिए मैं मणिपुर और असम सरकार का धान्यवाद

करना चाहती हूँ। अब मेरी प्राथमिकता मणिपुर में मेरी अकादमी का पुनर्निर्माण और उसे अत्याधुनिक सुविधाओं से युक्त करना है।''

बातचीत खत्म होने के बाद जश्न का मौका आया तो शैंपेन की बोतल खोलने में मैरी को अपने मुक्के से भी ज्यादा जोर आजमाना पड़ा, लेकिन जब पॉप की आवाज के साथ बोतल खुली तो माहौल तालियों से गड़गड़ा उठा, तभी फिर फोन की घंटी बजी। इस बार फोन यूरोप के ही स्विट्जरलैंड से आया था और बोलनेवाला मणिपुरी में बात कर रहा था। फोन करनेवाले ने कॉम को अकादमी के लिए 1000 डॉलर देने का वादा किया।

थोड़ी सी भावुक होते हुए मैरी ने फोन रख दिया। दूसरे कोने में बैठी एखम की आँखें नम हो चुकी थीं। उन्हें इस बेटी पर प्यार और लाड़ से ज्यादा गर्व हो रहा था। दूसरे कोने में ऑनलेर खड़ा था। वह खामोश था, लेकिन उसकी चमकीली आँखें शायद कह रही थीं कि हर कामयाब पत्नी के पीछे एक पति का हाथ होता है।

□

मणिपुर वापिसी

मैरी लंदन ओलंपिक से कांस्य पदक लेकर लौट रही थी। ओलंपिक खेलों में पहली बार हिस्सा लेनेवाली मैरी का इस भव्य आयोजन में भाग लेना और एक पदक जीतने का सपना था, जो पहली बार पूरा हो गया था। वह विमान, जिसमें मैरी दिल्ली वापिस आई थी, उसके पहियों के रनवे पर छूने के समय सुबह का सूरज उग रहा था। मैरी अपना पेपरवर्क पूरा करके एयरपोर्ट के लॉन्ज में आई तो उसकी निगाहें ऑनलेर और एखम को ढूँढ़ रही थीं, लेकिन उनके बदले उसके सशस्त्र गार्डों ने घेरा हुआ था। उसकी समझ में नहीं आया कि ऐसा क्यों हो रहा है, लेकिन जब वह एयरपोर्ट से बाहर आई तो उसे पता चला कि बाहर उसके इंतजार में भारी भीड़ जमा थी, जिसके कारण उसे गाड्र्स घेरकर चल रहे थे। उसके स्वागत में बैंड बजाया जा रहा था और भीड़ का हर व्यक्ति मैरी के गले में फूलमाला पहनाने की कोशिश में था। ऐसा भावपूर्ण स्वागत देखकर मैरी भावुक हो गई। उस भीड़ में वह ऑनलेर और एखम को ढूँढ़ रही थी, जो उसे दूर-दूर तक नहीं दिखाई दे रहे थे, लेकिन तभी आई.ए.बी.एफ. द्वारा भेजी कार उसे लेने के लिए आ पहुँची और मैरी को उसमें बैठना पड़ा। मैरी से मीडिया की मुलाकात का एक आयोजन किया गया था, इसलिए उसे उस स्थान पर ले जाया गया।

इस सबके बीच अपने बच्चों को देखने की अधीरता मैरी के मन में बढ़ती जा रही थी, जिनको एयरपोर्ट ही आना था, वे एयरपोर्ट आए होंगे, लेकिन उनका मैरी से मिलना नहीं हो पाया, यह सोचकर मैरी की व्याकुलता तेज हो गई। ऐसे में उस भीड़ में भी मैरी ने एकाएक खुद को अकेला महसूस किया। स्थिति यह हुई कि मैरी का मन उस चलती कार से कूदने का होने लगा। मैरी ने ड्राइवर को एयरपोर्ट वापिस चलने के लिए कहा, जहाँ कुछ

कॉम जाति के छात्र उसे दिखाई दिए। वे मैरी को उसके बच्चों और परिवार तक ले गए। जैसे ही बच्चों ने मैरी को देखा वे इमा-इमा'' पुकारते हुए मैरी के गले लग गए। मैरी ने उनको कसकर गले लगा लिया। उस समय उसने आस-पास खड़े लोगों की कोई परवाह नहीं की।

इस दृश्य को देखकर वहाँ खड़े लड़के और लड़कियों ने ड्रम की ध्वनि और तेज कर दी तथा सभी मणिपुर का लोकनृत्य करने लगे। भावुक होकर मैरी भी उनके साथ नृत्य करने लगी। इस जोरदार स्वागत के बाद मैरी और उसके परिवार को अशोका होटल में ठहरा दिया गया, जिसमें खेल मंत्रालय की ओर से व्यवस्था की गई थी।

इस बीच मैरी ने कुछ समय अपने परिवार के साथ बिताने के लिए मीडिया से आग्रह किया। अगले कुछ दिनों तक मैरी अनगिनत कार्यक्रमों में व्यस्त रही। दिल्ली आने के चार दिनों के बाद मैरी परिवार के साथ इंफाल की ओर रवाना हो गई। देवेंद्रो और मैरी एक ही फ्लाइट में इंफाल गए। मैरी के स्वागत के लिए मणिपुर के सामाजिक संगठनों ने जबरदस्त तैयारी की थी। ड्रमों की थाप हवा में गूँज रही थी। मैरी का पारंपरिक सेरन्ग और शॉल के साथ स्वागत किया गया। एयरपोर्ट के बाहर फूलों से सजी ओपन जीप में मैरी को बिठाकर पूरे इंफाल शहर में घुमाया गया। उस दौरान होनेवाली बारिश ने भी लोगों के उस जोश को ठंडा नहीं किया। 'मैरी जिंदाबाद', 'देवेंद्रो जिंदाबाद' के नारों से इंफाल की फिजा गूँज रही थी। एक बार फिर खुमान लंपक स्टेडियम में मैरी के स्वागत के लिए भारी भीड़ जुटी थी, जिसमें मुख्यमंत्री ओ. इबोबी सिंह के साथ अन्य मंत्री भी उपस्थित थे। उसी सम्मान समारोह में मणिपुर के मुख्यमंत्री ने मैरी को 75 लाख का चेक दिया। साथ ही मैरी को असम के मुख्यमंत्री तरुण गोगोई ने 20 लाख रुपए का नकद इनाम और राज्य में बॉक्सिंग अकादमी बनाने के लिए भूमि आवंटित करने की घोषणा की थी। सरकार ने मैरी की पुलिस में रैंक बढ़ाकर सुपरिटेंडेंट ऑफ पुलिस कर दिया को था।

मणिपुर के मुख्यमंत्री ने मैरी को बधाई देते हुए कहा, "यह पूरे राष्ट्र के लिए और हमारे छोटे से राज्य के लिए गौरव की बात है। राज्य पुलिस में उनकी पदोन्नति की प्रक्रिया भी पूरी हो गई है। लंदन ओलंपिक में कांस्य पदक जीतने के बाद मणिपुर सरकार उन्हें बॉक्सिंग अकादमी चलाने के लिए 3.3 एकड़ भूखंड भी दे रही है। अभी तक धन की कमी के कारण इस अकादमी में वे 30 लड़कियों को खुले आसमान के नीचे बॉक्सिंग सिखा रही

हैं, लेकिन जैसे मणिपुर के लोगों में बॉक्सिंग का जज्बा है। उसी तरह हर राज्य को अपनी-अपनी प्रतिभाओं की खोज करके उन्हें आगे बढ़ाने का प्रयास करना चाहिए। इसलिए मैरी के इस प्रयास की सराहना करते हुए उन्हें यह भूखंड दिया जा रहा है।''

जब मैरी को भी कुछ कहने को मौका मिला तो उसने असम सरकार को आभार जताते हुए कहा, ''यदि असम सरकार वहाँ मुक्केबाजी अकादमी में ढाँचागत विकास के लिए पैकेज दे तो वहाँ भी मैरी अकादमी की शाखा खोली जा सकती है।''

मैरी को अरुणाचल सरकार ने भी 10 लाख रुपए देने की घोषणा की। अरुणाचल प्रदेश के मुख्यमंत्री नबाम टूकी ने मैरी को 10 लाख रुपए का इनाम देने की घोषणा की थी।

टूकी ने कहा कि ओलंपिक में पहली बार शामिल महिला मुक्केबाजी का पदक जीतने के लिए मैरी को यह सम्मान दिया जाएगा। क्योंकि मैरी ने साबित किया है कि पूर्वोत्तर क्षेत्र में तमाम खेल प्रतिभाएँ मौजूद हैं।

मैरी के पदक जीतने पर उनके पूर्व कोच इबोचा सिंह ने कहा कि यह हमारे लिए गर्व की बात है कि उन्होंने कांस्य जीता। यह उनकी मेहनत और दृढ़ संकल्प का नतीजा है। हालाँकि मैरी ने बाद में उनसे बताया कि ओलंपिक में बॉक्सिंग मुकाबलों में मैच रैफरी ज्यादा अनुभवी नहीं थे, जिससे कि मैच का परिणाम 6-11 रहा। मैरी के खयाल से इसे 2-3 से ज्यादा नहीं होना चाहिए था, लेकिन उसे नहीं पता कि उसे सेमीफाइनल राउंड में क्या हो गया था। उसका शरीर ठीक से 'मूव' नहीं कर पा रहा था, उसे समझ में नहीं आ रहा था कि उसे क्या करना चाहिए। वह 'कनफ्यूज' थी। वैसे कभी भी मुकाबले के पहले वह नर्वस नहीं होती थी, लेकिन उसे उस समय क्या हो गया था, यह वह नहीं बता सकती थी। वह हमेशा की तरह तेज आक्रमण नहीं कर पा रही थी, इसका कारण वहाँ के समर्थक भी हो सकते हैं, जो निकोला का उत्साहवर्द्धन कर रहे थे। आमतौर पर समर्थकों का उस पर कोई प्रभाव नहीं पड़ता, लेकिन संभवत: यह सेमीफाइनल के दबाव के कारण था। यह ओलंपिक में महिला बॉक्सिंग की शुरुआत थी और भारत की तरफ से केवल मैरी ही चुनौती पेश कर रही थी।

बहरहाल जो भी था, मैरी उन चुनिंदा एथलीटों में से बन चुकी थीं, जिन्हें अपने पहले ही ओलंपिक में पदक जीतने का अवसर मिल पाता है।

ओलंपिक में महिला मुक्केबाजी को शामिल किए जाने से पहले ही मैरी अंतरराष्ट्रीय मुक्केबाजी में बहुत बड़ा नाम बन चुकी थी। ओलंपिक में पदक लेकर उसने अपने 12 साल के कॅरियर को स्वर्णिम बना लिया था।

हालाँकि भारत को और पूरे मणिपुर को शायद उससे एक स्वर्ण पदक की आस थी, जो पूरी नहीं हो सकी, लेकिन इस उम्र में कांस्य जीतना किसी मुक्केबाज के लिए कम नहीं होता। पाँच बार विश्व प्रतियोगिता का खिताब जीत लेना कोई मामूली बात नहीं होती। साइना नेहवाल और अभिनव बिंद्रा जैसे खिलाड़ियों के लिए भी विश्व चैंपियन बनना अभी एक सपना सा है।

एक दूसरी बात यह भी थी कि मैरी के अपने देश भारत में अब शायद ही कोई ऐसा खेल पुरस्कार शेष रह गया था, जो उन्हें नहीं मिला हो। पद्मश्री, अर्जुन पुरस्कार और राजीव गांधी खेल रत्न जैसे नामी-गिरामी पुरस्कार तो ओलंपिक में भाग लेने के पहले ही उनकी झोली में थे।

मैरी के ओलंपिक पदक से सरकार को एहसास हो चुका था कि 8 प्रतिशत आबादीवाले आदिवासियों को अगर सही देख-रेख और प्रोत्साहन मिले तो निश्चित ही ये आदिवासी रत्न बाकी 92 प्रतिशत आबादी से ज्यादा खरे उतरेंगे।

भारत को पहला ओलंपिक पदक भी आदिवासी ने ही दिलाया, जब सन् 1928 को एमेस्टड्रम में आयोजित ओलंपिक प्रतियोगिता में जयपाल सिंह मुंडा के नेतृत्व में खेलते हुए भारतीय हॉकी टीम ने स्वर्ण पदक जीतकर भारत को विश्व में पहचान दिलाई थी।

मैरी ने जो कर दिखाया था, उसका कोई सानी नहीं है। मुक्केबाजी देश के अधिकतर प्रांतों में लोकप्रिय नहीं है, फिर मणिपुर जैसे सुदूर और पिछड़े इलाके की इस महिला ने जो सम्मान देश को दिया था, उसका कोई जोड़ नहीं था। इस तरह का विरला प्रदर्शन भारत के खेल इतिहास में कहीं भी दर्ज नहीं है। अपनी मेहनत के बलबूते मैरी ने यह इतिहास रचा था। उसके पास न तो कोई बड़ा स्पॉन्सर है और न कोई अन्य सहायता। ऐसे में मैरी का प्रदर्शन लाजवाब ही माना जाना चाहिए।

□

मैरी के जीवन पर फिल्म

जिंदगी में हम सभी कुछ भी कभी भी पा सकते हैं, लेकिन सिर्फ एक चीज जो हमें काफी कुछ हासिल करने से रोक देती है वह है डर, और जो इस डर से जीत जाता है वही सच्चा फाइटर कहलाता है। मैरी भी एक ऐसी ही फाइटर है, जिसने हमारे देश को बॉक्सिंग के क्षेत्र में बेहतरीन जीत हासिल कराई। मैरी की जिंदगी जितनी मुश्किलों भरी रही, उतनी ही मैरी मजबूत बनती गई और आखिरकार जिंदगी की कठिनाइयों को हराते हुए वह एक विजेता बनी। उस विजेता की जिंदगी पर फिल्म बनाने का निर्णय इस देश के लिए आश्चर्यजनक इसलिए था, क्योंकि भारत युवाओं का देश है, फिर भी यहाँ एथलीट पर फिल्में नहीं बनी थीं। दूसरी ओर ओलंपिक में पदक लाने से पहले तक अपने ही देश के लोग मैरी कॉम को जानते नहीं थे, पर मैरी ने हर अवसर पर देश का मान बढ़ाया। युवाओं के लिए मैरी की निजी जिंदगी प्रेरणादायक होते हुए शारीरिक स्तर पर बड़ी चुनौती थी।

ऐसा ही सोचकर मैरी की प्रेरणादायी जिंदगी को लोगों के सामने लाने के लिए ओमंग कुमार ने मैरी कॉम फिल्म बनाने का फैसला किया, जिसमें प्रियंका चोपड़ा ने मुख्य भूमिका निभाई। इस फिल्म के पटकथा लेखक थे 33 साल के सैविन, जिन्होंने इस फिल्म पर तीन-साढ़े तीन साल मेहनत की, जिसको वे 'एक लंबी और मुश्किलों से भरी गर्भावस्था' करार देते हैं। किसी समय इवेंट मैनेजमेंट से जुड़े रहे सैविन का दावा था कि इस फिल्म का सफर भी मैरी कॉम के सफर से कम मुश्किल नहीं रहा। खास बात यह भी है कि फिल्म का विषय महिला प्रधान और अलग-थलग होने के बावजूद संजय लीला भंसाली और वायकॉम 18 जैसे बड़े निर्माताओं को इस फिल्म के साथ जोड़ने में सफलता मिली थी। उनके साथ पिछले कई सालों से रेडियो जॉकी

रहे करण सिंह की मेहनत भी जुड़ी। करण ने मैरी कॉम फिल्म में संवाद लिखे। उनका मानना था कि मेहनत कभी बेकार नहीं जाती। करण ने काफी रिसर्च की, उसके बाद संवादों को लिखा और नतीजा सबके सामने 5 सितंबर को आया। करण को संवाद लेखन के लिए संजय लीला भंसाली ने चुना था।

दरअसल ओमंग कुमार और प्रोड्यूसर संजय लीला भंसाली ने मैरी पर फिल्म बनाने के लिए सन् 2011 में एग्रीमेंट किया, तब मैरी ने ओलंपिक्स में हिस्सा नहीं लिया था। साथ ही यह भी साफ नहीं था कि आनेवाले दिनों में महिला बॉक्सिंग को ओलंपिक्स में जगह मिलेगी भी या नहीं, लेकिन मैरी द्वारा ओलंपिक मेडल जीतने के बाद डायरेक्टर और प्रोड्यूसर दोनों के लिए ही इस महत्त्वपूर्ण घटना को फिल्म में शामिल करना मुश्किल हो रहा था। फिल्म के और लंबा होने का खतरा था, इसलिए उन्होंने क्लाइमेक्स में ओलंपिक मेडल को फिल्माने की बजाय कैप्शन के जरिए बताना सही समझा।

भंसाली के साथ रहकर ही ओमंग कुमार ने भी आलीशान सेट्स के साथ महँगे तरीके से फिल्म बनाना सीखा था। वे भंसाली की फिल्मों में कला निर्देशक के तौर पर जुड़े थे। काम के दौरान हासिल किए अनुभव ने उन्हें निर्देशक के रूप में ढलने में मदद की। जब उन्होंने निर्देशक के रूप में हाथ आजमाने की सोची तो उन्होंने सैविन को कुछ बड़ी और

अभिनेता-केंद्रित फिल्मों के लिए पटकथा लिखने को बुलाया था, लेकिन जोखिम के चलते उन्हें ठंडे बस्ते में डाल दिया गया। ओमंग कुमार 'पान सिंह तोमर' और 'भाग मिल्खा भाग' की कामयाबी से भी पहले किसी खिलाड़ी की जिंदगी पर आधारित फिल्म बनाना चाहते थे। 'पान सिंह तोमर' को समीक्षकों की जबरदस्त वाहवाही मिली और 'भाग मिल्खा भाग' नाटकीयता के मसाले जरूरत से ज्यादा होने के बावजूद बॉक्स ऑफिस पर मोटी कमाई करने में कामयाब रही। तब उन्होंने तय किया कि उन्हें केंद्र में एक महिला को रखना होगा, क्योंकि दमदार भूमिका के लिए कोई अभिनेत्री ज्यादा उत्साहित होगी। ओमंग कुमार ने जब एक सफल महिला की बायोपिक फिल्म बनाने की सोची थी, तब उनके पास ऐसी कोई स्क्रिप्ट नहीं थी, जो किसी महिला की जिंदगी को दरशाए। उस समय तक ओमंग कुमार मैरी की उपलब्धियों से वाकिफ नहीं थे।

उधर एक दिन खेलवाले पन्ने के साथ अखबार पढ़ने की शुरुआत करनेवाले सैविन पूर्वोत्तर से ताल्लुक रखनेवाली एक मुक्केबाज के बारे में पढ़ रहे थे, वह जानकारी मैरी के बारे में ही थी। उन्होंने इंटरनेट पर खोजबीन की और इस बात को लेकर आश्वस्त हुए कि यह कहानी दमदार बनेगी। इंटरनेट और अन्य साधनों द्वारा बहुत खोजबीन के बाद ओमंग कुमार को सैविन ने कहा, "आप मैरी कॉम पर फिल्म बनाइए," तो उन्होंने सैविन से ही पूछा, "कौन हैं ये मैरी कॉम?" तब सैविन ने उनको पाँच बार की विश्व विजेता बॉक्सर मैरी कॉम के बारे में बताया। ओमंग को बहुत शर्म महसूस हुई कि वे पाँच बार बॉक्सिंग की विश्व विजेता रह चुकी महिला मैरी कॉम को नहीं जानते और तब उन्होंने मैरी के बारे में जानकारी जुटानी शुरू की तथा फैसला किया कि वे मैरी कॉम पर फिल्म बनाएँगे, क्योंकि जब उन जैसा पढ़ा-लिखा इनसान मैरी कॉम के बारे में नहीं जानता तो ऐसे कई और भी होंगे, जिन्हें मैरी कॉम के बारे नहीं पता होगा।

सैविन ने जब उन्हें मैरी के बारे में बताया तो वे मैरी के बारे में जानने के लिए उत्सुक हो उठे। ओमंग कुमार के लिए मैरी कॉम की पूरी जिंदगी दो से ढाई घंटों में दिखाना बहुत मुश्किल था, इसलिए उन्होंने सोचा कि मैरी की जिंदगी के ऐसे पहलुओं को छुआ जाए जो बहुत भावुक और संजीदा हों। यह जानने के लिए उनका मैरी से मिलना बहुत जरूरी था। उन्होंने फोन पर मैरी से संपर्क साधा और इसकी शुरुआत मणिपुर में मैरी से एक

मुलाकात से हुई, जिसमें मैरी से उनकी जीवनकथा पर फिल्म बनाने की दिशा में आगे बढ़ने की मंजूरी ली गई। मुलाकात के वक्त कुमार को उम्मीद थी कि मैरी उनसे उन कपड़ों में मिलेंगी, जो लोग जिम में पहनते हैं। मगर उनकी अपेक्षाओं के उलट मैरी जरूरत से ज्यादा बड़े सनग्लासेज और ढीली-ढाली टी-शर्ट तथा पैंट में आईं। महिलाओंवाले इस अनछुए पहलू ने यही दरशाया कि उनकी कहानी सिर्फ मुक्केबाजी तक ही नहीं सिमटती तथा टीम इन बारीकियों को पटकथा में शामिल करने के लिए और ज्यादा उत्सुक हो गईं। जब वे मैरी से मिले तो उन्हें बेहतर तरीके से जान पाए, उनसे मिलने के बाद वे उन्हें थोड़ी गुस्सैल सी लगीं, और यह सही भी था, क्योंकि रिंग में मैरी को गुस्सा आता है। उन्होंने मैरी के जीवन से जुड़े पहलुओं पर गौर करना शुरू किया, उनके मिजाज, मजाकिया अंदाज और बॉक्सिंग ग्लब्स के अंदर नाखूनों पर लगी हुई नेलपॉलिश वगैरह-वगैरह के बारे में बारीक जानकारी इकट्ठा की। बातों-ही-बातों में उनको पता चला कि मैरी को फैंसी नेलपॉलिश लगाना बहुत पसंद है। बॉक्सिंगवाले दस्तानों के अंदर वे नेल आर्ट करती हैं, एक महिला बॉक्सर के संबंध में कोई सोचे तो उसे मैरी के इस पहलू को जानकर सचमुच बहुत आश्चर्य हो सकता था। ओमंग कुमार के साथ मिलनेवाले सैविन का कहना था, "पहली बार मिलने पर सबको यही लगेगा कि मैरी बिलकुल सीधी-सादी महिला हैं, लेकिन नहीं, उनके भीतर एक बिंदास लड़की मौजूद है। इसलिए हमें इन दो विरोधाभासी पहलुओं को उकेरना था।" अपनी आत्मकथा 'अनब्रेकेबल' में मैरी ने उनसे मुलाकात का जिक्र करते हुए लिखा है कि फिल्म पर काम करते हुए हम सभी एक-दूसरे के साथ काम करते हुए बेहद सहज थे।

ओमंग को मैरी के नेल आर्ट प्रेम को जानने के बाद भी ज्यादा आश्चर्य तब हुआ, जब मैरी ने उन्हें हिंदी फिल्म का गाना गाकर सुनाया। ओमंग को तब पता चला कि मैरी को गाना गाना बहुत पसंद है और वे डांस भी बहुत अच्छा करती हैं। ओमंग कुमार ने मैरी को बताया कि फिल्म में ज्यादातर कलाकार पूर्वोत्तर भारत के लिये जाएँगे, लेकिन मुख्य भूमिका में उन्होंने प्रियंका चोपड़ा का चयन किया था। इसकी वजह यह थी कि वे चाहते थे कि यह फिल्म सभी लोग देखें। वे चाहते थे कि फिल्म की पहुँच देश और देश के बाहर तक हो, इसलिए मणिपुरी की तरह दिखनेवाली किसी नई एक्ट्रेस को नहीं लिया गया। उनका मानना था कि यदि वे ऐसा

करते तो फिल्म की उतनी चर्चा नहीं होती, जितनी प्रियंका चोपड़ा को लेने के बाद हो सकती थी और शायद उतनी प्रतिक्रिया भी नहीं मिलती। यह जानकर मैरी भी आह्लादित थी कि प्रियंका जैसी 'खूबसूरत और प्रतिभाशाली' अभिनेत्री उनके किरदार को परदे पर उतार रही हैं। पर उसे याद आया कि सन् 1999 की हॉलीवुड फिल्म 'द हरीकेन' की समीक्षा करते हुए समीक्षक रॉबर्ट एबर्ट ने कहा था कि किसी की जिंदगी पर बनी फिल्में अकसर उसकी तारीफ ही करती रह जाती हैं। रॉबर्ट एबर्ट ने कहा था, "दादी-नानी की कहानियों की तरह ऐसी फिल्मों में किसी शख्स की अच्छाइयाँ देखी जाती हैं और उसके दुश्मनों को शैतान के मानिंद बना दिया जाता है। उसकी जीत दिखाते वक्त वे सबसे दिलचस्प किरदारों को ही सबसे ज्यादा जगह देते हैं। अगर ऐसा नहीं होगा तो हम उसे देखने क्यों जाएँगे।" रॉबर्ट एबर्ट की बात को दोहराकर मैरी ने ओमंग कुमार के आगे अपना संशय साझा किया था, जिसका आश्वासन ओमंग ने उसी समय उसको दे दिया कि ऐसा कुछ नहीं होगा। उनके जीवन पर आधारित फिल्म में इस संतुलन का ध्यान रखा जाएगा।

फिर शुरुआती एक साल तक तो फिल्म पर चुपचाप काम होता रहा और टीम ने मैरी कॉम फिल्म को परदे के पीछे ही रखा, लेकिन लंदन ओलंपिक ने सबकुछ बदल दिया। मैरी राष्ट्रीय स्तर की हस्ती बन गईं और उनकी जिंदगी पर फिल्म बनने की बात भी परदे से निकलकर सबके सामने आ गई। फिर तो फिल्म का निर्माण तेजी के साथ शुरू हो गया। इसके लिए ओमंग कुमार की प्रोडक्शन डिजाइनर पत्नी वनिता ने मैरी के बचपन के घर के तौर पर सेट की बजाय कांगाथेई में एक असल घर को ही तरजीह दी। उन्होंने मणिपुर में प्रचलित छोटे स्टूल और बुने हुए परदों का भी इस्तेमाल किया। मणिपुर के युवा बीजू थांगजम ने दुभाषिए और सांस्कृतिक सहायक की भूमिका अदा की, जिन्होंने वनिता को स्थानीय शब्दों का सही उच्चारण समझाया और वहाँ की पारंपरिक पोशाक सरोंग को सही तरीके से पहनना भी सिखाया।

लेकिन तब तक मैरी का किरदार अदा करने के लिए प्रियंका चोपड़ा को चुनने पर सवाल उठने लगे थे। 'नॉर्थ-ईस्ट टुडे' नाम की एक मासिक पत्रिका ने सवाल उठाया था कि प्रियंका की कद-काठी मैरी कॉम से बिलकुल अलहदा है, लेकिन ओमंग कुमार के फैसले के पीछे बहुत सपाट

वजह थी। उनकी राय में प्रियंका फिल्म उद्योग की सबसे उम्दा अभिनेत्री हैं और दर्शकों को सिनेमाघरों तक खींच भी सकती हैं।

अकसर लोग फिल्म की टीम से यह भी सवाल करते कि बॉलीवुड की दूसरी फिल्मों की ही तरह 'मैरी कॉम' में भी क्या नाटकीयता हद से ज्यादा है? उनको जवाब देते हुए सैविन कहते कि मैरी कॉम की कहानी ही फिल्म का असल नायक है। वे यह भी कहते कि मैरी कॉम की जिंदगी खुद ही 'फिल्मी' रही है। मुक्केबाज़ी को लेकर उनके पिता का शुरुआती विरोध, ऑनलेर के साथ मुहब्बतवाले उनकी जिंदगी के अनछुए पहलू फिल्म का दिलचस्प हिस्सा बने थे, फिर भी कई ऐसे पहलू छूट गए थे, जो मैरी के संघर्ष का अहम हिस्सा रहे हैं। मसलन बाद में अपनी किताब 'अनब्रेकेबल' में मैरी कॉम ने लिखा कि कद में कम होने के कारण और दुबली होने के कारण वे ऊँचे भार वर्ग में नहीं लड़ पाईं, लेकिन प्रियंका का कद अच्छा-खासा है, जिसकी वजह से फिल्म में यह बात नहीं दिखाई जा सकी।

मैरी कॉम की भूमिका के लिए प्रियंका चोपड़ा का चयन प्रियंका के लिए बेहद अहम था। वे जानती थीं कि 'मैरी कॉम' अगर कामयाब होती हैं तो इसका पूरा सेहरा उन्हीं के सिर बँधेगा। शायद यही वजह है कि इस किरदार के लिए तैयारी करने में उन्होंने कोई कोर-कसर नहीं छोड़ी। मेकअप के लिए वे अपने जाँचे-परखे मेकअप मैन को लाईं और मुक्केबाजी या कसरत के प्रशिक्षण के लिए समीर जउरा पर भरोसा किया, जिसका नाम उन्हें फरहान अख्तर ने सुझाया था। जउरा वे ही शख्स हैं, जिनकी मदद से फरहान ने 'भाग मिल्खा भाग' के लिए अपना बदन तराशा था। प्रियंका के अभ्यास की शुरुआत जून 2013 में हुई थी, जब प्रियंका के पिता को गुजरे चंद दिन ही बीते थे। उन्हें जउरा की जरूरत इसीलिए थी, क्योंकि उन्हें खुद को एथलीट की तरह बनाना था।

जउरा ने पाँच महीने तक प्रियंका के साथ मेहनत की और उनकी काया को चुस्त-दुरुस्त बना दिया। हालाँकि जउरा को मैरी से मुलाकात का मौका नहीं मिल सका, लेकिन उनके वीडियो देखकर ही उन्होंने प्रियंका के लिए कसरत की दिनचर्या तैयार कर दी। जउरा का मकसद प्रियंका को ऐसी काया देना था, जैसी महिला मुक्केबाज की होती है। इससे पहले प्रियंका नियम से जिम नहीं जाती थीं, लेकिन इसके लिए उन्होंने कम कार्बोहाइड्रेट और ज्यादा प्रोटीनवाली खुराक ली तथा रोजाना दो से तीन घंटे तक कसरत

भी की। इसी बीच फिल्म की योजना को आगे बढ़ाने के लिए प्रियंका तो मैरी से मिलने मणिपुर बाद में आईं, पहले मैरी ही मुंबई जाकर उनसे मिल आई थी। प्रियंका मणिपुर आईं तो वे मुक्केबाजी से वाकिफ थीं, तब मैरी ने उन्हें कुछ जानकारियाँ दीं, जैसे कि एक माँ और पत्नी के तौर पर वे कैसे अपने काम के साथ तालमेल बिठाती है और कैसे अपने परिवार के साथ रहती है।

मगर यह तो कहानी का केवल एक हिस्सा भर था। फिल्म के लिए कलाकारों का चयन भी कम मशक्कतवाला नहीं रहा और इसका अंदाजा सिर्फ कास्टिंग निदेशक श्रुति महाजन और पराग मेहता ही दे सकते थे, जिन्हें हरेक पात्र के लिए सटीक कलाकार चुनने में महीनों लग गए। रंगमंच के कलाकार दर्शन कुमार को मैरी कॉम के पति ऑनलेर की भूमिका दी गई है। नेपाली सिनेमा के लोकप्रिय खलनायक सुनील थापा को मैरी के प्रशिक्षक का किरदार दिया गया। इस फिल्म के जरिए थापा हिंदी फिल्मों में वापसी कर रहे थे। आखिरी बार वे सन् 1981 में प्रदर्शित 'एक दूजे के लिए' में नजर आए थे। राष्ट्रीय नाट्य विद्यालय में प्रोफेसर रॉबिन दास फिल्म में मैरी के पिता बने। फिल्म में मुक्केबाज के मैनेजर का किरदार केनी बासुमतारी ने अदा किया, जिन्हें फेसबुक के जरिए खोजा गया था। बासुमतारी ने बेहद कम बजट में बनी हास्य फिल्म 'लोकल कुंग फू' का निर्देशन किया था। मार्शल आर्ट का अभ्यास करनेवाले बासुमतारी ने फिल्म निर्माण के दौरान परदे के पीछे होनेवाले कामकाज पर बनाए गए एक कार्यक्रम में कहा था कि अगर वे फिल्म बनाते तो मैरी की किसी शागिर्द को ही उसकी भूमिका में लेते, लेकिन उन्होंने इस बात के लिए प्रियंका की तारीफ भी की कि उन्होंने मुक्केबाजी के दौरान कदमों की ताल जैसी बारीकियों पर बहुत ध्यान दिया, जिससे उनकी भूमिका में जान आ गई।

रिंग में सहायक भूमिकाओं के लिए ओमंग कुमार के पास दो विकल्प थे। या तो कलाकारों को खेल का प्रशिक्षण दिया जाए या मुक्केबाजों को अभिनय के गुर बताए जाएँ। उन्होंने दूसरा विकल्प अपनाया, क्योंकि अगर चोपड़ा और उनकी प्रतिद्वंद्वी दोनों ही मुक्केबाजी का अभिनय करतीं तो फिल्म भरोसेमंद नहीं लगती। इसके लिए उन्होंने 'भाग मिल्खा भाग' और 'चक दे इंडिया' जैसी फिल्मों में खेल संयोजक रहे रॉबर्ट मिलर से बातचीत की। रॉबर्ट मिलर ने मुकाबलों के लिए लड़ना सिखाने का जिम्मा क्रिस्टी

हैल्बर्ट को सौंप दिया, जो लंदन ओलंपिक में अमेरिका की सहायक प्रशिक्षक रही थीं। उधर प्रियंका ने मैरी की अकादमी के प्रशिक्षकों और मुक्केबाजों की मदद ली, जिन्होंने एक-दूसरे से मुकाबले किए और प्रियंका ने उनके हाव-भाव और भाव-भंगिमा की नकल की। करीब 20 दिन तक रोजाना 15 घंटे की शूटिंग की गई, तब जाकर मुकाबलों के दृश्य पूरे हुए। कई बार तो असली मुक्के पड़ जाया करते थे, तो प्रियंका को माइग्रेन की शिकायत होने लगती थी।

मैरी के मुकाबलों के अलावा फिल्म की टीम ने 'मिलियन डॉलर बेबी' और 'रॉकी' जैसी हॉलीवुड फिल्में भी गौर से देखीं, ताकि पहले दिखाई जा चुकी चीजें न दोहरा दी जाएँ। सबसे बड़ी चुनौती प्रियंका को मैरी की तरह दिखाने की थी। जब अमरीकी मेकअप कलाकार कोई कमाल नहीं दिखा पाए तो देसी कलाकारों के हुनर को आजमाया गया। साथ ही उदय शिराली को भी जोड़ा गया, जो सन् 2012 में आई 'अग्निपथ' से ही प्रियंका के साथ काम कर रहे हैं। जो काम उन्हें सौंपा गया, उसे अंजाम देने में रोजाना 1 घंटे का वक्त लग जाता था। उन्होंने एक तरल पदार्थ का इस्तेमाल किया, जिससे प्रियंका की आँखें छोटी दिखने लगती थीं। इसके अलावा पलकों पर तीन रंगों के इस्तेमाल से अभिनेत्री में पूर्वोत्तर के लोगों जैसी झलक आने लगी। इसके बाद ब्लीच के जरिए भौहें हलकी की गईं और पहाड़ के लोगों सरीखे 'गुलाबी गाल' दिखाने के लिए गुलाबी टोन का इस्तेमाल हुआ। प्रियंका के लिए कपड़े तैयार करने का काम रजत टंगड़ी को मिला, जिन्होंने मैरी की बचपन से लेकर अब तक की तसवीरों का इस्तेमाल किया और पारंपरिक पोशाकों से लेकर स्पोर्टी और एथलेटिक पोशाकें तैयार कीं। उन्होंने मणिपुर जाकर वहाँ की जनजातियों के पहनावे, कपड़े, कला, रंगों और डिजाइन का जायजा भी लिया।

प्रियंका को किसी भी तरह के सवाल का जवाब देने के लिए मैरी, ऑनलेर और उनके प्रबंधक जिमी फोन पर हमेशा मौजूद रहते थे। दो वर्षों में 57 दिनों की शूटिंग में फिल्म बनकर तैयार हुई। मुक्केबाजी से जुड़े दृश्य जहाँ मुंबई के फिल्मिस्तान स्टूडियो में फिल्माए गए, वहीं मणिपुर से मिलते-जुलते दृश्य हिमाचल प्रदेश के मनाली के पास कैमरे में कैद किए गए। कुछ बुनियादी दिक्कतों के चलते मणिपुर में शूटिंग का कार्यक्रम रद्द किया गया और टीम इसकी बजाय मनाली और धर्मशाला पहुँच गई।

वायकॉम 18 के मुख्य परिचालन अधिकारी अजित अँधारे जानते थे कि इस विषय को बाजार बहुत पसंद करेगा, वहीं सैविन को इसके ऑस्कर तक जाने की उम्मीद थी। बहरहाल दर्शकों तक यह फिल्म पहुँचने के बाद उन्हें संजय भंसाली के बैनर तले बननेवाली फिल्मों से जुदा नजर आई, जिनका फिल्म बनाने का अपना मनमौजी अंदाज है। इस फिल्म के निर्माण में भंसाली सन् 2012 में जुड़े थे और उन्होंने इसका संपादन किया था, पटकथा पर काम किया था और कुछ हिस्से का निर्देशन भी किया था।

फिल्म में इस कारण कुछ जरूरी घटनाएँ नहीं जोड़ी जा सकीं, जिसके कारण मैरी की इच्छा थी कि फिल्म का सीक्वेल भी बने, क्योंकि ओलंपिक मेडल के साथ-साथ अभी उसके बारे में बहुत कुछ है, जो लोगों को बताया जा सकता था। हालाँकि यह फैसला पूरी तरह फिल्म के डायरेक्टर और प्रोड्यूसर का है। इसमें वह कुछ नहीं कर सकती। मैरी की भूमिका निभानेवाली प्रियंका चोपड़ा ने जिस तरह अपना रोल निभाया है, वह मैरी को बहुत पसंद आया था, लेकिन फिल्म में दिखाई हर बात सच नहीं थी, खासतौर पर तैयारी करते हुए जो मेहनत प्रियंका ने की है, उससे कहीं ज्यादा वास्तविक जीवन में मैरी को मेहनत करनी पड़ी थी।

इस फिल्म का प्रीमियर टोरंटो इंटरनेशनल फिल्म फेस्टिवल में आयोजित किया गया। टोरंटो इंटरनेशनल फिल्म फेस्टिवल में फिल्म के लिए गौरव की बात यह रही कि पहली बार किसी भारतीय फिल्म का प्रीमियर उद्घाटन के दिन हुआ। नेशनल अवॉर्ड विनिंग एक्ट्रेस प्रियंका चोपड़ा इस फेस्टिवल में 4 सितंबर, 2014 को रेड कार्पेट पर दिखाई दी थीं।

मैरी को फिल्म देखकर बहुत ही खुशी और संतुष्टि मिली, क्योंकि उसने कभी सपने में भी नहीं सोचा था कि कोई उसके ऊपर फिल्म बना सकता है, न ही पाँच बार विश्व चैंपियन होने के बाद भी इसका खयाल आया था। उत्तर-पूर्व के राज्यों में असम, मेघालय और नागालैंड जैसे बड़े राज्य हैं। वहाँ के बारे में भी कभी हिंदी फिल्म नहीं बनी थी। वहाँ के मशहूर व्यक्तियों पर भी किसी का ध्यान नहीं गया, फिर वह अपने बारे में कैसे सोच सकती थी कि उस पर कोई फिल्म बन सकती है?

ओलंपिक के बाद मैरी की जो पहचान बन गई थी, पत्र-पत्रिकाओं और टी.वी. पर उसके बारे में जो लिखा और बताया जाने लगा था, 'मैरी कॉम' फिल्म आने के बाद यह पहचान गहरी होनेवाली थी, ऐसा सबका अनुमान था, क्योंकि फिल्म देखने के बाद लोग मैरी को उसके परिवेश के साथ जान सकेंगे। दूर-दराज के इलाकों के लोगों को भी जानकारी मिलेगी। मैरी को इस बात की खुशी थी कि इस फिल्म के जरिए दर्शक उत्तर-पूर्व के एक राज्य की जिंदगी के बारे में जान पाएँगे। देश के अपरिचित हिस्से के बारे में सभी जान पाएँगे। उसे इस बात की भी खुशी थी कि वह इसका माध्यम बन सकी। वह सोचती थी कि यह फिल्म सिर्फ उसी के ऊपर नहीं है। यह उत्तर-पूर्व की भी जिंदगी को दिखाती है, जिसको देखने से उत्तर-पूर्व को पहचान और उचित सम्मान मिलेगा तथा इस फिल्म के बाद परसेप्शन बदलेगा। दर्शकों ने भी उस फिल्म को सराहा।

फिल्म के दर्शकों तक पहुँचने के पहले मैरी तीसरे बच्चे की माँ भी बन गई थी। वह नवंबर 2012 का वक्त था, जब ओलंपिक के बाद मिलनेवाले सम्मान, इंटरव्यू, टॉक शो में व्यस्त मैरी को एक दिन सड़क मार्ग से यात्रा करते समय उल्टियाँ, चक्कर आने शुरू हुए। जल्दी ही घर आकर उसने मेडिकल चेकअप करवाया, जिसमें उसके माँ बनने की पुष्टि हो गई। इस बार भी वह बिना किसी योजना के माँ बन रही थी, लेकिन वह बहुत खुश थी। उसने जितने भी आयोजनों में भाग लेना था, उनमें जाना कम करके घर में आराम करना शुरू किया। उस आराम के दौरान ही उसे खयाल आया कि उसे अपनी जीवनयात्रा पर एक पुस्तक लिखनी चाहिए। जिसके नतीजे में मैरी के जीवन को जाननेवालों के हाथों 'अनब्रेकेबल' आई। मैरी की 'अनब्रेकेबल' शीर्षक की आत्मकथा का अनावरण 9 दिसंबर, 2013 को बॉलीवुड के मेगास्टार अमिताभ बच्चन द्वारा किया गया। 'अनब्रेकेबल' का

विमोचन इंफाल कॉलेज परिसर में सुष्मिता सेन द्वारा किया गया।

मैरी की आत्मकथा 'अनब्रेकेबल एन ऑटोबायोग्राफी' पढ़ने के बाद उनके पाठकों को आश्चर्य भी महसूस हुआ, क्योंकि मैरी ज्यादा पढ़ी-लिखी नहीं है। केवल बॉक्सिंग की विश्वप्रसिद्ध खिलाड़ी है, कोई लेखिका नहीं, जिसने साहित्य के क्षेत्र में कभी काम किया हो। बावजूद इसके, कई यादगार लम्हों को समेटकर उसने अपनी आत्मकथा लिखी, जो काबिलेतारीफ है। इस किताब की सबसे बड़ी विशेषता ईमानदार लेखन, साहस के साथ अपनी बात कहना, बॉक्सिंग को अपनी जान से भी ज्यादा प्यार करना और उसे आनेवाली पीढ़ियों की खातिर लोकप्रिय बनाने की उसकी कोशिश है। एक बॉक्सर बनने के लिए उसने कितना संघर्ष किया, यह बात किताब पढ़ते समय बखूबी मालूम होती थी कि उसे कई दिक्कतों का सामना करना पड़ा।

मैरी और ऑनलेर अपने दो जुड़वाँ बेटों के बाद एक बेटी चाहते थे, लेकिन मैरी को इस बार भी तीसरा बेटा ही हुआ। प्रिंस का जन्म भी सीजेरियन ही हुआ, क्योंकि डॉक्टरों के अनुसार नॉर्मल डिलीवरी खतरे से खाली नहीं थी। मैरी ने 13 मई, 2013 में जन्मे अपने तीसरे बच्चे का नाम प्रिंस चुंगथांगलेन रखा। मैरी के घर में सबसे बड़ी उसकी नानी के नाम चुंगथेम पर प्रिंस का नाम रखा गया था।

उस दौरान उसने रिंग से एक साल की दूरी बना ली थी। अपने दुबारा माँ बनने का संकेत पाकर मैरी ने अगले छह महीने तक ट्रेनिंग से ब्रेक ले लिया था। छह महीने के बाद उसने हलकी ट्रेनिंग शुरू की और प्रतिस्पर्धी फिटनेस हासिल करना शुरू किया। इस पूरी प्रक्रिया में एक साल का समय लगा और मैरी के पास इतना समय था, क्योंकि कम-से-कम अगले 12 महीने में कोई बड़ी अंतरराष्ट्रीय प्रतियोगिता

आयोजित नहीं होनेवाली थी। तीसरे बेटे के जन्म के एक महीने बाद ही मैरी ने अभ्यास शुरू कर दिया था। मैरी के रियो ओलंपिक्स को लेकर इरादे मजबूत थे, वहीं अगले ओलंपिक्स में हिस्सा लेना चाहती थी, इसलिए उसने अपनी ट्रेनिंग शुरू भी कर दी थी। क्रिसमस और नए साल के उत्सव के बाद मैरी ने अपनी ट्रेनिंग को और कड़ा कर दिया था। यह लेकिन उससे यह खबर पानेवालों के मन में यही प्रश्न उठा कि फिर से एक बार माँ बनने के बाद क्या मैरी ओलंपिक जैसे बड़े मुकाबले के लिए खुद को तैयार कर पाएँगी?

जबकि मैरी ने खबर पाते ही अपनी कमर कस ली थी, क्योंकि उसका मानना है कि मातृत्व का मतलब यह बिलकुल नहीं है कि अपने लक्ष्य से नजरें फेर ली जाएँ। माँ बनने के बाद उसके शरीर में जो भी बदलाव आए हैं उनसे लड़ना उसके लिए कोई बड़ी बात नहीं थी, क्योंकि वह अपने शरीर को जानते हुए किस तरह की कसरत उसके लिए अच्छी है, करना जानती थी।

इस बच्चे के जन्म के बाद भी मैरी के आलोचकों ने सोचा कि लगभग सबकुछ हासिल करने के बाद मैरी ने मुक्केबाजी को अलविदा कह दिया है, लेकिन वे नहीं जानते थे कि अब भी रिंग में मैरी का काम बाकी था। उनके लिए मैरी का कहना था, ''हाँ, मैं एक माँ हूँ, लेकिन इससे मैं मेहनत करना तो नहीं छोड़ सकता। सपने देखना तो नहीं छोड़ सकता। जीतना तो नहीं छोड़ सकता। जीत के लिए बड़े त्याग करने पड़ते हैं और इसमें आपके परिवार की भी अहम भूमिका होती है। मेरे परिवार ने हमेशा मेरा साथ दिया है और मेरे इरादे भी बुलंद हैं और इसी वजह से माँ बनने के बाद भी मैं विश्व चैंपियन बन पाया। एक माँ होने के बाद भी अगर मैं पाँच बार विश्व चैंपियन बन सकता हूँ और ओलंपिक पदक जीत सकता हूँ तो बाकी लड़कियाँ ऐसा क्यों नहीं कर सकता? लोगों को लगता था कि माँ बनने के बाद एक खिलाड़ी विश्व चैंपियन नहीं बन सकता। लेकिन अगर हमारे अंदर जीत की भूख है तो कुछ भी हासिल करना असंभव नहीं है।''

□

इचियोन में मैरी

प्रिंस के जन्म के बाद ग्लास्गो कॉमनवेल्थ गेम्स के लिए मैरी की फिर वापिसी हुई। लेकिन 51 किलोग्राम भार वर्ग की उस फाइट में हरियाणा की युवा बॉक्सर पिंकी ने मैरी को हराकर उनके कॉमनवेल्थ गेम्स में जाने का रास्ता रोक दिया था।

मैरी ने ग्लास्गो कॉमनवेल्थ गेम्स के पहले पटियाला में हुए सिलेक्शन ट्रायल में पिंकी जांगड़ा के साथ हुई अपनी फाइट को फिक्स करार दिया था। उसके अनुसार उस सिलेक्शन फाइट में कमेटी ने पिंकी की तरफ एकतरफा फैसला किया। मैरी के मुताबिक दूसरे भार वर्ग की फाइट में विजेता का फैसला कमेटी दो-एक मिनट में ही कर रही थी। लेकिन पिंकी के साथ मैरी फाइट को कमेटी ने जान-बूझकर लंबा किया और 15 मिनट में तब जाकर फैसला दिया, जब वहाँ बैठे लोग अपने मकसद में कामयाब हो गए।

पिंकी जांगड़ा भी एक अंतरराष्ट्रीय बॉक्सर है, लेकिन मैरी को हराने के बाद पिंकी जांगड़ा के घर दिवाली सा माहौल बन गया। एशियाड में पदक जीतने के बाद पिंकी ने 14 वीं सीनियर नेशनल वुमन चैंपियनशिप में स्वर्ण पदक जीता था। आजाद नगर की साकेत कॉलोनी निवासी गोल्डन गर्ल पिंकी ने मैरी को मात देकर यह पदक झटका तो छत्तीसगढ़ में पिंकी की जीत पर बधाई देने के लिए आनेवालों का उसके घर पर ताँता लग गया। आस-पास के लोगों के अलावा रिश्तेदार मिठाइयाँ लेकर पिंकी के घर पहुँचने लगे, वहीं पिता कृष्ण जांगड़ा बधाई देनेवालों के फोन सुनने में मशगूल हो गए। 51 किलोग्राम भार वर्ग की बॉक्सर पिंकी ने ग्लास्गो कॉमनवेल्थ गेम्स में कांस्य पदक जीता था, लेकिन उसके बाद नवंबर 2014 में साउथ अफ्रीका में हुई वर्ल्ड चैंपियनशिप में वह हार गई।

ग्लास्गो में हुए टूर्नामेंट के बाद मैरी की निगाहें इचियोन में होनेवाले एशियन गेम्स पर थीं, जिसके लिए वह सिलेक्शन ट्रायल की तैयारियों में जुट गई थी, लेकिन तभी आशंकाएँ खड़ी हो गई कि विवादों से घिरे बॉक्सिंग इंडिया के चुनाव अगर निर्धारित समय पर नहीं हो पाते तो भारतीय मुक्केबाज 19 सितंबर से शुरू हो रहे इंचियोन एशियाई खेलों में तिरंगे तले खेलने से वंचित रह सकते हैं। अगस्त 2014 को भारतीय खेल प्राधिकरण के महानिदेशक जी. जी. थॉमसन ने यह आशंका जताते हुए कहा, "यह संभव है कि बॉक्सिंग इंडिया के चुनाव समय पर नहीं होने पर हमारे मुक्केबाजों को एशियाई खेलों में तिरंगे तले खेलने से वंचित रहना पड़े।" कोच और सहयोगी स्टाफ भी इसे लेकर काफी चिंतित थे। मैरी एशियन गेम्स के लिए होनेवाले ट्रॉयल आखिरी क्षणों में स्थगित होने से काफी निराश हो गई। मैरी ने जब सुना कि ट्रॉयल स्थगित हो गए हैं तो उसे काफी दुःख हुआ। उसके लिए हैरानी की बात यह थी कि एडहॉक कमेटी के सदस्यों ने उसे आखिरी मिनट तक ट्रॉयल स्थगित होने की खबर तक नहीं दी।

उसके मन में यह सवाल उठा कि अंतरराष्ट्रीय स्तर पर इतनी उपलब्धियाँ हासिल करने के बाद भी क्या वह इस लायक नहीं थी? उसे लगने लगा कि एडहॉक उसका समर्थन नहीं करता और उसका अपमान करता है। जब वे अंतरराष्ट्रीय पहचानवाली मैरी के साथ ऐसा कर रहे थे तो जूनियर खिलाड़ियों के साथ उनका क्या सलूक होता होगा, इसका अंदाजा लगाया जा सकता है। फिलहाल इससे मैरी की एशियन गेम्स की ट्रेनिंग प्रभावित हुई, लेकिन वह अपना ध्यान केंद्रित रखने में लगी रही। मैरी ने आरोप लगाया की एडहॉक कमेटी के सदस्यों ने उनकी उपलब्धियों का अपमान किया है और उन्हें ट्रॉयल के रद्द होने की कोई सूचना भी नहीं दी। खैर, यह अडंगा समय पर हट गया और एशियन गेम्स सिलेक्शन ट्रायल शुरू हुआ।

27 अगस्त को चयन ट्रायल्स में दस सदस्यीय टीम का चयन किया गया। जल्दी ही चैंपियन मैरी ने पिंकी जांगड़ा से अपनी हार का हिसाब एशियन गेम्स सिलेक्शन ट्रायल में चुकता कर लिया। इस बार मुकाबला 55 किलोग्राम भार वर्ग में हुआ, तो सन् 2010 एशियन गेम्स की कांस्य पदक विजेता मैरी ने पिंकी को हराने में वक्त नहीं गँवाया। इस बार एशियन गेम्स में मिले अपने अवसर से मैरी गोल्ड से कम कुछ नहीं जीतना चाहती थी। उसके अनुसार देश के लिए इतनी प्रतिष्ठा अर्जित करने और लगातार बेहतर परफॉर्म करने के बावजूद पिंकी से ट्रायल में हार के बाद जिस तरह कुछ लोगों ने उसे 31 की उम्र और 3 बच्चों

की माँ का हवाला देकर खारिज कर दिया था, वह एशियन गेम्स में बॉक्सिंग रिंग में उन सबको गलत साबित करने के लिए उतरना चाहती थी, जो यह कहते हैं कि मैरी कॉम फिनिश हो चुकी है और वह अब कुछ कर नहीं सकती है, मैरी उन लोगों को जवाब देना चाहती थी। 31 वर्षीय मैरी जब यह सुनती तो उसे बहुत गुस्सा आता था कि उसका समय अब समाप्त हो चुका है, लेकिन उन्हें यह पता होना चाहिए कि मैरी ऐसी बातों से हारती नहीं है।

जीतना-हारना तो खेल का ही हिस्सा है। मैरी जब अपने बारे में उन लोगों का कहना सुनती तो यही सोचती कि जब आप पदक जीतते हैं तो लोग जिंदाबाद के नारे लगाते हैं, लेकिन जब आप पदक नहीं जीतते तो लोग हतोत्साहित करते हैं। उपलब्धि हासिल करना आसान होता है, लेकिन उसे बनाए रखना बहुत मुश्किल होता है। जब कुछ लोग आप पर उँगलियाँ उठाते हैं तो मैरी उन्हें दिखाना चाहती थी कि मैं कर सकती हूँ और रियो में खेल सकती हूँ। मैरी ने ओलंपिक में कांस्य पदक जरूर जीता था, लेकिन उसका सपना अभी पूरा नहीं हुआ था।

पाँच बार की विश्व चैंपियन मैरी ने चार साल पहले ग्वाँगझू में हुए एशियन गेम्स में कांस्य पदक जीता था। सन् 2010 को ग्वाँगझू में ही महिला मुक्केबाजी को पहली बार एशियाई खेलों में शामिल किया गया था। इंचियोन में महिला मुक्केबाजों के लिए दूसरा मौका था, जब उन्हें अपना बेहतरीन प्रदर्शन करके दिखाना था और मैरी के लिए यहाँ स्वर्ण पदक जीतना एक बड़ी उपलब्धि हो सकती थी।

27 सितंबर को इंचियोन में ओलंपिक पदक विजेता और पाँच बार की विश्व चैंपियन मैरी ने रिंग में शानदार वापसी करते हुए इंचियोन एशियाई खेलों के आठवें दिन शनिवार को कोरिया की येजी किम को एकतरफा अंदाज में 3-0 से पीटकर महिलाओं की लाईटवेट (48 से 51 कि.ग्रा.) स्पर्धा के क्वार्टरफाइनल में प्रवेश कर लिया। उधर मैरी के साथ ही लैशराम सरिता देवी ने भी उत्तर कोरिया की चुंगसन री को लाइटवेट वर्ग (57 से 60 कि. ग्रा.) में 3-0 से पीटकर अंतिम आठ में स्थान बना लिया था। इस तरह भारत की दो महिला मुक्केबाज क्वार्टर फाइनल में पहुँच गईं। महिला मुक्केबाजी मुकाबले में सभी भारतीयों की नजरें मैरी कॉम पर लगी हुई थीं कि ट्रायल जीतकर एशियाड के लिए क्वालिफाई करनेवाली यह आइकन मुक्केबाज अपनी शुरुआत कैसी करती है? मैरी ने अपने प्रशंसकों को कतई निराश नहीं किया और जबरदस्त पंचों तथा बेहतरीन डिफेंस कोरियाई मुक्केबाज को पस्त कर दिया। मैरी कॉम

को तीनों जजों ने एकतरफा निर्णय से विजेता घोषित किया। चार राउंड के इस मुकाबले में पहले जज ने 40-36, दूसरे जज ने 40-35 और तीसरे जज ने 40-34 अंकों से मैरी के पक्ष में अपना निर्णय लिया। सरिता देवी का भी प्रदर्शन बेहतरीन रहा और उन्होंने उत्तर कोरियाई मुक्केबाज को धो डाला। मुकाबले के चारों राउंड सरिता के पक्ष में रहे। पहले जज ने 40-36, दूसरे ने 40-36 और तीसरे ने 39-37 के स्कोर से सरिता के पक्ष में निर्णय लिया।

क्वार्टर फाइनल में मैरी ने चीन की सि हायजुआन को 3-0 से हराया। सभी निर्णायकों ने सर्वसम्मति से मैरी को 39-37 अंक देते हुए विजेता घोषित किया। चीन की महिला मुक्केबाज ने मैरी को कड़ी टक्कर दी थी। मैरी ने हालाँकि अपने कौशल का शानदार प्रदर्शन करते हुए अंक अर्जित करनेवाले ज्यादातर पंच मारे। सेमीफाइनल में पहुँचने के साथ ही मैरी ने भारत के लिए कम-से-कम एक कांस्य पदक पक्का कर लिया था। मैरी के साथ ही गई सरिता देवी ने मंगोलिया की एरडेने ओयुंगेरेल को और बाद में हरियाणा की पूजा रानी ने चीनी ताईपे की शेन डी को हराकर सेमीफाइनल में प्रवेश कर पदक पक्के किए थे, वहीं देवेंद्रो सिंह ने लाओस के बोनफोन को पहले ही दौर में नॉक आउट कर क्वार्टर फाइनल में जगह बनाई।

एशियन गेम सन् 2014 के 11वें दिन मैरी ने सियोनहाक जिम्नेजियम में हुए सेमीफाइनल मुकाबले में वियतनाम ली ती बांग से को 3-0 से हराया। ओलंपिक कांस्य पदक विजेता मैरी का सामना युवा वितयनामी मुक्केबाज कर नहीं पाई। मैरी ने तीन जजों के फैसलों के आधार पर 40-36, 40-36, 40-37 से जीत दर्ज की। दुनिया की पाँचवें क्रम की 31 वर्षीया मैरी ने हिचकिचाहट भरी शुरुआत की, लेकिन उसने तीसरे राउंड में 22 वर्षीया ली पर हमलों की झड़ी लगाई। वैसे चौथे राउंड में वितयनामी मुक्केबाज ने वापसी का प्रयास किया, लेकिन तब तक देर हो गई थी। मैरी ने ली वैंग को सिर्फ बाजुओं से नहीं, दिमाग के जोर से भी मात दी थी।

उधर दूसरे सेमीफाइनल में कजाकी मुक्केबाज झाइना शिरकविकोवा ने कड़े संघर्ष के बाद मंगोलिया की नांदितसेत्सेगी को हराकर खिताबी मुकाबले में जगह बनाई। इस स्पर्धा का फाइनल एक अक्तूबर 2014 को होनेवाला था, जिसमें मैरी का मुकाबला कजाकिस्तान की मुक्केबाज झाइना शिरकविकोवा से होनेवाला था।

1 अक्तूबर को जब मुकाबला पहले ही मैरी के पलड़े में आ गया था, लेकिन फिर भी आखिरी राउंड की शुरुआत में तो दर्शकों को लगा कि अगर

मैरी ने एक दो अच्छे पंच नहीं मारे तो जीत मुश्किल हो जाएगी, क्योंकि कजाक बॉक्सर ने दो अच्छे पंच मारे थे। मैरी के चाहनेवाले बेचैनी से सोच रहे थे कि कहीं यह ही डिसाइडिंग न हो जाए, लेकिन तभी मैरी ने दो लगातार बढ़िया पंच लगाए। इसके बाद ही चौथा राउंड खत्म हुआ और रिंग के अंदर मैरी घुटने मोड़ के बैठ गई। उसे रेफरी ने उठाया। बस मैच का परिणाम आना था। दोनों मुक्केबाज रैफरी के अगल-बगल में खड़ी थी कि तभी परिणाम घोषित हुआ। मैरी ने रेफरी से हाथ मिलाया। कोच से गले मिली और मैरी उन भारतीयों के पास जा पहुँची जो स्टेडियम में बैठे थे। मैरी ने स्वर्ण पदक जीत लिया था। एशियाड में स्वर्ण पदक, इस खुशी में मैरी नाचने लगी।

मैरी ने फाइनल मैच में 2-0 से जीत दर्ज की थी। एशियाड में भारत का यह सातवाँ गोल्ड था। मैरी के कोच ने कहा, ''इस पदक की उम्मीद थी और मैरी ने क्षमता के अनुरूप प्रदर्शन किया है।''

भारतीय खेमे के अन्य भारतीय मुक्केबाजों देवेंद्रो सिंह और सरिता देवी का फाइनल में आना पक्का माना जा रहा था, लेकिन अंकों को लेकर विवाद के बाद दोनों मुक्केबाज बाहर हो गए। पदक समारोह के दौरान सरिता देवी ने कांस्य पदक लेने से इनकार कर दिया। वे समारोह के दौरान लगातार रो रही थीं। भारतीय दल के लिए स्थिति तब शर्मनाक बन गई, जब सरिता के गलत फैसले के खिलाफ आवाज उठाने से इंडियन ओलंपिक एसोसिएशन ने पल्ला झाड़ लिया। सरिता ने पत्रकारों व साथी खिलाड़ियों की मदद से अपील के लिए जरूरी 500 डॉलर की राशि जमा की। उनकी अपील को आयोजकों ने ठुकरा दिया, जिसके बाद सरिता मेडल पोडियम पर छोड़कर रोते हुए बाहर आ गईं।

सरिता के पास एशियाई खेलों में भी रजत या स्वर्ण जीतने का मौका था, लेकिन पक्षपाती फैसलों के कारण उन्हें कांस्य मिला। एशियाई खेलों में मेजबान दक्षिण कोरियाई बॉक्सर पार्क जीना के खिलाफ मैच में सरिता को जानबूझकर कम अंक दिए गए। इस विवाद के कारण महिला लाइट वेट (57-60 कि.ग्रा.) वर्ग की पदक समारोह एक दिल दुखानेवाले दृश्य में तब्दील हो गई। अपने साथ हुई बेइंसाफी के बावजूद सरिता ने दक्षिण कोरियाई बॉक्सर जीना को गले लगाकर खेल भावना का परिचय दिया, लेकिन पदक लेने से इनकार कर दिया।

तब मैरी ने अपना यह मेडल एल. सरिता देवी को समर्पित कर दिया था, क्योंकि सरिता देवी को सेमीफाइनल मुकाबले में हार का सामना करना पड़ा था। सरिता देवी को दक्षिण कोरिया की मुक्केबाज के खिलाफ हार झेलनी पड़ी थी, जबकि पूरे मैच में वह उन पर हावी रही थी।

लंदन ओलंपिक में पदक जीतने के बाद मैरी कॉम भले ही कितनी बड़ी सेलीब्रिटी बन गई हों, लेकिन कॉमनवेल्थ गेम्स के ट्रायल के बाद वे एकदम अकेली पड़ गई थीं। मैरी के सबसे पहले कोच लेनिन मितेई की मानें तो वे टूट गई थीं। बस ये ही क्षण थे, जिन्होंने दो पुराने बिछड़े दोस्तों को पास लाने का काम किया और दोस्त से दुश्मन बनीं ये दो हस्तियाँ इंचियोन में वापस दोस्त बन गईं। सरिता देवी जब अपनी बाउट जीतकर वार्म एरिया में आईं तो मैरी कॉम ने उन्हें गले लगा लिया। दोनों ने लंबी बात की, इसी बीच इन दोनों के पुराने कोच लेनिन मितेई आए और उन्होंने दोनों से बातें कीं, तो मैरी फूट-फूटकर रोने लगीं। दोनों के बीच दूरियाँ पिछले एशियाई खेलों में चयन को लेकर बनी थीं और पूरे चार साल बाद अगले एशियाई खेलों ने इन्हें फिर पास ला दिया।

भारत आने पर मैरी एक बार फिर सम्मान समारोह में व्यस्त हो गई। इस बार सैमसंग ने एशियाई खेलों के पदक विजेताओं के लिए एक सम्मान समारोह आयोजित किया गया था और इन खेलों में 11 भारतीय स्वर्ण विजेताओं में से इस पुरस्कार के लिए मैरी को चुना गया। खेल पत्रकारों और सोशल मीडिया द्वारा इस सम्मान के लिए मैरी का चयन किया गया।

मैरी को 'मोस्ट वैल्यूड प्लेयर' का पुरस्कार दिया गया। इसके लिए उन्हें दस लाख रुपए देकर पुरस्कृत किया गया। भारत की स्टार महिला मुक्केबाज एम.सी. मैरी को उनके राज्य मणिपुर में मुक्केबाजी अकादमी स्थापित करने के लिए एक निजी बीमा कंपनी 'एडेलवीस टोकियो लाइफ इंश्योरेंस' ने भी 5 लाख रुपए दिए।

इस अवसर पर मैरी ने देशवासियों से महिला खिलाड़ियों के प्रति नजरिया बदलने की अपील की, क्योंकि मौका मिलने पर वे भी देश के लिए पदक जीत सकती हैं। जब ग्वाँगझू में पहली बार एशियाई खेलों में महिला मुक्केबाजी को शामिल किया गया था, तब मैरी वहाँ कांस्य पदक ही जीत पाई थी, लेकिन इंचियोन में वह केवल स्वर्ण पदक जीतने के लक्ष्य को लेकर गई थी। मैरी वास्तव में बहुत खुश थी, क्योंकि यह उसके लिए बड़ी उपलब्धि थी। प्रिंस के अभी छोटे होने के बावजूद मैरी ने कड़ी मेहनत की थी। कई लोग उसकी क्षमता पर सवाल उठा रहे थे, लेकिन वह अपने काम के प्रति प्रतिबद्ध थी। उसका लक्ष्य उसके सामने था और मैरी को उसे हासिल करना था तथा उसमें वह सफल रही।

□

बॉक्सिंग में युवा प्रतिभाओं का आगमन

लंबे समय से हमारे देश में खेल के मैदान से कॅरियर की मंजिल तय होती रही है, लेकिन सन् 2014 के कॉमनवेल्थ गेम्स ने इतना फर्क जरूर पैदा किया है कि उसने पिछले एक दशक में देश में इस क्षेत्र में हुई तरक्की को सबके सामने रखा है। खेल के मैदान से नाम के साथ-साथ दाम भी कमाने का असली काम तो दरअसल क्रिकेट ने ही किया, लेकिन अब क्रिकेटिंग स्पोर्ट्स के अलावा भी अन्य खेल तेजी से आगे आ रहे हैं। फिर चाहे वह बॉक्सिंग हो या फिर वेटलिफ्टिंग। दिल्ली कॉमनवेल्थ गेम्स ने तो जिम्नास्टिक जैसे खेल को भी ग्लैमर और शोहरत का तड़का लगा दिया है, जिसमें भारत ने पहली बार किसी मेगा इंटरनेशनल स्पोर्ट्स इवेंट में मेडल जीता, तो इचियोन में मैरी के द्वारा बॉक्सिंग में जीते स्वर्ण पदक ने बहुत से युवाओं के अंदर बॉक्सिंग में प्रति रुझान पैदा कर दिया। मैरी की लंदन ओलंपिक्स (और उसके बाद भी) में सफलता ने उसे एक ब्रांड के रूप में स्थापित कर दिया है। इसलिए मैरी ने बीड़ा उठाया है कि वह देश में महिला बॉक्सरों की नई पौध को जरूरी खाद व पानी मुहैया कराएँगी। मैरी ने अपने ही बलबूते पर मणिपुर में एक अकादमी खोलने का फैसला किया, जहाँ सुविधाओं के साथ ही इस अकादमी में खिलाड़ियों को मैरी जैसा सरीखा उम्दा प्रशिक्षक व प्रेरणास्रोत भी मिलेगा।

आज मैरी इंफाल के पश्चिमी जिले में सन् 2006 से लांगोल गेम्स विलेज में स्थापित मैरी कॉम रीजनल बॉक्सिंग फाउंडेशन बॉक्सिंग एकेडमी में फिलहाल 57 बॉक्सिंग छात्रों को ट्रेनिंग दे रही हैं, जो एकेडमी के आवासीय परिसर में ही रहते हैं। एक छात्र को 600 रुपए महीने वजीफा दिया जाता है। वहाँ उन्हें मैरी कॉम के निर्देशन में प्रशिक्षित किया जाता है। इस एकेडमी के

लिए मणिपुर सरकार राष्ट्रीय खेलगाँव, लांगोल में मुक्केबाजी एकेडमी बनाने के लिए 19 फरवरी, 2013 को 3.30 एकड़ जमीन (नंबर 21-109-2011) तब देना मंजूर किया गया था, जब वह ओलंपिक पदक जीतकर आई थी।

इसी के साथ ग्रेटर नोएडा में मैरी की बॉक्सिंग एकेडमी की स्थापना की जा रही है। मैरी कॉम सुपर बॉक्सिंग एकेडमी के नाम से यह यमुना एक्सप्रेस-वे स्थित एक टाउनशिप में बनाई जा रही है। सन् 2013 से शुरू की गई यह एकेडमी तीन वर्षों में तैयार हो जाएगी। मैरी देश में बॉक्सिंग को बढ़ावा देना चाहती हैं। अपनी तकनीक आनेवाली पीढ़ी को भी सिखाना चाहती हैं, इसलिए वह भारत के अन्य शहरों में भी अपनी बॉक्सिंग एकेडमी की शाखाएँ खोलना चाहती हैं। शुरुआती सफलता के बाद से ही मैरी को एकेडमी बनाने का खयाल आने लगा था, लेकिन तब फाइनेंशल चीजें आड़े आ रही थीं। फिर फाइनेंसर्स और स्पॉन्सर्स के मिलने के बाद मैरी ने अपना ड्रीम प्रोजेक्ट शुरू कर ही दिया। मैरी चाहती हैं कि किसी भी गरीब बच्चे को रिंग में आगे आने के लिए उसकी तरह संघर्ष न करना पड़े। उनका सपना अपने बाद एक और मैरी कॉम बनाने का है। इस फाउंडेशन के सहारे इसी की तैयारी है।

मैरी का कहना है, ''खेल की दुनिया में भी कोई शॉर्टकट नहीं है। सफल होने के लिए केवल और केवल एक ही रास्ता है और वह है मेहनत

व कमिटमेंट। सही कोचिंग व पैरेंट्स का साथ भी काफी अहम है। किसी भी खिलाड़ी के लिए फिजिकल फिटनेस के साथ ही मेंटल टफनेस और एक बार में एक ही लक्ष्य पर ध्यान केंद्रित करना जरूरी है, वहीं माता-पिता को चाहिए कि वे बच्चे की रुचि व शारीरिक क्षमता पर निगाह रखें और अनुकूल खेल का ही चुनाव करें। एक बार सही खेल का चुनाव हो गया तो आधी जंग फतह समझें। बाकी का काम सही ट्रेनिंग सेंटर व कोच का सिलेक्शन और बच्चे को मेंटल सपोर्ट देने से किया जा सकता है।'' शायद अब सरकार ने खेलों की बढ़ती ताकत और रोजगार देने में सक्षमता को पहचान लिया है। तभी तो उसने देश में एक सेंट्रल स्पोर्ट्स यूनिवर्सिटी बनाने का काम तेज कर दिया है। दरअसल यह सेंट्रल गवर्नमेंट और झारखंड गवर्नमेंट का संयुक्त प्रयास है, लेकिन अगर इसे अमली जामा पहनाया जा सका तो यह भारतीय खेलों के इतिहास में क्रांति ला सकता है। इससे न केवल अच्छे खिलाड़ी बन सकेंगे, बल्कि देश में एक खेल संस्कृति का भी विकास होगा। इस योजना के तहत राष्ट्रीय खेलों के लिए झारखंड में 700 करोड़ रुपए की लागत से बने स्टेडियमों और खेल सुविधाओं का इस्तेमाल एक खेल विश्वविद्यालय के रूप में किया जाना है। इस योजना के मुताबिक प्रस्तावित खेल विश्वविद्यालय के निकट कुछ केंद्रीय विद्यालय खोले जाने हैं। इसका मकसद है कि स्कूलों से खेल प्रतिभाएँ खोजकर उन्हें खेल में कॅरियर बनाने के उद्‌देश्य से कम उम्र में ही सही प्रशिक्षण दिया जा सके।

□□□